KB074719

소크라테스 카페

평범한 일상이 철학이 되는 공간

소크라테스 카페

Socrates Café

크리스토퍼 필립스 지음 | 이경희 옮김

와이즈맵

사랑하는
서실리아에게

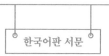

21세기에 만나는
소크라테스

1996년 8월 어느 날, 나는 심호흡 후 보더스 서점 안으로 들어섰다. 이 서점은 뉴욕시에서 남동쪽으로 20마일 떨어진 뉴저지주 웨인의 한 쇼핑몰 안에 위치해 있었다. 그곳에서 나는 서점 직원에게 나를 소개했다. 그러고는 이곳에서 매주 시민들과 소크라테스식 대화법을 이용한 토론 모임을 열어, 우리의 마음속 문제들을 탐구하고 싶다고 말했다. 나는 실존적인 고민과 난제를 해결하는 데 있어 다른 이들의 사려 깊은 관점이 절실했다. 더욱이 대부분 시민들이 인정하지 않으려 했지만, 나는 미국 사회가 절실한 대응이 필요한 위기 상태에 있는 것처럼 보였다.

나는 사람들 사이에 만연한 자기도취와 편협성, 그리고 책임감의 결여에 맞서려는 온당한 노력으로 철학적 문답을 나누는 모임인 '소크라테스 카페'를 열기로 마음먹었다. 사실 내 목적은 더 명확했다. 즉, 공개적인 토론과 담론을 통해 참가자들 사이에 공감과 이해의 유대를 만들려는 것이었다. 이런 모임은 서로에게 격려와 용기를 북돋울 수 있는 계기가 된다. 다시 말해 서로 특별한 탁월성으로 이끌어줄 재능을 발견하고 육성하도록 돕는 것이다. 내 생각에 고대 그리스에서 아레테arête라고 불렸던 탁월성, 숭고함, 미덕을 추구하는 일은 포용 범위를 넓히려는 개방적인 사회 내에서 가장 잘 성취된다.

하지만 그러한 숭고한 목표를 달성하기 위해서는, 참가자들이 서로의 견해에 이의를 제기할 수 있는 대화법이 필요하다고 믿었다. 그것을 통해 현재의 사고에 안주하게 만드는 어떤 습관도 우리의 비판적 통찰력에 영감을 주는 습관으로 대체될 것이다. 정치 이론가 다나 빌라Dana Villa가 기원전 5세기의 그리스인들에 대해 언급한 부분은 오늘날 많은 사람에게도 해당될 것이다. 말하자면 그들은, '다른 사람들보다 더 독단적이어서가 아니라 끊임없는 투지를 지닌 사람들이었기 때문에' 모임을 형성하는 큰 도전에 나섰다.

끊임없는 투지라는 자질은 본질적으로 긍정적이지도 부정적이지도 않다. 그런 자질이 어떤 태도로 향할지는 우리의 능력을 어떻게 잘 활용할지에 달려 있다. 더 나아가 인도주의적 목적을 달성하기 위해, 우리는 스스로 함양해야 할 도덕적 규범이 무엇인지도 고찰해야만 한다.

나는 이 목적을 염두에 두고 '소크라테스 카페'를 통해 소크라테스식 대화법을 널리 퍼뜨릴 계획을 세웠다. 그러나 내 목표는 결코 다른 사람들을 변화시키려는 것만이 아니었다. 오히려 나의 도덕관을 이해하고 분명하게 표현하며, 더 나아가 발견하기 위한 수단으로 활용하기 위함이었다. 더불어 내가 공언한 가치관이 실제 내 삶과 일치하는지를 더 예리하게 파악하고, 나의 세계관에 변화나 점검이 필요한지를 판단하기 위한 것이었다. 이것을 이루려면 다른 사람들이 필요했다.

무엇보다도 나의 언행과 이상뿐 아니라 그 근거가 되는 체계가 무엇인지를 정확하게 이해하려면, 타인과의 지속적 만남이 필수적이었다. 결국 나는 현대화된 소크라테스식 대화법을 이용해 다양한 시민들과 공공장소에서 철학적 탐구를 하는 모임을 시작했다.

그러나 이 과정에서 예기치 못한 일이 펼쳐졌다. 처음에 나는 토론의 상대가 내 주위에 사는 사람들일 거라 생각했지만, 소크라테스 카페가 전 세계적으로 인기를 얻기 시작한 것이다. 인도의 뭄바이부터 아프가니스탄의 카불, 시리아의 알레포, 이집트의 카이로, 일본의 도쿄, 튀르키예 그리고 한국에 이르기까지 세계 곳곳에서 소크라테스 카페가 자리 잡았다. 종종 나는 소크라테스 카페가 운영되는 나라들로부터 초대받는다.

나는 소크라테스 카페가 서구적 감성을 가진 사람들과 장소에 국한되어서는 안 된다는 사실을 깨달았다. 소크라테스 문답법은 아시

아는 물론 남아프리카 공화국(원형을 이루며 주고받는 대화는 부족 민주주의의 필수적인 부분이었다)부터 남아메리카와 중앙아메리카에 이르기까지 결정적인 영향을 끼치고 있다. 새로운 소크라테스 카페는 여전히 해마다 생겨나고 있으며 10년, 15년, 심지어 20년의 역사를 가진 소크라테스 카페도 있다(내가 뉴저지에서 시작한 최초의 소크라테스 카페는 30년 가까이 지난 지금도 매주 화요일 밤마다 이어지고 있다).

나는 미국과 그리스의 시민이지만, 소크라테스 정신을 추구하려는 내 노력은 그리스인인 할머니로부터 영향을 받았다. 할머니는 내 몸에 "소크라테스의 피가 흐른다"라고 말씀하셨다. 그리고 옛 아테네에서 소크라테스가 가졌던 사명을 언젠가 내가 현대적인 맥락으로 실천할 것이라 예상하셨다. 사실 나는 세계의 시민이다. 세계 각지에서 온 사람들과 철학적 문답을 주고받을 때마다 나는 번영에 대한 가능성의 감각이 확장된다. 동시에 전 세계 사람들과 연결돼 있다는 느낌을 받기도 한다.

소크라테스는 평생 아테네를 떠나지 않았기 때문에, 누군가는 내가 더 세계 시민에 가깝다고 할지 모른다. 하지만 지구 곳곳을 얼마나 많이 다녔는지는 중요하지 않다. 관광객들이 여행 중 마주친 사람들과 반드시 유대감을 형성해야 하는 것은 아닌 것처럼 한 사람의 여정에서 가장 중요한 것은, 풍부하고 깊은 탐구를 통해 다른 사람과의 사이에 존재하는 간극을 연결하고, 우리 내면과 외부 사이의 차이를 없애기 위해 노력하는 일이다. 이는 생물이든 무생물이든 모든 것의 온전함과 일체성에 더 밀접하게 연결되기 위해서다.

나는 소크라테스식 의미에서 '세계 시민'이란, 시간을 초월해 과거와 미래에 더 가까이 얽혀 있는 사람이라고 감히 말하고 싶다. 그들은 우리가 머물다 가는 곳을 더 나은 세상으로 두고 떠나기 위해 양심적으로 행동하도록 영감을 준다(그리고 우리는 '더 나은 세상'이 정확히 무엇인지에 대해 멋진 담론을 나눌 수 있다).

소크라테스의 위업이 수세기에 걸쳐 여전히 우리에게 영향을 미치는 일은 우연이 아니다. 더 사려 깊고 상상력이 풍부한 세상을 만들기 위한, 시기적절하면서도 놀라울 만큼 용기 있는 그의 노력 덕분이다. 그처럼 우리 모두 세상의 공동 창조자가 될 수 있도록 지식과 존재, 행동의 경계 확장을 위해 끊임없이 노력할 것이다.

크리스토퍼 필립스

이곳은 누구에게나
활짝 열려 있습니다!

저는 주중에 평범한 회사원으로 일하고 주말에는 남서울 소크라테스 카페를 운영하는 김병민이라고 합니다. 얼마 전 철학과 석사 과정을 이수했고 현재는 AI와 하이데거, 인간과 기술에 관한 논문을 쓰고 있습니다.

제가 처음 소크라테스 카페를 접한 시기는 2014년에 아일랜드의 더블린에서 유학하던 때입니다. 철학 전공인 저는, 모든 철학 토론에 참여하고 싶을 정도로 학업에 열정적이었습니다. 그러다 하루는 우연히 소크라테스 카페 모임에 참석하게 되었고, 다양한 사람들과 모여 앉아 평등과 공평에 관한 대화를 나눴습니다. 당시 토론 경험이 많지 않았던 저는 다른 의견을 듣기보다 제 의견을 피력하는 데 더 열성이었습니다. 이후로도 모임에 참석하며 저는 점차 사람들과 소통하는 법을 배워갔고, 꾸준히 철학 토론을 경험했습니다.

학부 과정을 마치고 귀국하며, 저는 제가 겪은 철학 토론 모임을 언젠가 한국에서 꼭 진행해야겠다고 다짐했습니다. 마침내 2019년 5월, 남서울 소크라테스 카페 모임을 시작했고 지금까지 4년간 총 100회 이상의 토론을 이어오고 있습니다. 참가자들이 배려와 이해를 바탕으로 생각을 공유했기에 이 모임을 지속할 수 있었습니다.

낯선 지형에서 트레킹을 할 때, 지도를 가졌다고 정확한 위치를 파악할 수는 없습니다. 반드시 지도와 일치하는 높은 봉우리를 두 개 이상 찾아내야, 자신이 서 있는 지점과 대조해 현재 위치와 목적지의 방향을 파악할 수 있습니다. 그런 의미에서 저는 소크라테스 카페를 트레킹에 비유하고 싶습니다. 우리는 위대한 사상가의 책을 읽을 수 있지만, 그것만으로는 자신의 견해를 정립할 수 없습니다. 철학 토론은 마치 지도에 나타난 지형을 실제로 발견하는 것과 같습니다. 체화되지 않은 지식이나 확립되지 않은 견해를 확인하고 정착하는 것입니다.

소크라테스 카페는 세계 곳곳에서 다양한 배경을 가진 사람들이 모여 소크라테스식 방법, 즉 민주적인 토론과 질문을 통해 철학적 관점을 공유하는 열린 토론 모임입니다. 크리스토퍼 필립스의 《소크라테스 카페》는 일종의 열린 토론을 위한 안내 역할을 하며, 플라톤의 《향연》과도 같이 함께 사유하며 토론하는 문화를 엿볼 수 있습니다. 책을 읽다 보면 누구나 각자만의 철학자를 가슴속에 품고 있다는 것을 알고, 주위의 누구라도 대화를 주고받으면서 자신만의 철학을 더 찾고 싶어질 것입니다. 소크라테스 카페에서는 언제나 가능합니다. 제가 몸담은 남서울 소크라테스 카페를 포함해 전 세계 모든 소크라테스 카페도 마찬가지입니다.

우리는 종종 자신이 확신하는 견해에 매몰되어 다른 관점으로 바라볼 기회를 잃곤 합니다. 또한 많은 사람들이 소셜 미디어로 정보를 습득하며 집단 극단화는 더욱 가속화되고 있습니다. 소크라테스 카페는 성별, 인종, 종교와 전혀 관계없이 자기 생각과 이념을 자유롭게 표현하며 의견을 나눌 수 있는 공간입니다. 서로 생각을 공유하는 과정에서 자신의 관점과 편견을 재검토하는, 모두가 배움을 얻는 장소인 것입니다. 이곳에서 우리는 '나'가 아닌 '우리'라는 다원주의적 공동체로 성장할 수 있다고 믿습니다.

소크라테스 카페는 누구에게나 열려 있습니다.

김병민(남서울 소크라테스 카페 모임장)

차례

한국어판 서문 | 21세기에 만나는 소크라테스 · 6
소크라테스 카페 한국 모임장의 글 | 이곳은 누구에게나 활짝 열려 있습니다! · 11

1
질문이란
무엇인가?

소크라테스 카페에 오신 것을 환영합니다 · 19
내 안의 소크라테스를 찾아서 · 28
끊임없이 질문하라 · 38
소크라테스는 누구인가? · 41
질문의 화신 · 44
스스로 이해하려는 외침 · 53

2
나는 어디에
있는가?

완벽한 삶은 없다 · 71
여기, 바로 여기에! · 80
누구에게나 열린 모임 · 84
공동체가 필요한 이유 · 89
정직을 추구하며 · 95
내 집 같은 안식처는 어디에 · 98
집을 찾아가는 여정 · 113
마침내 자유를 얻다 · 115
친구여, 감방 하나 더 있는가? · 123
지혜의 장소 · 133

3
무엇을
원하는가?

소중한 친구들 · 155
아이들의 순수한 호기심을 배우다 · 178
믿음이란 무엇인가? · 183
아이들의 통찰력 · 190

철학자 클럽 · 191

어린이와 늙은이 · 200

몇 살부터 늙은이가 될까? · 202

나는 왜 나를 괴롭히는가? · 215

나는 사랑에 빠져버린 걸까? · 229

4

대체 모두
무슨 말인가?

잃어버린 철학을 찾아서 · 239

플라톤, 소크라테스의 증인이 되다 · 250

책임질 각오로 너 자신을 알라 · 253

교과서 밖의 살아 있는 철학 · 261

최상의 세계로 · 275

의외의 질문을 기다리며 · 290

'실재'에 관한 의외의 질문 · 291

'무엇'이 무엇인가? · 305

결국 우리는 모두 철학자다 · 311

5

왜 이유를
묻는가?

질문이란 무엇인가? · 317

내 호기심이 지나치다고? · 320

무지는 나쁜가? · 328

너 자신을 알라 · 336

돈으로 살 수 없는 지혜 · 339

벗과 함께 지혜의 길을 가라 · 343

부록 1 철학자 해설 · 346

부록 2 소크라테스 카페를 시작하는 법 · 364

참고 도서 · 375

감사의 말 · 381

1

질문이란 무엇인가?

이 무지한 늙은이가 하나만 물어봐도 되겠소?

- 소크라테스 -

소크라테스 카페에 오신 것을 환영합니다

"정신과 치료는 예술의 여신 뮤즈를 겁탈하는 일입니다!"

뜻밖의 충격적인 말에 나는 꿈에서 깨듯 정신이 번쩍 든다. 우리는 샌프란시스코에 있는 아르 데코 양식의 어느 카페 정원에 있다. 나는 등받이가 없는 회전의자에 앉아 있고 내 주위에는 마흔다섯 명 정도의 사람들이 벤치에 앉아 있다. 한여름 화요일 밤, 이 특별한 주간 모임은 한껏 열기가 달아오르고 이번에는 "광기란 무엇인가?"라는 주제로 대화를 나눈다.

대화는 구체적 사례로 시작해 더 많은 질문으로 끊임없이 이어졌다. 히틀러는 미치광이였는가? 아니면 당시 미친 사회를 교묘하게 이용한 냉혹하고 치밀한 천재였는가? 잭 런던도 미치광이였는가?

질문이란 무엇인가?

에드거 앨런 포는 어떤가? 또 반 고흐는? 이들의 천재성에 광기는 꼭 필요한 것인가? 예술을 위해 건강을 망치는 사람은 모두 미치광이인가? 아니면 이런 예술에 혼신을 바치는 열정은 온전한 정신의 본질인가? 신념을 위해 목숨을 버리는 일은 제정신인가? 신념도 없이 목숨을 버리는 일은 또 어떤가? 죽도록 싫어하는 일에 온종일 매달리는 회사원은 정신이 온전한가? 불치병에 걸린 사람들의 생명을 계속 연장하려 애쓰는 사회는 정상인 걸까? 천연자원을 낭비하는 사회는 또 어떤가? 미치지 않고서야 세상을 붕괴시킬 수천 개의 핵무기를 언제든 발사할 준비를 할 수 있을까? 이 세상에 완벽히 정신이 온전한 사람이 있을까? 아니면 우주 자체가 미친 것일까? 광기의 개념은 무분별, 기벽, 광증, 발광 같은 개념과 어떤 연관이 있을까? 미쳤으면서 동시에 미치지 않을 수 있을까? 정신이 온전한 사람도 미쳐 있는 것일까? 완전히 제정신이거나 완전히 미친 사람도 있을까? 사람이건 무엇이건 미쳤다고 판단하는 기준은 무엇일까? 광기란 정말 존재하는 것일까?

질문, 질문, 질문.

질문이 끊임없이 이어진다. 질문들은 혼란이나 충격을 주기도 하고, 또 매우 흥미롭거나 두려운 마음이 들게도 한다. 이런 질문들과 마주하면 정신이 얼떨떨하다. 지진이 일어난 것도 아닌데 때로는 땅이 흔들리는 듯 어지럽다.

소크라테스 카페에 오신 것을 환영합니다.

한여름인데도 저녁은 쌀쌀하다. 그런 날씨에도 아랑곳없이 카페의 정원은 사람들로 꽉 차 있다. 나이 든 문학가를 비롯해 사업가, 학생, 점원, 교수, 교사, 역술인, 공무원, 노숙자 등 각양각색의 사람들이 담쟁이덩굴이 무성한 정원 한가운데서 철학적 질문을 묻고 답하기 위해 옹기종기 모여 있다. 얼핏 보면 이 모임은 마치 예배를 보는 집회 같다. 사람들을 하나로 잇는 것은 철학적 질문에 대한 애정과 추론에 도전하는 열정이다.

이제 모두의 관심은 정신과 의사들을 맹렬히 비난한 키가 크고 깡마른 남자에게 집중되어 있다. 조금 전 한 정신과 의사가 권위 있는 태도로 광기의 유일한 해독제가 정신과 치료라고 말한 직후였다. 지금 그 의사는 자신의 직업에 대해 비판하는 발언에 화가 난 듯 보인다. 그러나 키가 크고 깡마른 남자는 차분한 표정으로 꼼짝도 않고 앉아 있다. 그는 깊은 생각에 잠긴 듯한 움푹한 푸른 눈에 희미하게 미소를 띤 수척한 얼굴을 하고 있다. 우리는 모두 그 남자를 응시한다. 하지만 그곳으로는 정원의 괴물 석상 분수에서 솟구치는 물소리만 들려온다.

"무슨 뜻이죠?" 내가 키 크고 깡마른 남자에게 묻는다. "정신과 치료가 어째서 뮤즈를 겁탈하는 일인가요?"

그 남자는 자신이 던진 말에 사람들이 아무런 반문 없이 그냥 받아들이기를 바랐던 것 같다. 그러나 그런 기대는 이곳 소크라테스 카페에서는 있을 수 없는 일이다. 이곳에서는 자신의 신념을 내세울 용기뿐만 아니라 자신의 신념에 도전받을 용기가 있어야 한다는 정신을 따르고 있다.

남자는 한동안 나를 쳐다보다 마침내 입을 연다. "플라톤은 신성한 광기에 대해 말하면서 이를 '뮤즈 신에게 마음을 빼앗기는 상태'라고 정의했습니다." 그는 단어를 신중하게 고르며 말을 이어간다. "플라톤은 이런 광기가 훌륭한 시를 창작하는 데 꼭 필요하다 말했습니다. 그러나 정신과 의사는 사람들의 행동을 그냥 평범하게 살아가도록 끼워 맞추려고 합니다. 우리의 예술적 감성, 뮤즈를 없애려는 것이지요."

"저는 정신보건 사회 복지사입니다." 또 다른 남자가 불쑥 끼어든다. 나는 그가 정신과 의사들에 대한 비난에 기분이 상했을 것이라고 예상한다. 그러나 오히려 그는 시름에 잠긴 얼굴로 미소를 띠며 이렇게 말한다. "저는 장기간의 정신병 치료로 나타나는 문제가 크게 우려됩니다. 정신과 의사는 주의력 결핍 장애를 겪는 아이들을 치료하는 데 리탈린을 사용합니다. 그리고 성인에게는 할돌, 자이멕사, 소라진 같은 약물들을 지나칠 정도로 빈번하게 처방하고요. 그건 사람들의 행동을 통제하려는 이 사회의 욕심 때문이지요. 절제하는 행동이란 이 시대의 건강 제도가 맹신하는 틀에 박힌 관념일 뿐입니다. 이런 생각을 하면 소름이 끼칠 정도입니다."

"우리 안의 예술 감성을 없애는 것보다 차라리 미치는 것이 더 낫지 않을까요?" 키가 크고 깡마른 남자는 예상치 않았던 자기편에게 묻는다.

"하지만 제정신이냐, 미치느냐 중에 하나만 낫다고 할 수 있을까요?" 내가 질문을 던진다. "완전히 미치지 않고 반은 제정신이고 반은 제정신이 아닌 상태도 있지 않을까요? 소크라테스는 플라톤의 대화편《파이돈Phaedo》에서 온전한 정신과 광기가 결합해야 영혼이 철학적으로 사색하게 된다고 했습니다. 그래서 저는 이런 개념이 예술에도 적용되는지 궁금합니다. 예술성을 더 끌어내 창조성을 발휘하는 식으로 우리 내부의 광기를 조절할 수는 없을까요?"

하지만 이내 나는 내가 내뱉는 말의 의미를 알고나 있는지 의문이 들기 시작한다. 어쩌면 난 온전한 정신과 광기를 제대로 구분하지 못하는 사람이 아닐까 하고. 꽤 오랫동안 나는 철학을 대학이라는 특별한 테두리에서 끌어내 어디에서든 '보통 사람들에게' 되돌려주기 위한 미친 짓을 해오고 있다. 대가도 거의 없다. 내가 실천하고 있는 일은 아주 새롭고 완전히 색다르며 정상 범위를 지나치게 벗어난, 그야말로 미친 짓으로 보인다. 그래서 나는 얼마 안 되는 참가비를 받든 안 받든, 내가 '소크라테스 카페'라고 하는 철학적인 문답을 펼치는 토론의 장을 여는 것이다. 카페나 식당을 비롯해 탁아소, 유치원, 초등학교, 중고등학교, 특수교육학교에서 소크라테스 카페를 연다. 또 요양원, 양로원, 노인주거복지시설, 교회, 호스피스, 감옥에서도 토론의 장을 마련한 적이 있다. 미국의 남부 멤피스에서 북동부 맨해튼까지, 북서부의 워싱턴주에서 동부의 워싱턴 D.C.까지 전국 곳곳을 누비며 나는 사람들이 소크라테스 카페를 시작하도록 도왔다. 그리고 거기에 드는 비용은 모두 내가 여기저기에서 다른 일로 조금씩 벌어 직접 충당해 왔다. 나는 "미치지 않고서야 이런 일을 할 수 있을까?" 하고 스스로에게 묻곤 한다. 그러나 이런 질문은 중요하지 않다. 이 일로 이익을 바라는 게 아니며 소크라테스 카페가 바로 나의 사명이기 때문이다.

무엇보다 나는 소크라테스 카페를 이용해 다른 사람을 가르치지 않는다. 오히려 소크라테스 카페를 통해 다른 사람에게 배우려고 한다. 사실 참가자들과 철학적 대화를 나누면서 내가 그들로부터 배우는 것이 훨씬 많다. 많은 사람들이 제각각 바라보는 삶의 관점을 통해 나는 많은 사실을 깨달을 수 있다. 또 다른 의미로 본다면, 내가 이런 미친 탐구를 통해 제정신으로 포장된 '틀에서 벗어난다'고까지 말할 수도 있다. 너무 지나칠 수도 있는 이 말을 나는 이렇게 표현해두고 싶다. "나는 소크라테스를 찾고 있다."

마침내 손을 드는 사람들이 점점 늘어난다. 토론은 활발해지고 더욱 뜨겁게 달아오른다. 체격이 다부지고 머리가 벗겨진 한 남자가 벌떡 일어난다. 한 손에 중절모를 꽉 움켜쥔 그는 이렇게 말한다. "저는 이 문제에 대해 제대로 말할 수 있습니다." 그는 인상적인 밝은 초록색 눈으로 이 사람 저 사람을 훑으며 말을 이어간다. "저는 올 초 세 번씩이나 정신병원에 입원한 적이 있습니다. 그런 곳에 왜 입원했어야 할까요? 도대체 왜 저를 정신 이상자로 판정한 걸까요? 저는 둘째가라면 서러울 정도로 똑똑하면 똑똑했지 전혀 미치지 않았습니다." 그는 앉지도 않고 계속 서 있다.

그런데 자신이 던진 말이 예상치 못한 반응을 얻자 남자는 놀란 표정이다. 정신병원에 입원했다고 하면 사람들의 충격과 비웃음이 쏟아지리라 생각한 것 같다. 하지만 그에게 쏟아진 것은 질문이다. 사람들은 그의 이야기를 듣기를 바란다. 여기 모인 사람들은 대부분 정신 이상자라는 딱지가 붙었던 사람이야말로 광기에 대해 잘 알고 제대로 이야기해 줄 것이라고 생각하는 듯하다. 다른 어느 곳에서도 상상하지 못할 일이다. 서로 잘 알지도 못하는 사람들이 정신 이상자로 판정받았다고 말한 이 남자(물론 그는 정신 이상자로 오진을 받았다고 주장했다)의 이야기를 더 듣기를 바라다니.

초록색 눈의 남자는 가장 기억에 남는 합리적인 이야기를 꺼내며 말을 계속 이어간다. "돈키호테는 미쳤습니다. 하지만 돈키호테는 그 광기 때문에 불멸의 인물이 되었습니다. 스페인 철학자 미겔 데 우나무노Miguel de Unamuno는 돈키호테가 남긴 유산은 바로, 그 자신이라고 말했습니다. 또 우나무노는 '한 인간, 영원히 살아 있는 한 인간은 모든 이론이나 철학만큼 가치 있다. 어떤 의미에서 돈키호테는 이 세상에 여전히 존재하고 그의 정신으로 영감을 주며 우리 가운데 살고 있기 때문이다'라고 했습니다. 그런데 우나무노의 이 말은 돈키호테보다 소크라테스에게 더 잘 어울리는 것 같습니다. 돈키호테는 소설 속의 인물이지만 소크라테스는 이 세상에 살았던 실존 인물이었으니까요. 더욱이 소크라테스는 이성적인 인간의 완벽한 본보기입니다."

잠시 말을 멈춘 남자는 고개를 숙이고 숨을 고른다. 그러고는 다시 우리를 쳐다보며 이렇게 말한다. "소크라테스는 그 자신을 우리에게 유산으로 물려주었습니다. 그의 지혜와 덕목을 남겨준 것이지요. 그리고 소크라테스는 세상에 여전히 존재하며 영감을 불어넣고 있습니다." 우리는 경이로운 눈으로 그를 바라본다.

그때 조각상처럼 이목구비가 뚜렷한 여자가 묻는다. "소크라테스는 제정신이 아닌 적이 있었을까요?" 자주색 짧은 머리를 한 그녀는 자주색 그린피스 티셔츠를 입고 있다.

"당신의 생각은 어떻습니까?" 내가 그녀에게 되묻는다.

"글쎄요⋯." 여자가 대답한다. "소크라테스가 법정에서 신에 대한 불경죄와 아테네의 젊은이들을 타락시킨 죄로 유죄판결을 받았을 때, 고발자들은 소크라테스에게 조용히 입 다물고 산다면 사형에 처하지 않겠다는 뜻을 비쳤지요. 하지만 소크라테스는 캐묻지 않는 삶을 사느니 차라리 죽겠다고 말했어요."

"소크라테스가 죽음을 택한 것이 미친 짓이었을까요?" 내가 다시 묻는다.

"소크라테스는 성찰하지 않는 삶은 살 가치가 없다고 말했어요. 그런 점에서 소크라테스는 미치지 않았다고 생각해요." 여자가 대답한다.

그때 한 남자가 나서며 말한다. "저는 소크라테스가 미쳤다고 생각합니다." 그는 찌그러진 중산모에 하와이안 셔츠와 샌들을 갖춰 입은 이상한 복장을 하고 있다. "하지만 문명 세계가 온전한 정신의 길에 자리를 잡으려고 할 때마다 소크라테스식 광기가 길잡이가 되었습니다. 소크라테스는 아테네 사회에서 핵심적인 존재였습니다. 그는 어디에서 누구와 대화를 하든 사람들이 참을성 있고 합리적이며 더욱 깊이 있게 생각할 수 있도록 도와주려고 했습니다. 소크라테스는 자신을 통제하며 의식적이고 합리적인 결정을 내렸습니다. 죽음에 대한 선택도 그런 결정이었습니다. 그런 점에서는 소크라테스가 미치지 않았다고 할 수 있지요. 그러나 사회가 바라는 정상이라는 기준으로 보면, 소크라테스는 미쳤다고 볼 수 있습니다. 정말이지 '존경할 만한' 광인이었지 않습니까?"

한여름, 화요일 밤에 주고받던 광기에 관한 토론이 이제 끝이 난다. 소크라테스 카페를 마칠 때마다 나는 보통 이렇게 말한다. "이 주제는 앞으로도 계속 생각해 볼 문제입니다."

내가 그 말을 하고 나자, 참가자들은 박수를 친다. 박수를 치다니 미친 건 아닐까? 토론은 진지하고 열정적이며 혼란스러웠다. 또 감정이 매우 고조되기도 했다. 해답보다 훨씬 많은 의문을 남긴 채 토론은 끝이 났다. 문제가 해결되지도 않았다. 그런데 사람들은 왜 박수를 치는 걸까? 그건 알 수 없지만 나도 함께 박수를 치며 소크라테스 카페를 마친다.

질문이란 무엇인가?

내 안의 소크라테스를 찾아서

소크라테스를 찾는다고? 도대체 무슨 말일까?

이 물음에 간단히 답해보자면 오랫동안 내가 품고 있던 생각과 연관이 있다. 나는 어떤 철학 사상이 영원히 잊히는 것은 우리 사회에 큰 손실이 된다는 생각을 해왔다. 그 철학이란 기원전 5~6세기에 소크라테스를 비롯한 아테네의 철학자들이 실천한 것으로, '보통 사람'이 바로 활용할 수 있는 철학적 문답법을 이용했다. 그 과정에서 사람들은 세상을 놀랍고도 신기하게 여기는 어린아이와 같은, 그러나 결코 유치하지 않은 호기심을 다시 불러일으킨다.

사람들은 삶에 의미가 있고 생동감 있는 문답법을 통해 토론 전보다 더 많은 물음을 간직하게 되었지만 때로는 한시적인 해답을 찾아내기도 했다. 이 철학 사상은 토론을 주도하는 사람이 참가자들을 가르치는 게 아니라 오히려 그들로부터 배우기 때문에 권위적인 성격은 전혀 찾아볼 수 없다. 더욱이 참가자들은 질문이 해답보다 우리 자신과 주변 세상에 대해 더 많은 사실을 알려준다고 생각했다. 다시 말해, 질문 자체가 '해답'인 셈이다.

그런데 이 철학 사상은 무슨 일인지 몇백 년 전에 거의 사라지고 말았다. 그렇지만 철학에 대한 담론을 나누는 카페는 분명히 존재했는데, 이를테면 18세기에 프랑스의 계몽 사상가 볼테르Voltaire가 사람들과 담소를 즐겼던 파리의 카페 르 프로코프Le Procope가 있다. 붉은 벨벳으로 화려하게 꾸민 이 카페를 통해 볼테르는 이성에 대한 자신의 개념들을 정리하고 인간을 해석하기 위한 자연과학을 설파했다. 그로부터 200년 후, 프랑스가 나치에 의해 점령되자 사르트르Sartre는 카페 드 플로르Café de Flore에 있는 아르 데코 양식의 유리 등불 아래에서 실존주의 철학을 발전시켰다. 그러나 이런 카페들은 최상류 지식층만을 위한 공간이었고, 철학적 질문에 대한 답은 자기들만 내놓을 수 있다는 자만심을 내보였다. 이들과 달리 소크라테스는 자신이 답을 안다고 생각하지 않았고, 또 지식이 이른바 상류층만의 고상한 영역이라고도 생각하지 않았다.

소크라테스가 즐겨 말했듯이, 그가 추호의 의심도 없이 확신한 점은 '자신이 추호의 의심도 없이 확신하는 것이 아무것도 없다'는 사실이었다. 그러나 많은 사람의 오해와는 다르게 소크라테스는 회의적인 태도를 보이지 않았다. 지식은 모두 근거가 없고, 인간은 무지한 존재일 수밖에 없다는 말은 하지 않았다. 오히려 그는 힘든 경험으로 어렵게 발견한 진리가 파악하기도 다루기도 쉽지 않다는 사실을 깨달았다고 강조했다. 그런 진리는 기껏해야 한시적이고 늘 새로운 정보의 영향을 받아 발전하며 더 나은 진리로 이어진다. 소크라테스는 어떤 지식이나 가정이든 하나도 빠짐없이 의문을 품고, 분석하고, 문제를 제기해야 한다고 생각했다. 그 어느 것에도 완전한 해답을 찾아낼 수는 없기 때문이었다.

나는 바로 이 사실을 염두에 두고 소크라테스 카페를 시작했다. '어떤 물음도 완전한 해답을 찾을 수 없다'는 사실이 지금까지 내가 소크라테스 카페를 통해 확신하게 된 유일한 진리다. 질문을 아무리 파헤쳐 보아도 완벽한 해답에 도달할 수 없으며, 답을 찾아내면 찾아낼수록 더 많은 질문이 생겨난다. 바로 그것이 내가 '소크라테스화Socratizing'라고 부르는 과정의 본질이자 특별한 매력이다.

'소크라테스 카페'를 카페에서만 열 필요는 없다. 사람들이 함께 모여 (또는 한 사람이라도) 철학적 문답을 나누려고 한다면 장소는 어느 곳이든 상관없다. 식당의 테이블에 둘러앉거나 산꼭대기에 모일 수도 있고 교회, 지역 문화 센터, 양로원, 호스피스, 노인복지관, 학교, 심지어 감옥까지도 가능하다.

어디에서든 소크라테스 카페를 열 수 있다.

이제 우리는 과거의 유명한 철학자들의 말을 깊이 생각해 보지도 않고 지겹도록 되풀이하는 답습을 바라지 않는다. 그런 철학자들은 자기네들끼리 명백한 철학의 전당에 소속된 특별 회원이라도 되는 듯 대단하다고 인정한 부류일 뿐이다. 사람들은 언제 어디서라도 스스로 '철학을 하고, 철학적으로 탐구하기'를 바라는 소크라테스 카페를 열 수 있다.

소크라테스 카페를 여는 데 가장 유익하고 어울리는 장소는 당연히 카페다. 처음에는 사람들이 별로 모이지 않다가 입소문이 퍼지면서 마침내 점점 더 많은 이들이 찾아오게 된다. 나는 사람들로부터 이런 토론에 목말랐으며, 토론을 분류하는 '학자들의 권위적인 태도'에 진저리가 난다는 말을 자주 듣는다. 그렇지만 이런 말을 쉽게 믿지는 않는다. 여전히 그런 권위적인 학자들이 잘나가는 듯 보이기 때문이다. 언젠가 나는 한 카페의 정원에서 소크라테스 카페를 개최한 적이 있었다. 그곳에서는 점술가들이 사람들에게 타로점을 봐주고 있었다. 그런데 차례를 기다리던 손님들이 소크라테스 카페에 마음을 빼앗기자 점술가들은 돈을 벌 기회가 날아가 버린 상황에 매우 언짢아하는 듯 보였다.

하지만 얼마 지나지 않아 점술가들은 내가 하는 일에 걱정할 필요가 없게 되었는데, 그들이 빼앗긴 손님보다 소크라테스 카페에 있던 손님이 타로점을 보러 가는 경우가 더 많았기 때문이다. 최근에 사람들은 이런 타로점 같은 비이성적인 행위에 관심이 높아졌다. 고대 그리스 로마 문명에서 '이성의 황금기'가 단명으로 끝난 계기도 이런 비이성적인 현상 때문이었다. 오늘날 수많은 사람들이 여전히 점성술 같은 비이성적인 현상을 받아들이고 있다. 심지어

군사 지휘관이나 정치인, 또는 미국 대통령의 부인까지 중요한 전투, 선거, 사건 등의 결과를 미리 알고 싶어 점성술에 심심찮게 의존하기도 한다. 이렇듯 현대에서 비이성적인 현상을 받아들이는 태도를 보면, 로마 사령관이 닭의 내장을 관찰해 장래를 예측하려 했던 당대와 별 차이 없이 인간의 문명은 여전히 비이성적이라는 사실을 알 수 있다. 독립된 현상들이 때마침 같은 시기에 일어나면, 놀랍게도 이성적인 사람들조차 그 현상들을 서로 연관 지으려는 유혹에 쉽게 넘어간다.

아리스토텔레스가 살았던 4세기 그리스에서는 초자연적 현상에 대한 맹신이 고개를 들었다. 그리스인들은 당시에 만연했던 비이성적인 현상에 열광했으나 역사상 가장 위대한 철학자 아리스토텔레스는 사람들의 그런 맹신에 놀라지 않았다. 인간 본성을 주의 깊게 관찰한 그는 "아주 잠시만이라도 순수한 이성에 따르는 삶을 살아갈 수 있는 인간은 거의 없다"는 결론을 내렸다.

고대 그리스 로마를 연구하는 학자 E. R. 도즈^{E. R. Dodds}는 저서 《그리스인의 비이성적인 현상에 대한 열광^{The Greeks and the Irrational}》에서 아리스토텔레스 시대에 점성술 같은 비이성적인 관행이 "마치 새로운 질병이 외딴섬을 덮치듯 그리스인의 정신에 들이닥쳤다"고 했다. 왜 그런 일이 일어났을까? 100년 이상 그리스인들은 지적 자유를 만끽했다. 그런데 이제 그들은 그 자유로부터 진저리 치며 꽁무니를 빼고 도망쳤다. 자유에 따르는 책임이라는 두려운 짐을 지고 살아가기보다는 점성술로 판단된 운명을 받아들이는 삶이 더 편안했기 때문이다. 자유를 두려워하고 그로부터 도망치는 것은 정직한 질문을 던지기를 두려워하는 것과 밀접한 관련이 있다. 그리고 고대 그리스에서 일어난 이런 두려움이 현대에서도 똑같이 반복되고 있다. 더욱이 오늘날에는 사람들이 다시 유행하는 비이성적인 현상을 경험한다기보다 사람들의 정신 속으로 비이성적인 요소가 물밀듯 스며들고 있다. 예컨대 위험한 기반 위에 신념 체계를 세우려는 태도, 파괴와 자기 이상화를 추구하려는 경향 같은 비이성적인 요소가 인간 사회의 일부분이 되고 있는 것이다.

그러나 비이성적인 요소라는 독을 치료할 수 있는 해독제가 있다. 이 해독제는 독을 완전히 제거하는 것도 아니고 또 늘 제대로 처방되는 것도 아니다. 그렇지만 자신을 이해하고 두려움을 극복하며 우리의 정신에 스며든 비이성적인 요소라는 독을 이겨내는 데 큰 도움이 된다. 그런 해독제 중 하나가 소크라테스 카페에서 활용하는 '소크라테스식 문답법'이다. 이 문답법을 통해 만족과 기쁨을 느끼는 사람들이 점점 늘어나고 있다. 사람들은 소크라테스식 문답법이 복잡한 문제를 명확히 파악하고, 자아실현과 인간의 열망에 대한 새로운 방향을 예상하며, 비이성적인 사람들과 논쟁을 벌이는 데 엄청난 도움이 될 수 있음을 알게 된다.

소크라테스식 문답법은 사람들이 자기 자신과 자신의 장점을 끌어낼 본질과 가능성을 더 잘 이해하도록 돕는 데 목적이 있다. 때로는 소크라테스식 문답법을 통해 자신이 누구인지, 무엇을 원하는지를 더 분명히 파악해 높은 식견을 갖고 삶을 선택할 수 있다. 그뿐 아니라 사람들은 자신만의 독특한 인생철학을 분명하게 표현해 삶에 적용하고, 끊임없이 질문을 던지며 지혜를 추구하는 숭고한 정신을 품을 수 있다.

플라톤의 《국가론Republic》에서 소크라테스가 말하듯이, 어떤 주제로 토론하든 소크라테스 카페에서는 "운에 관해서가 아니라 어떻게 살아가야 하는가에 관한" 대화를 나눈다. 따라서 그런 대화를 통해 우리는 자신이 누구인지를 더 잘 이해하게 될 뿐 아니라, 사색하는 방법과 삶을 살아가는 방법을 습득한다. 자신이 어떤 사람이 되고 싶은지를 알아내고 그런 사람이 되기 위한 길을 걸어갈 수 있다. 그리고 질문에 능숙해지면서 골치 아픈 물음에 대한 새로운 방법을 알아낼 수도 있다. 그렇게 되면 더 유익하고 참신한 답도 찾아낼 것이고, 답을 찾아내면 새로운 질문들도 많이 생겨날 것이다. 이렇듯 질문이 답을 낳고 답이 더 많은 질문을 낳는 순환이 계속 이어진다. 이는 악순환이 아니라 선순환이다. 수준이 점점 높아지고 넓어지기 때문에 우리는 삶을 더 확장된 관점으로 바라볼 수 있다.

소크라테스 카페가 열릴 때마다 참가자들은 철학 탐구를 함께 하는 공동체를 형성한다. 참가자들, 즉 내 동료 소크라테스들은 박식한 체하는 전문가나 심리학자들의 경솔한 대답으로는 호기심이 충족되지 않는다. 잘난 척하는 박사들은 존재에 관한 고뇌를 심리학적 행동이라는 품위를 떨어뜨리는 틀에 가두려고 한다. 소크라테스 카페의 참가자들은 절대적인 답을 찾아내기보다는 삶을 고찰하고 많은 결실을 낳을 수 있는 질문 자체에 더 관심이 있다. 이곳은 모두가 환영받고 거의 모든 주제가 토론의 대상이 된다. 함께이거나 혼자이거나 우리는 예상 밖의 놀라운 방향으로 생각을 펼쳐나간다.

이런 일은 우리의 상상력과 경이감을 자극하는 질문들로만 가능하다. 거창한 질문일 필요는 없다. 아니 어쩌면, 거창한 질문이라 해도 "거창한 질문은 무엇인가? 그리고 왜 그 질문이 거창한가?" 정도가 되지 않을까? 소크라테스 카페를 수백 차례 진행하면서 나는 겉보기에 사소하고 별로 중요하지 않거나 엉뚱하고 색다른 질문들이 의외로 깊이 파헤치고 살펴볼 가치가 있다는 사실을 종종 깨닫는다.

질문하는 기술에 더욱 능숙해지고 오랫동안 열정을 쏟으면 질문 중의 질문인 "나는 누구인가?"라는 물음에 틀림없이 노련하게 답할 수 있을 것이다.

월트 휘트먼Walt Whitman은 자신의 시 〈온타리오의 푸른 해변에서 By Blue Ontario's Shore〉에서 다음과 같이 읊었다.

> 나는 가시 돋친 말로
> 만나는 사람마다 질문을 던지며
> 이 나라를 걸고 있는 존재가 아닌가.

우리가 휘트먼을 모방해 "가시 돋친 말로" 만나는 사람마다 질문을 던지고 싶지는 않을 테지만 질문하는 기술을 익히고 질문하기에 열정을 기울인다면 자신이 누구인지, 어떤 사람이 될 수 있는지, 어디에 서 있는지, 왜 존재하는지, 자신의 새로운 길을 어떻게 계획하고 싶은지 등에 관한 더 좋은 답을 찾아낼 것이다. 기대했던 답을 찾아내지 못하더라도 뜻밖의 사실을 발견하고 새로운 것에 경이로움을 느끼는 등 그 과정에서 짜릿한 기쁨을 맛볼 수 있다.

이러한 철학적 문답의 여정은 시작하면 끝이 없으며, 그 과정에서 우리는 또다시 새로운 출발선에 서 있게 된다. 소크라테스 카페에 처음 오는 사람들은 토론이 끝나면 늘 이렇게 열성적으로 말한다. "이런 철학 토론을 오랫동안 찾아다니고 있었습니다!" 사람들은 내가 '정직을 추구하는 소크라테스식 탐구'라고 부르는 대화에 참여하며 삶에 깊이와 의미를 더하고 차원을 높인다. 더 좋은 질문을 더 많이 던지면 우리 개개인은 더 큰 자율성을 갖게 된다. 상상력이 풍부해지고 지식의 범위가 넓어지면서 세상과 그 세상 속 자신의 위치를 늘 새로운 시선으로 바라볼 것이다.

흔한 통념과는 달리 의문을 더욱 많이 품을수록 자신이 딛고 서 있는 정신적 토대는 더 단단해진다. 그리고 자신에 대해 더 많이 알게 되고 더 의미 있는 미래를 펼쳐나갈 수 있다.

이 책은 나 자신을 비롯한 다양한 계층의 사람들과 함께 소크라테스를 찾아 진리를 탐구해온 여정을 담고 있다. 그 여정은 질문, 질문, 더 많은 질문에 대한 내 열정을 재발견하고 활용하는 이야기이며, '너 자신을 알라Know thyself'는 델포이 신탁의 의무를 따르는 길이다. 이 책은 여러 면에서 유용할 수 있겠지만 흔히 볼 수 있는 자기계발서는 아니다. 나는 사람들을 가르치는 스승도 아니고 철학 박사는 더더욱 아니다. 만일 내가 스승이라면 나와 함께 소크라테스를 찾는 여정에 나서는 사람들 모두가 스승일 것이다.

책 전체에 수록된 많은 대화는 소크라테스 카페에서 일어난 실제 이야기들이지만 그대로 옮겨지지는 못했다. 카페에서 토론을 벌일 때마다 녹취할 수도 없고, 더욱이 시간이 지나 글로 옮길 때 내 머릿속에서 어느 정도 걸러지기 때문이다. 플라톤도 후대를 위해 본래의 소크라테스 문답법을 기록했을 때 시간이 지나면서 걸러진 기억과 상상을 그 내용에 보탰을 것이다. 사실 플라톤은 내용의 중요한 전환점마다 문학적이고 철학적인 요소를 적지 않게 더한 듯 보였다. 자신의 대화편이 사실적이며 시대를 초월하게 중요성을 높이고, 또 소크라테스를 신성하게 여길 정도의 인물로 만드는 등 훨씬 많은 관점을 나타내기 위해서였다.

그러나 플라톤의 대화편과 마찬가지로 이 책에 실린 대화들이 더하지도 덜하지도 않고 사람들이 애써 표현한 '진짜 살아 있는 대화'라는 사실에는 틀림이 없다. 더욱 중요한 것은 이 끊임없는 대화들이 시작도 끝도 없이 계속되는 또 다른 위대한 대화로 이어질 것이라는 점이다.

질문이란 무엇인가?

끊임없이 질문하라

나는 캘리포니아주 샌 브루노의 한 초등학교에서 4학년 학생들과 함께 매주 철학적 대화를 나누고 있다. 오늘은 세라 롤린스가 연필로 적은 과제물을 흔들며 들어온다. 종이 한 장 분량의 과제물은 조금 구겨진 채로 손에 들려 있다.

지난주 첫 모임에서 그 학생은 내게 물었다. "소크라테스가 누구예요?"

"다음 주에 다시 모일 때 네가 소크라테스가 누구인지 알려주면 어떨까?" 하고 내가 말했다.

이제 한 주가 지나고 학교 도서관에 모인 우리는 원을 이뤄 의자에 앉아 있다. 내가 세라에게 묻는다. "자, 소크라테스는 어떤 인물일까?"

세라는 조사해 온 과제물을 읽기 시작한다. "소크라테스는 그리스의 사상가이며 스승입니다. 그는 기원전 469년에 아테네에서 태어나 기원전 399년에 사형을 당했습니다. 소크라테스는 딱 한 번 아테네를 떠난 일이 있었는데, 펠로폰네소스 전쟁에 군인으로 참전하기 위해서였습니다. 소크라테스는 크산티페와 결혼해 두 아들을 두었고, 오랫동안 조각가와 석공으로 일했습니다. 그러다가 철학에 관심을 두기 시작했고, 남은 삶은 철학을 논하며 보냈습니다. 소크라테스는 정식으로 사람들을 가르친 적도 없고 강의도 하지 않았으며 책도 저술하지 않았습니다. 단순히 질문만 하면서 삶을 보냈습니다. 그는 하나의 질문에 답을 얻으면 더 많은 질문을 만들어냈습니다. 소크라테스는 사람들이 당연히 여기는 개념에 대해 깊이 생각할 수 있도록 질문을 던졌습니다. 어떤 사람들은 소크라테스를 매우 존경했습니다. 그들은 소크라테스의 변함없는 벗이 되어 오랜 세월 철학적 토론을 함께 즐겼습니다. 그러나 소크라테스가 종교와 도덕에 관한 전통 관념을 파괴한다고 여기는 사람들도 있었습니다. 소크라테스가 잘 아는 젊은이들 가운데는 조국을 배반하고 혁명을 주도해 민주 정부를 전복시킨 자들도 있습니다. 아테네인들은 조국을 배반한 이들을 죽였습니다. 민주주의가 회복된 후, 소크라테스는 재판을 받게 되었습니다. 그는 아테네에 새로운 신을 들여오고 젊은이들을 타락시켰다는 혐의를 받았습니다. 소크라테스는 이런 혐의를 심각하게 받아들이지 않았고 자비를 구하지도 않았습니다. 결국 그는 사형선고를 받아 독미나리가 든 잔을 마시고 세상을 떠났습니다. 이후 많은 사람들은 이 판결이 표현의 자유를 인정하지 않았기 때문에 부당하다고 생각했습니다. 또 어떤 사람들은 그의 제자들이 아테네를 거의 파괴했기 때문에 소크라테스가 죽어 마땅하다고 여겼습니다. 어찌 되었든 소크라테스의 용기와 주체성은 지금까지도 칭송을 받고 있습니다. 소크라테스의 가장 유명한 제자, 플라톤은 위대한 철학자가 되어 자신이 저술한 책 대부분에서 소크라테스를 주인공으로 등장시켰습니다."

"정말 잘했어." 내 칭찬과 더불어 우리 모두는 박수를 보낸다.

그때 피터가 손을 들고 말한다. "제 생각에 사람들이 모두 말리려고 할 때도 계속 질문하는 것을 두려워하지 않는 사람이라면 모두 소크라테스인 것 같아요."

"피터 말이 맞아요. 우리가 바로 소크라테스인 거죠." 철학계의 떠오르는 샛별, 세라가 말한다.

소크라테스는 누구인가?

세라의 말이 맞다는 생각이 든다.

캘리포니아 통합 연구소의 철학 교수인 리처드 타나스Richard Tarnas는 저서 《서양 지성의 열정The Passion of the Western Mind》에서 소크라테스를 이렇게 평가하고 있다. "소크라테스는 어느 시대에서도 찾아보기 힘들 정도의 열정으로 진리에 충실한 마음과 도덕적 청렴을 추구했다. 그는 이전까지 누구도 묻지 않았던 질문들에 대한 답을 찾으려고 끊임없이 노력했고, 인습에 사로잡힌 통념을 깨고 윤리 문제에 더욱 신중한 사고를 고취하려 했다. 그리고 자신을 비롯해 함께 대화를 나누는 사람들이 올바른 삶이 무엇인지에 대해 깊이 이해할 수 있도록 끊임없이 활력을 불어넣었다." 타나스 교수의

질문이란 무엇인가?

생각과는 달리, 나는 소크라테스가 그 누구도 묻지 않았던 질문들을 처음으로 던졌다고 생각하지 않는다. 오히려 소크라테스는 아무도 시도해 본 적 없는 방식으로 질문의 답을 찾는 데 삶을 바쳤다. 세라처럼 자신만의 방식으로 말과 행동에서 소크라테스의 발자취를 따르려는 사람들 모두 소크라테스다.

그러나 사람들은 여전히 '소크라테스는 어떤 인물이었는가?'라고 묻고 싶을 것이다. 소크라테스가 실제로 존재했다는 명확한 증거는 없기 때문이다. 예수가 그랬듯이, 소크라테스도 후대에 남겨줄 글을 전혀 쓰지 않았다. 물론 플라톤의 대화편에 진짜 소크라테스라는 인물이 잘 묘사되어 있는 것도 확실한 증거로 받아들일 수는 있다. 또한 아리스토파네스의 희극에 소크라테스가 등장할 뿐 아니라 크세노폰이 소크라테스에 관한 이야기를 하고, 또 아리스토텔레스의 저작물에도 소크라테스에 대한 언급이 있다.

그러나 소크라테스의 전형적인 모습은 플라톤의 묘사에 있다. 하지만 플라톤이 저술한 대화편에도 소크라테스의 대화는 물론 그 배경과 등장인물이 실제로 존재했다는 확실한 증거는 없다. 플라톤은 극작가이자 시인, 이야기꾼이었으며 또한 이성의 삶을 탐구하는 철학자였다. 그래서 어쩌면 플라톤은 대화편을 저술하면서 상당한 상상력을 보탰을 것이다.

그래도 우리는 플라톤의 저서를 통해 소크라테스가 진짜라는 느낌을 받고, 플라톤의 대화편이 표현 방식과 내용에서 진정한 소크라테스의 모습이라는 데 동의할 것이다. 그리고 플라톤의 대화편에서 소크라테스를 특별한 인간의 유형으로 상징했다는 점에도 동감할 것이다. 소크라테스는 움츠리지 않고 자유롭고 정직하게 철학적 문답에 몰두하는 인간, 질문하는 본성을 억압받느니 차라리 사형을 받겠다는 인간의 유형으로 묘사되었다.

나는 소크라테스가 실제로 존재했다고 믿는다. 그리고 소크라테스를 주요하게 다룬 플라톤의 초기 대화편이 '역사적인 인물로서의 소크라테스'를 거의 정확히 그려내고 있다고 확신한다. 플라톤의 초기 대화편이 소크라테스를 있는 그대로 정확하게 묘사했느냐의 여부나 소크라테스가 정말 존재했느냐 아니냐는 내게 중요하지 않다. 소크라테스는 우리가 영원히 내면에서 실현하려고 노력해야 하는 이상적 인물로 분명히 존재한다. 내가 말하는 소크라테스는 지적 진실성의 화신이다.

이런 소크라테스는 플라톤이 묘사한 소크라테스의 모습과 일치하지 않는다고 생각될 수 있다. 틀린 말은 아니다. 플라톤의 일부 대화편에서 소크라테스는 자신이 이미 생각하는 답을 상대편이 깨닫도록 이끄는 듯 보인다. 그리고 어떤 경우에는 소크라테스가 '길과 진리와 빛(the way, the truth and the light)'을 안다고 우기는 사람들을 나쁘거나 적어도 어리석은 사람으로 보이도록 애쓰는 듯하다.

내가 소크라테스식이라고 부르는 방법이 점점 발전하듯이, 내가 찾고 있는 소크라테스도 과거에서 캐내는 역사 속 인물이 아니라 계속해서 새롭게 추구되고 발견되는 소크라테스다.

질문이란 무엇인가?

질문의 화신

소크라테스식 대화법은 스스로 진리를 찾으려는 하나의 방식이다. 또한 체계, 정신, 방법, 철학적 문답의 한 형태이자 지적 기술이며, 이 모두가 통합되었다고도 할 수 있다.

소크라테스는 대화에 있어 한 번도 '방법'이라는 말을 사용하지 않았지만 소크라테스식 대화법은 그의 이름을 따서 지어졌다. 무엇보다 소크라테스가 '실천하는 철학', 즉 행동으로서의 철학, 삶의 방식으로서의 철학, 누구든 할 수 있는 일로서의 철학을 완전히 보여주었기 때문이다. 그리고 이는 하나의 질문을 여러 관점에서 살펴볼 수 있는 철학적 문답의 '열린 체계'이다.

소크라테스를 연구하는 학자이자 프린스턴의 철학 교수인 그레

고리 블라스토스Gregory Vlastos는 소크라테스의 문답법이 '인류의 가장 위대한 업적 가운데 하나'라고 설명했다. 이유가 뭘까? 그에 따르면, 소크라테스의 문답법으로 철학 탐구가 "모든 사람에게 개방된 보통 사람의 일"이 될 수 있기 때문이다. 소크라테스식 대화법은 특별한 철학적 견해, 분석 기술, 전문용어 등에 전념할 필요 없이 보통 사람의 상식과 일상 용어만 있으면 된다. 그리고 블라스토스 교수가 말했듯이, 이런 조건은 당연하다. 인간이 어떻게 살아야 하는가의 문제는 모든 인간의 임무이기 때문이다.

그러나 나는 소크라테스식 대화법이 블라스토스 교수가 설명한 사실보다 가치가 더 크다는 생각이 든다. 소크라테스식 대화법은 그저 상식을 필요로만 하지 않고 상식이 무엇인지를 살펴본다. 예를 들어 우리는 이런 질문을 던질 수 있다. "우리 시대의 상식으로 자기 이해의 능력과 인간의 탁월성을 최대한 높일 수 있을까?" 또는 "그 가능성을 실현하는 데 상식이 오히려 방해물이 되지 않을까?"

블라스토스 교수는 소크라테스의 문답법이 결코 단순한 것이 아니고 "지적 깨달음을 최고로 높일 뿐만 아니라 진실성, 겸손, 용기 등 높은 수준의 도덕적 자질이 요구된다"라고 말한다. 그런 도덕적 자질이 있으면 소크라테스식 대화가 아무리 격해지더라도 무책임한 전제로 결론에 도달할 오류를 막을 수 있다는 것이다. 나는 이 말에 동의하긴 하지만 그 도덕적 자질 중에 진실성(sincerity)을 정직성(honesty)으로 대체하고 싶다. 정직한 사람은 자신이 확신하는 논제를 자주 세심하게 살펴보지만, 진실성이 있는 사람은 논제를 검토하지 않고 진심으로 확신할 수도 있기 때문이다.

소크라테스식 대화를 이용하면 일상에서 사용하는 개념에 대해 사람마다 얼마나 다른 관점을 취하고 있는지 알게 된다. 또 일상의 철학도 그 범위가 유지되든 변하든 간에 사람마다 얼마나 차이가 나는지 깨닫게 된다. 더욱이 가장 보편적으로 사용되는 개념도 소크라테스식 관찰로 철저히 검토한다면 보편적인 동의가 나오지 못하는 사실이 드러날 수 있다. 지구상에 존재하는 모든 개념은 사람마다 다른 해석이 나올 수 있다.

소크라테스 카페에서 효과적으로 탐구할 수 없을 정도로 매우 추상적인 개념이나 완전히 잘못된 질문은 없는 듯하다. '소크라테스화' 과정에서는 가장 추상적이라고 할 수 있는 개념도 우리의 중요한 경험과 밀접한 관계가 있다고 한다. 사실 내 경험으로 보면 모든 질문을 소크라테스식으로 파헤쳐볼 수 있다. 때로는 잘되든 안되든 용기를 내 질문들을 탐색해 보아야 어떤 질문이 변함없이 중요한 의미를 담고 있는지 알 수 있다.

소크라테스의 문답법이 비체계적인 문답법과 다른 점은, 어떤 의견에서 비롯되는 세부적인 의견들을 계속 살피려고 노력하고, 설득력 있는 반대 의견이나 대안을 계속 내놓으려고 한다는 데 있다. 이렇듯 여러 면에서 세심하고 철저한 탐구 방식은 과학적 방법과 유사하다. 그런데 소크라테스식 탐구와 달리 과학적 탐구는 우리에게

측정할 수 없는 것은 연구될 수 없다는 생각을 확신시키곤 한다. 이런 생각은 슬픔, 기쁨, 고통, 사랑 같은 가장 중요한 인간의 관심사를 다루지 못한다.

소크라테스는 외부 세계보다 주로 인간과 그 내면의 세계에 중점을 두었다. 그리고 자신의 방법을 이용하여 자기 인식의 새로운 영역을 개척하는 동시에 수많은 그릇된 생각, 미신, 독단적인 어리석음을 폭로했다. 스페인 태생의 미국 철학자이자 시인인 조지 산타야나George Santayana에 따르면, 소크라테스는 인간의 삶에서 중요한 부분은 반드시 도덕적이고 실용적이어야 하고, 이런 점은 예술가의 삶에서도 마찬가지라는 점을 깨달았다. 심지어는 과학자의 삶에서도 매한가지다. 그런데 일부 과학자들은 인간 존재의 이런 차원으로부터 과학적 연구를 애써 떼어놓으려고 하는 것 같다.

학자들은 소크라테스식 대화법을 엘렝코스elenchus라고 하는데, 그리스어로 '정밀 조사' 또는 '반대 심문'을 뜻한다. 그러나 엘렝코스는 그냥 조사나 심문의 한 종류가 아니다. 엘렝코스는 사람들이 자신을 드러내 보이도록 하고, 자신의 의견이 실제로 무엇을 의미하는지를 알게 하는 대화법이다. 리드 대학(Reed College)의 철학 교수인 C. D. C. 리브C. D. C. Reeve박사는 엘렝코스에 관해 이렇게 설명한다. "엘렝코스의 목적은 단순히 덕목에 대해 적절한 정의를 내리는 것만이 아니다. 더 정확히 말하면, 도덕적인 교화의 목적도 있다. 소크라테스는 반대 논증을 이용한 철학적 사색을 규칙적으로 하면 사람들이 더 행복해지고 무엇보다 도덕적인 모습으로 바뀌게 된다고 믿었기 때문이다. 소크라테스는 철학적 사색이 인간의 행복에 매우 중요한 만큼 그 자유를 빼앗기느니 차라리 사형을 받겠다고 했다.”

소크라테스식 대화법은 인간의 삶에 중요한 역할을 할 수 있지만, 나는 마땅히 그런 역할을 해야 한다고까지 말하고 싶지는 않다. 나는 사람들이 이 방법을 습관적으로 사용하면 더 행복해진다고 소크라테스가 여겼다 생각하지 않는다. ‘소크라테스화’로 얻은 성취에는 반드시 대가가 따른다. 우리는 더 많은 성취감을 느끼는 동시에 더 불행해지거나 더 많은 불확실성과 근심에 시달리게 될 수도 있다. 결국에는 답을 알지 못한다는 생각이 들거나 소크라테스식 대화를 시작하기 전보다 답을 더 알기 어려워졌다는 느낌을 받을 수도 있다. 하지만 바로 그 순간, 목적은 실현되고 있다. 우리는 곧 유쾌한 기분이 들고 겸손해지며 세상에 대한 더 많은 의문을 품는 혼란마저 생긴다. 수많은 방법과 진리와 광명으로 이전까지 상상하지 못한 개념들을 살펴볼 수 있다는 들뜬 마음으로 소크라테스 카페를 떠날 수도 있다.

프리드리히 니체Friedrich Nietzsche는 《즐거운 학문The Gay Science》에서 이렇게 말했다. “나는 소크라테스가 행동하고 말할 때, 그리고 말하지 않을 때마저도 용기와 지혜를 보여준 것을 존경한다.” 19세기의 뛰어난 고전 문헌학자이기도 했던 니체는 삶을 긍정하는 ‘권력에의 의지(will to power)' 윤리를 내세울 영웅적 인물을 옹호한 사실로 유명했다. 니체는 자신의 저서에서 이런 인물들을 '초인(Supermen, Übermensch)'이라 설명하며 소크라테스를 이렇게 찬미했다. "사람의 마음을 움직이는 천재로서… 그의 목소리는 모든 영혼의 깊은 곳까지 어떻게 내려가야 하는지를 알고 있고… 그는 사람들에게 귀를 기울이는 법을 가르치고, 거친 영혼을 부드럽게 하며, 그 영혼이 새로운 열망을 경험하게 하고… 선량함이라는 숨겨지고 잊힌 보물, 그 미세함까지 꿰뚫어 본다… 사람들은 그에게 품위나 놀라움을 느끼지 않았지만, 타인으로 인해 축복도 억압도 받지 않았지만, 그를 만나 더욱 풍요로운 마음으로 돌아간다. 마음을 열고… 어쩌면 확신이 서지 않겠지만… 아직 이름을 붙이지 못한 희망을 가득 품고 돌아간다."

나는 소크라테스를 다른 사람의 영혼 깊은 곳까지 들여다본 존재로 설명한 니체와 생각이 다르다. 오히려 나는 소크라테스가 대화법으로 사람들 스스로 자신의 영혼 깊은 곳까지 내려가 삶을 긍정하는 윤리를 세울 수 있도록 도움을 주었다고 생각한다.

산타야나는 일상 속에서 믿을 수 없는 철학적 견해는 절대 갖지 않겠다고 말했다. 그는 이런 견해를 담론에서 내세우는 것은 부정직하고 줏대가 없다고 여겼다. 그러나 철학적 견해와 삶의 견해를 명확히 구분하기는 어렵다. 이런 견해들은 서로 중복되고 관련해 있으며, 다른 사람들과 담론을 나누기 전에는 우리가 일상에서 무엇을 믿고 있는지 알기 어려운 경우가 많기 때문이다. 한편 우리의 철학적 견해를 알아내려면 우리 자신과 우리가 지나온 삶을 담론을 통해 깊이 들여다보아야 한다. 담론을 통해 우리의 견해는 형성되고 변하며 발전해간다. 사실 이런 과정을 거쳐야만 우리 자신에게 숨어 있는 철학적 성향이 무엇인지 발견할 수 있다. 누구나 어느 순간 자신과 타인에게 자신이 아직 무엇을 실천하지 않고 있는지를 고백할 때가 있다. 사람들은 모두 자신이 공언하는 견해와 모순되는 방식으로 세상을 따르거나 그 안에서 살아간다. 예를 들어 실존주의의 선구자인 덴마크 철학자 쇠렌 키르케고르Søren Kierkegaard는 소크라테스식 원리를 이용하여 소크라테스에게서 나타나는 역설의 개념에 관한 논문을 썼다. 그리고 그런 논문을 발표할 때 자신의 견해에 대해 스스로 논쟁을 펼 수 있도록 가명을 사용하곤 했다. 16세기의 평론가 미셸 드 몽테뉴Michel de Montaigne도 있다. '프랑스의 소크라테스'라고 불리며 근대 유럽 회의주의의 창시자로도 유명한 몽테뉴는 같은 작품 내에서 서로 충돌하고 모순되는 글을 썼다. 그는 또한 소크라테스처럼 진리 탐구를 위해서는 죽을 만한 가치가 있다고 확신했다.

레오나르트 넬존Leonard Nelson은 소크라테스식 방법이 사람들을 "자신만의 독단적인 태도와 마주치게 한다"고 말했다. 그는 도덕론과 인식론 등을 주제로 글을 쓰다가 나치 정권의 제재를 당한 독일의 철학자였다. 넬존은 소크라테스식 대화에 참여하는 사람들은 자신의 독단적인 태도와 마주치면서 실제로는 "스스로를 자유로운 상태로 몰아넣는다"고 주장했다. 그러나 참가자들은 자신의 독단적인 태도만 마주치는 것이 아니다. 소크라테스 카페에서는 자신을 비롯해 다른 참가자들이 내놓은 수많은 가설, 신념, 추측, 이론 등과 마주치게 된다. 그리고 이 모든 것은 특정한 독단론을 뒷받침하고 있다. 소크라테스식 대화에서는 독단론에 맞서기 위해 정직하고 공개적이며 이성적이고 창의적으로 이런 질문들을 던져야 한다. 이 독단론은 무엇을 의미하는가? 독단론을 지지하고 또 반대한다는 것은 무엇인가? 더욱 이치에 맞고 옹호할 수 있는 대안이 있는가?

소크라테스식 대화를 나누는 참가자들은 어느 순간 자신의 남다른 철학적 관점을 신중하고 분명하게 표현해야 한다는 '압박감'을 느끼고 몹시 언짢을 수 있다. 그러나 이런 느낌은 모두 좋은 현상이다. 참가자를 불안하게 하거나 당황시키거나 혼란스럽게 하지 않는다면, 그건 소크라테스식 대화가 아니다. 소크라테스식 대화는 이런 자극을 아주 멋지고 활기찬 방식으로 일어나게 한다. 소크라테스식 대화의 참가자들은 이런 '압박감' 덕분에 타인의 다양한 경험에 마음을 열게 된다. 그 경험은 대화라는 직접적인 수단을 통해서나 드라마, 책, 예술품, 춤 등의 다른 수단을 통해서도 제시된다. 찬성이나 반대의 질문을 던지면서 대안적 관점을 탐구할 수도 있다.

소크라테스 카페에서는 예를 들어(실제로 질문으로 제기된 적이 있었던)"고독을 어떻게 극복할 수 있을까?"라는 질문을 하고 싶을 때 명심해야 할 태도가 있다. 처음부터 질문에 대한 의문을 제기해야 한다. 이런 태도에 따라 위의 질문을 이렇게 바꿔볼 수 있다. "우리는

질문이란 무엇인가?

항상 고독을 극복하기를 원할까?" 가령 셰익스피어와 괴테는 고독을 극복하려고 하기보다는 오히려 받아들였기 때문에 시대를 초월한 걸작을 창조했을 수도 있지 않았을까? 만약 그렇다면 고독에 대해 많은 질문을 던져볼 수 있다. "고독에도 정도가 있고 종류가 다양할까?", "상황에 따라서 극복하고 싶은 고독이 있고 또 자신의 일부로 받아들이고 싶은 고독이 있을까?"

이런 질문에 효과적으로 답하려면 우선 다음과 같은 또 다른 질문을 던지고 답해야 한다. "고독이란 무엇인가?", "고독을 극복한다는 것은 무엇을 의미하는가?", "우리는 도대체 왜 고독을 극복하기를 원하는가?", "고독의 다양한 종류에는 어떤 것이 있을까?", "이런 고독의 종류들을 나누는 기준이나 특성은 무엇일까?", "세상과 단절한 듯 완전한 고독의 세계로 빠지는 것이 가능할까?" 그 외에도 수없이 많은 질문이 있다.

소크라테스식 철학 문답에 완전히 매료된 사람들은 질문을 즐긴다. 그들은 질문이 고갈되는 법이 없고, 질문하는 새로운 방식도 끊임없이 찾아낸다. 나는 소크라테스 카페에서 열정적으로 철학적 문답에 빠진 사람들을 보면 질문의 화신 같다는 생각이 든다.

스스로 이해하려는 외침

　자정 무렵에 나는 샌프란시스코의 중심부에 있는 매드 매그다스 러시안 티 룸Mad Magda's Russian Tea Room에서 소크라테스 카페를 진행한 후 집으로 향하고 있다. 이런 개방적인 시설에서 소크라테스 카페를 이용한 두 번째 날인데, 두 번 모두 50명 이상 모였다. 사람들은 혼자 오는 경우가 많고, 참석한 사람들끼리 잘 모르는 듯 보인다. 그러나 토론이 끝난 후에는 사람들이 여기저기에서 작은 무리를 짓고 이야기를 나누며 곧 친구가 되었다. 지난주 모임에서 "무엇이 충분한가?"라는 질문을 두고 토론을 벌인 후, 나도 한 무리에 속해 있었다. 그러나 이번 주에는 격렬한 토론이 끝난 후, 서둘러 집으로 돌아가는 열 명 남짓한 무리에 내가 합류하고 있다. 오늘 소크라테스식 대화에서 나온 많은 질문이 내 머릿속에 남아 있어 혼자 사색하고 싶기 때문이다.

오늘 저녁에 우리가 살펴본 질문은 "왜 질문하는가?"였다. 이 질문이 제기되기 전에도 여러 흥미로운 질문들이 쏟아졌다. 예를 들어 "인간 본성과 같은 것이 또 존재할까?", "개성의 본질이 있다면 무엇일까?", "살 가치가 없는 삶은 어떤 것일까?", "초월성의 본질은 무엇일까?", "인간의 본성은 시대나 문화에 따라 다양할까?" 등의 질문이 있었다. 그런데 허리춤까지 길게 늘어뜨린 머리가 인상적인 10대 소녀가 갑자기 질문을 던졌다. "질문은 왜 할까요?" 그 전까지만 해도 소녀는 토론에 전혀 귀를 기울이지 않고 친구들과 정신없이 수다를 떠는 듯했었다. 우리의 시선은 일제히 그 소녀에게 쏠렸다. 소녀도 우리를 바라보며 모나리자 같은 미소를 띠고 있었다. 마치 자신이 던진 질문이 선택될 기회가 왔다고 말하는 듯 보였다. 그리하여 우리는 소녀가 던진 질문을 주제로 선택하게 되었다.

왜 질문을 할까? 미국의 뛰어난 철학자이고 교육자면서 사회 개혁가였던 존 듀이John Dewey는 인간이 질문하는 존재로서 "관습과 권위에 따라 사물을 받아들이지 말고 사물의 이유를 찾아내야 한다"고 소크라테스가 말한 사실에 주목했다. 이 말에 따르면 어쩌면 우리는 질문 외에 선택의 여지가 없을 수 있다.

캘리포니아 대학교 어바인캠퍼스의 철학과 학과장이었던 게라시모스 크세노폰 산타스Gerasimos Xenophon Santas 교수는 플라톤의 초기 대화편에 관한 연구에서 이렇게 언급했다. "소크라테스는 쉴 새 없이 질문을 던진다. 사람들을 질문으로 맞이하고, 질문으로 가르치고 반박하며, 질문으로 작별 인사를 한다. 사람들에게 말을 건넬 때도 질문으로 한다." 소크라테스는 말하지 않을 때도 상상 속 대화 상대와 함께 질문을 주고받고 답을 찾아내는 토론을 벌였을 것 같다. 소크라테스는 정말로 질문하기 외에는 선택의 여지가 없었던 것처럼 보인다. 그러나 사람들은 대부분, 적어도 어른들은 다른 선택을 해야 할 것 같다.

"왜 질문을 할까?"라는 질문은 토론하면서 답을 찾기가 무척 어려웠다. 소크라테스 카페의 참가자들 모두 그 정도로 어려울 줄은 몰랐을 것이다. 문제는 다음의 사실에 있었다. 그 질문에 답하기 위해서는 먼저 해당 질문이 무엇을 의미하고, 무엇이고, 무엇을 하고, 무엇을 할 수 있는지 등을 살펴보아야 했다.

소크라테스 카페에 참가하는 사람들은 대부분 자신이 당연히 '질문'의 개념을 완전히 이해하고 있다고 생각했던 것 같다. 그러나 뒤이은 매우 다양한 반응을 보면 사람들은 질문이 정확히 무엇이고 그 목적이 무엇인지에 대해 저마다 매우 다르게 이해하고 있다는 사실을 알 수 있었다.

무리에서 떨어져 덩그러니 앉아 있던 한 여자가 단호하게 말했다. "사람들은 원하는 답이 무엇인지 이미 알고 있는 질문만 합니다." 그녀의 밝은 금발 머리가 스카프 아래 물결을 이루고 있었다.

"예를 들어볼게요, 만일 어떤 여자가 '제 머리 어때요?'라고 묻는다면 머리 모양이 형편없더라도 '매우 멋져 보여요'라는 말이 듣고 싶을 거예요. 솔직한 대답을 바라는 게 아닌 거죠."

말할 필요도 없이, 많은 사람들이 이 의견에 반대했고 '답을 알고 싶으니까 질문을 하는 것'이라고 주장했다. "사람들은 호기심 때문에 질문을 하는 겁니다." 건장한 체격의 남자가 짜증 섞인 목소리로 말했다. 이 남자는 독특하게도 반달 같은 눈썹을 하고 있었다. 토론이 시작되기 오래전부터 커피를 그냥 젓고만 있던 그가 마침내 커피를 한 모금 마셨다. "어떤 대답을 원하는지 알면서 질문을 한다는 건 생각할 수도 없는 일입니다."

금발 머리 여자는 그 말에 동의하지 않았다. "사람들은 호기심 때문에 곤란에 처하게 된다는 사실을 잘 알고 있어요." 이 말을 던지며 그녀는 무슨 영문인지 손가락을 튕겨 딱 소리를 냈다. "그래서 사람들은 답을 이미 알고 있지 않거나, 어떤 답을 들을지 확신하지 못한다면 질문을 하지 않지요."

이때 왜 질문을 하느냐고 했던 10대 소녀가 말을 꺼냈다. "경우에 따라서는 그 말도 사실일 수 있다고 생각하는데요…." 첫 질문을 하기 전처럼 토론에는 전혀 관심이 없고 친구들과 수다를 떠는 데 정신이 팔린 줄 알았는데, 소녀는 사람들의 말을 빠짐없이 다 듣고 있었던 것 같았다. "그렇지만 저는 모든 경우의 질문에 대한 것이 궁금합니다." 소녀가 말을 계속 이었다. "이미 답을 알고 있는 질문만 한다면 어떻게 새롭고 예상하지 못한 사실을 알아낼 수 있겠어요?"

"그건 유도 질문이에요." 금발 머리 여자가 대답했다. 그녀는 소녀와 건장한 체격의 남자를 번갈아 쳐다보며 말을 이었다. "내가 학생의 말에 동의하지 않으면, 학생은 내가 고집스럽다고 생각할 거예요. 만일 내가 학생의 말에 동의하면, 학생은 내가 자신의 말에 오류가 있다고 스스로 인정했으며 학생이 날 이겼다고 생각할 거고요. 이런 상황은 마치 어떤 남자에게 다짜고짜 '이제 당신의 아내를 더 이상 안 때리나요?'라고 묻는 것과 같아요. 이런 질문에 대답하기는 어렵죠. 그렇다고 해도, 또 그렇지 않다고 해도 욕을 먹으니까요."

소녀는 전혀 이해하지 못하겠다는 표정을 지었다. "저는 방금 하신 말씀이 무슨 관련이 있는지…." 그러나 이 말이 끝나기도 전에 그녀의 친구가 불쑥 끼어들었다. "과학자들은 대부분 아무도 생각하지 못한 의문에서 답을 찾아내곤 합니다. 우연히 발견한 페니실린의 경우가 그런 사례입니다. 서로 다른 질문들의 답을 찾아내는 과정에서 발견된 결과물이었어요. 그러니까 질문들은 실험을 위해 사용되고 또 많은 경우에 예상치 못한 답을 찾아내게 해주죠."

칙칙한 색의 옷을 입고 얼굴빛도 거무스름한 전기 기술자가 말했다. "질문하지 않는 일은 가장 큰 위험 중 하나입니다. 그런 행동이 지식을 제한하기 때문이죠. 그러면 사람들의 마음이 닫히고 사회가 폐쇄되는 결과를 초래합니다."

"그 말을 들으니 조지프 헬러Joseph Heller의 소설 《캐치-22Catch-22》에 등장하는 주인공 요사리안이 생각납니다." 또 다른 참가자가 말했다. "소설에서 '좋은 질문의 수집가'로 묘사된 요사리안은 사람들의 '지식을 짜내려고' 질문을 이용합니다. 그러나 요사리안이 폭격기 조종사로 소속되어 있는 미국 비행 중대의 상관들은 그가 질문할 때마다 입을 다물게 하려고 합니다. 그들은 '원하는 질문을 할 자유가 있다고 느끼는 사람들이 무엇을 알아낼지 알 수 없다'고 판단했기 때문이지요. 요사리안의 상관들은 질문을 불온한 일로 여기고 무슨 수를 써서라도 막아야 한다고 생각했습니다. 그래서 결국에는 질문을 절대 하지 않을 사람에게만 질문할 수 있도록 허용하는 군사 규정이 생겨났지요. 그 규정이 이러지도 저러지도 못하는 '캐치-22' 상황입니다. 저는 때로 우리가 이런 상황으로 향하고 있는 게 아닐까 우려됩니다."

오늘 저녁 토론에서 마지막 발언을 한 사람은 조금은 까다로워 보이는 젊은이였다. 그는 비니 모자를 쓰고 빛바랜 티셔츠를 입고 있었다. 소크라테스 카페가 열리는 곳이면 어디든 참가하는 이 젊은이는 늘 날카로운 질문을 던진다. "오늘 저녁 내내 우리는 연달아 질문만 쏟아냈을 뿐 아무것도 한 게 없는 것 같습니다. 그 질문들 가운데 하나라도 제대로 답을 찾아내려고 했더라면, 우리가 누구인지에 대해 더 많이 알 수 있지 않았을까요?" 젊은이가 말했다. 나는 이 젊은이의 통찰에 진심으로 공감이 갔다. 다른 사람들의 생각에 잠긴 듯한 표정으로 보아, 대부분이 나와 같은 느낌인 것 같았다.

이번 토론은 이렇게 끝이 났다. 나는 혼자서 조용히 그 젊은이가 예리하게 던진 질문을 곰곰이 생각해 보고 싶었다. 집으로 오는 길에 나 자신에게 물었다. "최근에 나는 스스로에게 어떤 질문을 던진 걸까?"

그러자 머릿속에 계속 맴도는 질문 하나가 떠오른다. '나는 무엇을 두려워할까?' 사람들은 두려움 때문에 자신이나 타인에게 질문하지 못할 때가 많은 것 같다. 나는 곳곳에서 소크라테스 카페를 정식으로 시작하기 전에는 혼자 있는 것이 두려웠다. 그러나 '소크라테스화'는 내가 꿈도 꾸지 못했을 정도로 인기를 끌었고, 결과적으로 나는 끊임없는 요청을 받게 되었다. 그리고 매주 열 번 이상이나 카페, 양로원, 학교, 대학 등에서 소크라테스 카페를 열었다. 그런데 이제 나는 혼자 있을 시간이 충분하지 않아 두려워하는 것 같다. 소크라테스 카페를 마친 후 혼자 보낼 수 있는 시간이 소중해졌다. 사람들과 열정을 쏟아 담화를 나누고 나면 무엇보다 그 마음이 간절해진다.

그런데 이 밤, 내가 집 현관에 들어서자마자 전화벨이 울린다.

"여보세요." 나는 재빨리 끊어버리게 상대가 텔레마케터이길 바라면서 전화를 받는다. 수화기 너머로 상대방의 목소리가 들릴 듯 말 듯 너무 작다. "오늘 소크라테스 카페에 참가했던 사람인데요, 전화를 드려서 실례가 되지 않았으면 좋겠어요."

"아, 괜찮습니다." 나는 목록에도 없는 번호를 새겨둘 마음도 없이 말한다.

"저는 오늘 토론에서 한마디도 하지 않았어요." 여자가 떨리는 목소리로 말한다. 여자는 자신의 이름을 말해주지 않고, 나도 물어볼 생각이 없다. "저는 그냥 여러 사람 앞에서 말하는 걸 좋아하지 않아서요."

"그런 건 전혀 문제가 안 됩니다." 내가 말한다. "잘 아시겠지만, 저는 누구에게도 곤란하게 억지로 말을 시키지 않습니다. 그냥 참석해서 경청만 하셔도 됩니다. 사실 소크라테스 카페에 가장 적극적으로 참가하는 사람들 가운데는 타인의 말에 귀를 기울이기만 하는 사람들도 제법 있습니다."

긴 침묵이 흐른다. 침묵이 너무 길어 여자가 계속 말하고 있는 건 아닐까 하는 생각이 든다. 사실 내가 한 말이 이 대화를 빨리 끝낼 수 있는 적절한 말이었으면 좋겠다. 그러나 그때 여자가 침묵을 깨고 말한다. "제가 전화를 드린 이유는, 선생님은 혼자 소크라테스 카페를 활용할 수 있다고 여기시는지 알고 싶어서입니다."

혼자 소크라테스 카페를 활용한다고? 어떻게 오직 한 사람이 마주 앉아 대화를 나눌 수 있을까?

"그럼요, 물론입니다." 여자의 말에 나는 거침없이 대답한다.

"어떻게 하면 될까요?" 여자가 곧바로 묻는다.

"이미 혼자서 소크라테스 카페를 여러 번 활용하신 듯한데요."

"……." 여자는 무슨 말인지 전혀 모르겠다는 듯 침묵으로 대답한다.

"저는 소크라테스 카페에서 여러 사람이 모여 대화를 나누는 일과 혼자서 많은 시간을 두고 내면의 대화를 갖는 일에 큰 차이가 없다고 생각합니다. 한나 아렌트Hannah Arendt는 소크라테스가 '사람들과 담론을 나눌 때의 사고 과정이란 내가 자신과 함께 내면에서 소리 없이 나누는 대화'라고 밝혔다고 했습니다. 저는 이 말이 정말 타당하다고 생각합니다."

"당신은 늘 자신에게 질문하는 것 같습니다." 나는 말을 계속 이어간다. "그리고 그 질문의 답을 찾으려고 끊임없이 노력할 뿐만 아니라 떠오르는 답을 여러 관점으로 살펴보실 듯하고요. 예를 들어 자신이 누구이고 어떤 사람이 되고 싶은지 등을 자신에게 자주 물어보고, 또 그런 질문에 많은 답을 찾아내려고 하지 않나요?"

"저…." 여자가 말한다. "말씀하신 그대로예요." 수화기 너머로 또 침묵이 흐른다. 그러다가 마침내 여자가 침묵을 깬다. "최근에 저는 '삶의 의미란 무엇일까?'라는 질문이 머릿속에 계속 맴돌아 잠을 이룰 수가 없어요. 사실 그 질문을 일부러 자신에게 하는 일은 별로 없는데, 그냥 떠오르는 것 같아요. 더욱이 거기에 대한 답을 찾아내려고 노력할 때도 그 질문이 사라지도록 제가 할 수 있는 일은 아무것도 없는 듯합니다."

여자는 또다시 침묵하다가 말을 꺼낸다. "조금은 제 사연을 말씀드리는 것이 좋겠어요. 제 조카가 몇 달 전에 백혈병으로 죽었습니다. 그녀는 겨우 14살이었어요. 정말 재능이 뛰어난 아이였죠. 어떤 분야에서든 성공할 그런 아이였어요. 가까운 분들은 그 아이가 저를 쏙 빼닮았다고 말씀하시곤 했습니다. 어렸을 때 저는 사람들로부터 하늘 외에는 오르지 못할 곳이 없다는 말을 듣곤 했어요. 저는 무엇이든 공부하기를 좋아했고 또 뛰어나게 잘했습니다. 그래서 저는 한 분야에서 무엇을 하고 싶거나 무엇이 되고 싶은가를 생각해본 적이 없었어요. 그렇지만⋯ 음, '그렇지만'이라는 말은 할 필요가 없겠네요. 요점만 말씀드린다면, 그것이 문제가 되었습니다. 저는 19살에 결혼을 해버렸어요. 남편이 제가 공부하는 것을 좋아하지 않아서 대학은 중도에 그만두었고요. 그리고 13년 후에 이혼하고, 지금은 회계 장부 담당자로 일하고 있습니다. 제 심정은⋯ 글쎄요. 제 심정이 어떠한지도 잘 모르겠어요. 이런 이야기를 더 이상 말하고 싶지는 않아요. '삶의 의미란 무엇일까?'라는 질문만 늘 마음속에 남아 있습니다. 이 생각 때문에 요즈음 밤에 통 잠을 잘 수가 없을 정도입니다."

여자는 잠시 아무 말도 하지 않는다. 나처럼 그녀도 대화를 잠깐 멈춰 숨 돌릴 틈이 필요하다고 느낀 것 같다. "정말 잘 모르겠어요. 말씀드렸듯이, '삶의 의미란 무엇일까?'라는 질문에 만족할 만한 답을 전혀 찾아낼 수가 없어요. 아니, 질문에 대한 답을 찾기 시작하는 것조차 어떻게 해야 할지 모르겠어요."

"질문을 올바른 방법으로 활용하지 못하고 있는 게 아닐까요?" 내가 말한다.

"무슨 뜻인가요?"

"바로 조금 전에 던진 질문이나 지금까지 해온 질문에 답하려고 애쓰기 전에 우선 다른 질문에 답하는 것이 좋을 것 같습니다."

"어떤 다른 질문이요?"

"예를 들어 '나는 누구의 삶에 대해 말하고 있는 걸까?' 같은 질문입니다. '삶의 의미란 무엇일까?'라는 질문에서 삶은 자신의 인생을 뜻하는 건가요? 만일 그렇다면 그 점을 분명히 말할 필요가 있습니다."

"제가 정말 질문하고 싶은 것은, '내 삶에 의미를 부여하는 것이 무엇일까?'라는 질문 같아요." 여자가 말한다.

"그렇죠, 바로 그겁니다!" 흥분에 들뜬 내 목소리에 나 자신도 놀란다. 여자가 질문하기의 '새로운 방법'을 터득한 것에 내가 그토록 열광할 줄이야. 처음엔 말하기를 주저했기 때문에 더 놀랍다. 그러나 사람들과 소크라테스식 대화를 나누면서 내가 활기를 되찾아 열성을 쏟는 일이 매우 흔해져서 이제는 놀랍지가 않다. 전화를 끊고 혼자 있고 싶다는 마음은 진작 사라지고 없다. "이런 새로운 방법으로 질문을 하면 더 의미 있는 답을 찾아낼 수 있습니다."

"아뇨, 그렇지 않아요." 여자가 뜻밖의 말을 꺼낸다.

"네?" 내 말에 여자가 기분이 상하지 않았는지 걱정하며 묻는다.

"제가 질문하는 방식으로는 '의미'라는 말이 무엇을 뜻하고 있는지 설명하지 못했어요. 그래서 지금 더 좋은 방법이 떠올랐어요." 여자의 목소리에서 미안해하는 마음이 느껴진다.

"그렇군요. 정말 대단하네요." 나는 그녀가 좀 더 비판적인 질문자가 된 모습에 감동하며 말한다. "그 방법에 대해 들어보고 싶군요."

"제가 정말 질문하고 싶은 것은, '어떻게 하면 내 기운을 솟구치게 하는 그런 종류의 의미를, 내가 이 세상을 조금이라도 살 만한 곳으로 만들고 있다고 느끼는 그런 종류의 의미를 내 삶에 부여할 수 있을까?' 하는 거예요." 여자의 목소리가 더욱 밝아지고 질문을 명확하게 설명할 때는 흥분에 들떠 있다. 이 질문 자체가 그녀에게 큰 깨달음을 주기라도 한 듯 보인다.

"아주 멋진 질문입니다. 제가 그 답을 알지는 못하지만, 당신이 이제 그런 방법으로 질문을 했으니 답을 꼭 찾아낼 것이라고 확신합니다. 그리고 앞으로 더 많은 질문을 생각해 내고, 또 그 답을 찾아내면서 이런 질문하기를 계속 추구하며 나아갈 것이라는 생각이 드네요."

여자가 안도의 한숨인 듯 숨을 크게 내쉰다.

나는 말을 계속 잇는다. "무엇을 자문해 보든, 혼자든 함께든 질문의 답을 찾아내려고 온 힘을 기울인다면 자신을 더 잘 이해할 수 있다고 생각합니다. 자기 자신을 잘 알게 되면 자신을 초월할 수 있고 인생에서 새로운 관점을 얻을 수도 있습니다. 내면을 충분히 깨닫고 있으므로 새로운 전망과 관점으로 전체 속에서 자신의 위치를 파악할 수 있습니다. 자신의 정신에 대해 알아가는 것은 새로운 우주를 발견하는 것과 같습니다."

"새로운 질문들은 뜻밖의 발견으로 이어질 가능성이 있습니다." 나는 말을 멈추지 않는다. "또한 삶에 엄청난 영향을 줄 수 있습니다. 당신의 질문처럼 멋진 질문에 답하려면 상상력을 동원해야 합니다. 현재의 삶과 생활 방식에 대한 설득력 있는 대안을 생각해 내야 하고, 사고 과정에서 도전도 해보아야 합니다. 그리고 훨씬 어려운 일이지만 상상력이 풍부한 시각을 현실에 적용하려면 구체적인 방법을 취해야 합니다."

"무슨 말씀인지 알겠어요." 여자는 들뜬 목소리로 말한다. "지금까지 저는 의미 있는 답을 끌어낼 수 있는 방식으로 질문을 던진 적이 없었어요. 그래서 늘 만족하지 못하고 좌절감에 빠졌던 거예요."

"의문을 품는 삶에 지름길은 없습니다. 저는 여러 면에서 의문을 품는 삶은 소크라테스가 말한 '성찰하는 삶'이라고 생각합니다. 그런 삶이 결코 쉽지 않습니다. 의미 있고 유익한 답을 얻을 수 있도록 더 좋은 방법을 찾고, 가장 복잡하고 혼란스러운 문제에 대해 질문하려는 일은 무척 힘듭니다.

그런 삶을 위해 사람들 무리에 반드시 속할 필요는 없습니다. 하지만 때로 사람들과 함께 나누는 토론이 도움이 될 수도 있습니다. 소크라테스 모임 외에도 이용할 수 있는 여러 종류의 모임이 있습니다. 예를 들어 세계 문학에 관한 토론회도 있습니다. 그곳을 통해 저는 포드 매독스 포드Ford Madox Ford의 《훌륭한 병사The Good Soldier》와 로베르트 무질Robert Musil의 《특성 없는 남자The Man Without Qualities》, 그리고 헤르만 브로흐Hermann Broch의 《죄 없는 사람들The Guiltless》과 같은 작품을 읽으면서 인간 본성에 관한 다양한 관점을 알게 되었습니다. 토론회가 아니었다면 전혀 몰랐을 여러 관점은 제 인생에 의미를 부여하는 데 큰 도움이 되었습니다."

"도스토옙스키Dostoevsky의 《지하 생활자의 수기Notes from the Under-

질문이란 무엇인가?

ground》와 랠프 엘리슨Ralph Ellison의 《보이지 않는 인간Invisible Man》, 그리고 엘리아스 카네티Elias Canetti의 《화형Auto Da Fé》을 읽고 저도 그런 중요한 경험을 했어요." 여자가 공감하며 말한다. "책을 읽으면 거의 제 인생이나 인간에 관한 질문을 하게 됩니다. 책을 읽지 않았다면 그런 질문은 전혀 해볼 생각도 못 했을 거예요."

"그것 보세요. 당신은 생각보다 이미 더 많은 것을 실천하고 있는 겁니다." 나는 그녀가 어떻게 생겼고, 어떤 표정을 짓고 있을지 상상하며 말한다. "우리는 질문을 통해 세상을 바라보는 여러 방법을 시험하고 가늠해 볼 수 있습니다."

"그것이 바로 제가 '삶의 의미란 무엇일까?'라는 질문을 다양한 형태로 자신에게 물을 때 하는 일입니다. 저는 질문이 어떤 형태가 되었든 당장 명확한 답을 애써 끌어내려고 하지 않습니다. 대신에 다양한 관점으로 잠재적인 답을 찾아내려고 합니다. 저는 일부러 제 의견에 반대 입장을 취하기도 합니다. 그런 다음 각각의 관점이 찬성하는 것은 무엇이고, 반대하는 것은 무엇인지 자신에게 물어봅니다."

나는 말을 계속 잇는다. "사실 저도 '보람 있는 삶의 의미를 내 인생에 어떻게 부여할 수 있을까?'라는 질문을 여러 형태로 묻고 답을 찾아내려고 했습니다. 수년 동안 그런 노력을 한 뒤에야 제게 가장 가치 있는 삶은 철학의 씨를 뿌리고 다니는, 철학자들의 조니 애플시드Johnny Appleseed(미국의 개척 시대에 많은 지역을 돌며 사과 씨를 뿌리고 다녔다는 전설적 인물 – 옮긴이)가 되는 일이었음을 깨달았습니다.

제 질문의 씨앗이 결실을 보는 데는 수년이 걸렸습니다. 일단 잠정적인 답을 찾아내도 생각을 행동으로 옮기는 데는 더 오랜 기간이 걸렸습니다. 그러나 저는 이 여정을 시작한 이후로 그만둘 생각을 추호도 해본 적이 없습니다. 그리고 지금까지 더할 나위 없이 유쾌하고 활기찬 삶을 보내고 있습니다."

나는 마침내 말을 끝내고 숨을 돌린다. 평소보다 말을 너무 많이 했다. 이름도 모르는 전화를 건 사람이 할 말이 더 있지 않을까 하고 가만히 기다린다. 그러면서 나는 이 대화가 오히려 내 마음을 반성하고 살피는 시간이었음을 문득 깨닫는다.

"제가 이제 무엇을 할 것 같은가요?" 여자가 마침내 침묵을 깬다. 하지만 내 대답을 기다리지 않고 계속 말을 잇는다. "우선 커피를 한 잔 준비하려고요. 그런 다음 베란다 의자에 앉아 '삶의 의미란 무엇일까?'를 새로운 방법으로 질문하고 답하며 밤을 지새울 겁니다."

여자의 목소리는 이제 더 이상 떨리지 않는다. 얼굴에는 미소를 띠고 있을 것 같다. 그러나 내가 그녀에게 격려의 말을 하려는 순간, 딸깍거리고는 웡 하는 소리가 들린다. 여자가 전화를 끊은 것이다. 자신이 무슨 행동을 했는지도 인식하지 못하는 것 같다. 어쨌든 여자는 소크라테스식 질문을 정말 많이 해야 한다는 사실을 깨닫게 되었다.

내가 오늘 깨닫게 되었듯이.

질문이란 무엇인가?

2

나는 어디에 있는가?

나는 자신을 탐구하여 모든 것을 자신으로부터 배웠다.

- 헤라클레이토스, 기원전 6세기 그리스 철학자 -

완벽한 삶은 없다

"소크라테스 카페를 왜 시작하셨어요?"

눈길을 끄는 한 여자가 휴대전화를 손에 쥔 채 눈을 동그랗게 뜨며 내게 묻는다. 실내가 무척 따뜻한데도 여자는 두꺼운 모직 코트를 입고 있다. 그 모습이 마치 금방이라도 나가야 할 사람처럼 보인다. 뉴저지주 웨인에 있는 보더스라는 서점에서 나는 처음으로 소크라테스 카페를 열었다. 코트 입은 여자는 여기에 참가한 18명의 호기심이 많은 사람들 중 한 명이다. 한 달 전에 나는 소크라테스가 사람들과 했던 철학적 담론을 되살리려는 내 생각을 이 서점의 직원에게 전달했다. 그리고 이곳을 철학 토론을 위한 장소로 사용하고 싶다고 말했다. "와! 아주 멋진 일이네요." 그녀의 호의적인 반응에 나는 무척 기뻤다. "그런데 모임의 명칭은 뭐라고 하실 건가요?"

모임의 명칭이라니, 왜 이런 생각을 하지 못했을까? 나는 이 모임에 무슨 명칭이 필요하리라곤 한 번도 생각해 보지 못했다. 다만 카페에서 철학 토론을 시작하고 싶다는 생각과 그 모임이 우리 내부의 소크라테스를 위한 카페가 되어야 한다는 생각만 했다. "소크라테스 카페로 하면 어떨까요?" 나는 대답했다.

그리고 지금 우리는 이곳에 모여 있다. 사람들이 서점에 놓인 네모난 탁자를 빙 둘러서 앉아 있다. 나는 카페 한가운데에 있는 등받이 없는 의자에 앉아 있다.

"글쎄요. 그 질문에 간단히 대답해 보면, '성찰하지 않는 삶은 살 가치가 없다'라고 한 소크라테스의 말에 동의하기 때문입니다." 내가 소크라테스 카페를 왜 시작했냐고 질문한 여자에게 말한다.

그 여자는 의아스러우면서도 흥미롭다는 듯한 표정을 지었다. "소크라테스가 '성찰하지 않는 삶은 가치가 없다'라고 한 건 무슨 의미인가요?"

"소크라테스가 어떤 의미로 말했다고 생각하세요?" 내가 여자에게 되받아 묻는다.

"잘 모르겠어요. 저는 심리치료를 받으러 이곳저곳 다니면서 제 삶에 대해 깊이 살펴보는 데 수년을 보냈어요. 그런데 처음부터 내 삶을 깊이 살펴보지 않았더라면 좋았을 텐데 하는 생각이 들어요. 심리치료를 몇 년 동안 받아보았으나 지금까지 삶이 더 나아진 적은 없었어요. 그래서 소크라테스가 성찰하는 삶만이 살 가치가 있다고 말하면서 자신이 무슨 말을 하고 있는지 알고는 있었을까 하는 의심이 드네요."

"저는 소크라테스가 철학적으로 성찰하는 삶에 대해 분명히 말했다고 생각합니다." 덥수룩한 콧수염에 체격이 건장한 남자가 말한다. 고집스럽게 보이는 그는 다른 사람들과 좀 거리를 두고 싶은지 탁자에서 멀찍이 떨어져 앉아 있다.

"철학적으로 성찰하는 삶은 어떤 것인가요?" 내가 묻는다.

그때 목소리가 부드러운 한 남자가 불쑥 대답한다. "그건 '나는 누구인가?'라는 질문에 답하려고 늘 노력하는 삶입니다." 길고 흰 머리를 하나로 묶은 남자의 눈동자에는 피로가 가득해 보인다. 그는 방금 모임에 합류했다. 한 손에는 책장 모서리가 접힌 곳이 많은 플라톤의 소크라테스 대화편을 들고 있다.

그다음에는 최근 육군 중위로 전역했다는 한 남자가 말한다. "저는 철학적으로든 아니든 자신의 삶을 성찰하는 일은 무의미하다고 생각합니다. 모든 일은 지나고 나면 늘 분명해집니다. 지난 일을 곱씹으며 시간을 보내다 보면 현재가 아닌 과거 속에 살게 됩니다. 저의 형은 과거에 하지 못했던 일을 매일 매 순간 후회하며 보냅니다. 그렇게 해봐야 무슨 소용이 있습니까? 아무것도 바뀌지 않습니다. 현재를 살아가는 데 방해가 될 뿐입니다."

토론 내내 신경질적인 웃음을 머금고 있던 남자가 갑자기 웃음기를 거둔 얼굴로 말한다. "저는 자신의 삶을 깊이 살펴보는 일이 무의미하다는 의견에 동의하지 않습니다." 몸집이 작은 그 남자는 말을 계속 이어간다. "자신의 삶을 성찰하지 않는다면, 우리는 현재의 삶에서 더욱 성취감을 느끼며 앞으로 나아가는 변화를 이룰 수가 없습니다. 과거에 내린 결정을 살펴보고 '어떻게 하면 다음에는 더 좋은 결정을 내릴 수 있을까?'라는 질문을 해봐야 합니다. 우리는 죄책감을 느끼거나 자신을 힘들게 하기 위해서가 아니라 오늘을 더 의미 있게 보내기 위해 이런 질문을 던지는 겁니다."

"그런데 저는 우리가 자신의 삶을 성찰한다고 해서 반드시 오늘을 더 의미 있게 보낸다고 생각하지는 않습니다. 저는 제 삶을 성찰한 후, 살 가치가 없다는 판단을 내린 적이 있습니다." 내가 말한다.

사람들이 내 이야기를 좀 더 해달라고 청한다. 나는 소크라테스 카페를 시작하려고 결심하기 전에 개인적으로나 직업적으로 더 이상 삶의 의미를 느끼지 못했던 일을 처음 본 사람들에게 이야기한다. 나의 가장 가까운 사람들이 이 사실을 알면 깜짝 놀랐을 것이다. 그들은 모두 나를 부러워했기 때문이다. 나는 10년 이상 국내 여러 잡지에 글을 기고하는 저술가로 일했다. 그리고 여행을 많이 다녔고 멋진 사람들도 만났다. 그러나 몹시 불행했다. 나는 종종 스스로 이렇게 물었다. '왜 나는 그냥 평범하지 못하며 직업이 특별히 성취감을 주는 게 아니라는 사실을 인정하려고 하지 않을까?', '왜 나는 나이가 들면 젊은 날의 이상주의적 열망을 포기한다는 사실을 받아들이려고 하지 않을까?' 이런 질문에 답은 늘 똑같았다. 삶은 본 공연을 앞둔 연극의 예행연습이 아니기 때문이다.

삶에서 꼭 하고 싶은 일은 위험이 따르더라도 아니 위험이 따르기 때문에 더더욱 해야지, 원하지 않는 일에 만족해서는 안 되기 때문이다. 내 삶의 철학은 늘 치열하게 살고 열정적으로 사랑하는 것이었다. 그러나 나는 그렇게 살지 못했다. 프리랜서 작가라는 삶도 그 나름대로 치열하고 모험이 따르기도 하지만 내게는 늘 너무 안일하다는 생각만 들었다. 오랫동안 나는 '만일… 한다면 좋을 텐데'라는 식으로 이루지 못한 일을 후회하며 보내는 삶에 사로잡혀 있었다. 더욱이 그런 현실에서 내 삶을 바꾸려고 어떠한 노력도 하지 않았다. 니체는 위험하게 살기 위해 노력해야 한다는 말을 했다. 이 말은 우리가 살아가면서 주저하지 말고 숭고한 모험을 해야 한다는 뜻이었을 것이다. 나는 늘 내가 이런 모험을 해봐야 한다고 생각만 했지, 실천으로 옮기지 않았다.

나는 사람들에게 계속 이야기한다. "그렇게 절망에 빠졌을 때, 저는 자신에게 '소크라테스는 어디에 있을까?'라고 물었습니다."

사람들은 이 말을 듣고 놀라 어리둥절한 표정을 짓는다. 나는 미소를 지으며 말한다. "아마도 사람들은 대부분 절망에 빠질 때 자신에게 이런 질문을 하지 않는가 보군요. 그러나 제 마음속에는 이런 질문이 떠올랐습니다. 그리고 이 질문은 '내 안의 소크라테스는 어디에 있을까?'라는 의미였습니다. 달리 표현하면 '어린아이 같은 순수한 마음으로 질문하기를 좋아하던 내 열정은 어디로 갔을까?'라는 말이 되겠지요."

"소크라테스가 창안한 질문자들의 모임을 되살리겠다는 생각을 오랫동안 했지만 실천하지는 못했습니다. 늘 그럴듯한 변명을 둘러 대며 스스로 막은 것이죠. 그러다가 너무 많은 면에서 거짓이라고 느껴지는 삶을 도저히 살아갈 수 없다는 결론에 도달했습니다. 더 이상 둘러댈 변명이 없었던 거죠."

내가 참가자들을 모두 둘러본다. 그들도 나를 뚫어지게 쳐다본다. "그래서 제가 여러분들과 함께 이곳에 모이게 된 겁니다."

"그러니까 불쾌한 상황이 생기고, 때로는 그런 일 때문에 자학하 던 시기에 인생은 살 만한 가치가 있다고 방향을 튼 거군요." 머리 카락을 뾰족하게 세운 한 10대 소녀가 말한다. 그녀는 머리카락 색 에 맞춰 입술도 오렌지색으로 바르고 몸 여기저기에 피어싱을 했다.

내가 미소 지으며 말한다. "맞는 말입니다."

플라톤의 소크라테스 대화편을 손에 들고 있던 남자가 말한다. "저는 매일 자신에게 이렇게 묻습니다. '내 삶은 자살을 하지 말아 야 할 만큼 가치가 있는가?'" 그는 여름 휴가철과 크리스마스 휴일 에 운송업체인 UPS에서 일하고, 그 외의 나머지 한 해 동안에는 세 계 여행을 떠난다고 말한다. "저한테는 이렇게 사는 일이 가치가 있 는 유일한 삶입니다."

오늘 토론에서 질문을 처음 제기했던 여자가 말한다. "저는 한 기 업의 임원이고 억대 연봉을 받고 있어요. 말하자면 성공한 사람이 지요. 그러나 저는 불행하다고 느낄 때가 많습니다. 그렇지만 오늘 밤에 이곳에 와서 직장이나 집, 또는 심리상담소에서 한 번도 해볼 기회가 없는 방식으로 두뇌를 쓰고 있으니 마음이 편안해지네요.”
몇몇 사람들이 공감한다는 듯 고개를 끄덕인다.

어떤 비쩍 마르고 키 큰 젊은이가 대화가 진행되면서 사람들의 무리로 의자를 조금씩 당겨 앉는다. 그는 처음에는 무리와 멀리 떨어진 탁자에 앉아 도스토옙스키의 책을 읽으면서 한편으로는 우리가 주고받는 대화에 귀 기울이고 있었다. 이제는 그가 토론에 참여하며 이렇게 말한다. “저는 소크라테스가 ‘성찰하지 않는 삶은 살 가치가 없다’고 말했을 때 사실 그렇게 많은 것을 의미했다고 생각하지 않습니다. 제 생각에 자신의 삶을 성찰하지 않는 일은 불가능합니다. 뇌의 전두엽 절제술을 받지 않은 이상 어떻게 자신의 삶을 성찰하지 않을 수 있겠습니까? 저한테는 내 삶을 성찰하느냐, 하지 않느냐가 아닌 어떻게 성찰하느냐가 중요한 문제입니다.”

“동의합니다.” 내가 말한다. “그러나 우리는 지금까지 ‘성찰하는 삶이란 무엇인가?’ 하는 질문을 살펴보면서 자신을 성찰하는 일만 논의했을 뿐입니다. 그 일만이 전부는 아니지 않습니까? 제 말은, 우리가 정말 많은 관점에서 삶을 성찰하는 문제를 다루고 있다면 자신을 벗어난 삶도 성찰해 봐야 하지 않느냐는 겁니다. 우리가 내면의 세계만 이해하려고 하고 우리를 둘러싸고 있는 세계는 이해하려들지 않는다면 어떻게 우리가 누구인지를 알 수 있겠습니까?”

“저, 사람들이 삶을 성찰하려고 노력하는 영역도 많이 있습니다.” 한 젊은 여자가 진지하게 말한다. 그녀는 토론을 시작하기 전에 내게 말을 건네왔다. 자신은 하버드 대학 철학과 박사 과정에 들어가게 되었으나 자신의 삶을 철학에 전념하고 싶은지는 잘 모르겠다는 고민을 털어놓았다.

"늘 새로운 발견이나 발명, 이론이 생기기 때문에 우리는 자신이 누구인지, 우리가 무엇을 할 수 있는지 더 잘 알게 됩니다. 그러나 제 생각에 철학과 과학의 차이를 살펴보면 로저 스크루턴^{Roger} ^{Scruton}이 말했듯 과학의 탐구는 '관찰되는 대상에서 관찰되지 않는 것으로, 그리고 다시 관찰될 수 없는 것'으로 옮겨가는 특징이 있습니다. 과학은 관찰 대상에 대해 '왜'의 문제를 다루지 않습니다. '왜'의 문제를 다루는 분야는 철학의 영역입니다. '왜'의 문제를 다루면서 우리는 이유와 의미를 추구하기 시작합니다. 인간 고유의 특성이나 아름다운 인생, 또는 올바른 삶에 관한 과학적 관찰이란 있을 수 없습니다. 이런 연구 대상은 철학적으로 인생을 고찰하려는 도전으로만 이루어집니다. 저는 소크라테스가 이런 도전에 가장 잘 맞선 사람이라고 생각합니다."

그때 서점에서 일하는 여자가 불쑥 끼어든다. "저는 어떤 생각이 떠오르냐면요." 토론 내내 그 여자는 불도 붙이지 않은 담배를 입에 물고 있었다. 그녀는 입에서 담배를 뽑아 들더니 나를 가리키며 말한다. "모든 가능한 방법을 동원해 자신의 삶을 고찰해야만 철학적으로 삶을 성찰할 수 있다 생각해요."

"모든 가능한 방법을 동원한다고요?" 샛노란 재킷을 입은 남자가 말한다. 다른 사람들의 대화가 이루어지고 있을 때 그는 잡지를 이리저리 넘기며 보는 척하고 있었다. "저는 그런 일은 가능하지 않을뿐더러, 필요하지도 않다고 생각합니다. 우선 '모든 가능한 방법'으로 자신의 삶을 성찰했다는 사실을 어떻게 알 수 있습니까? 설사 가능했더라도 그런 시도가 감당하지 못할 만큼 괴롭지 않았을까요? 삶을 성찰할 시간도 모자라 일상생활도 제대로 할 수 없을 겁니다."

이런 비평적인 말에 서점 직원은 잠시 주저한다. 그러나 곧 그녀는 말을 신중하게 고르며 입을 뗀다. "의미를 잘못 전달한 것 같은데요. 제가 하려던 말은 우리가 지금 이용하고 있는 방식으로 자신의 삶을 고찰하려면, 자신의 삶을 성찰하는 새로운 방식에 스스로 마음을 열어야 한다는 뜻이에요. 다시 말해, 새로운 관점이나 방법 같은 것을 기꺼이 받아들여야 해요. 바로 이것이 소크라테스가 본보기로 삼으려고 했던 방법이자 아리스토텔레스를 비롯한 많은 이들이 자신들의 목적에 맞게 채택한 방법이라는 생각이 들어요."

"그 말이 옳다고 생각합니다." 잡지를 덮으며 남자가 말한다. "그리고 우리가 바로 이곳에서 삶을 성찰하고 있는 일 그 이상은 기대하지 말아야 할 것 같습니다."

여기, 바로 여기에!

허나 '여기'는 어디이며 무엇인가?

내가 만난 삶의 탐구자들은 이렇게 묻는 것 같다. '나는 어디에 있으며 왜 그곳에 있는가?' 이 질문을 바꿔 표현하면 '세상 만물의 체계 속에서 내 위치는 어디인가?' 또는 '나는 왜 여기에 있는가?'라는 질문이 될 수 있다.

근대 철학의 아버지라 불리는 프랑스의 수학자 르네 데카르트René Descartes는 확실성을 탐구하기 위해 수학적 방법을 모든 지식으로 확장하려고 했다. "나는 생각한다. 고로 존재한다"라는 명언에서 알 수 있듯이, 데카르트는 생각하는 능력으로 자신이 실제로 여기에 존재한다는 결론을 내렸다. 18세기 독일의 철학자 임마누엘 칸트Immanuel Kant의 관점은 데카르트와 상당히 달랐다. 칸트의 '비판 철학'에 따르면, 생각은 반드시 외부 세계와 일치하는 것이 아니다. 오히려 세상은 인간 정신의 구조와 일치하는 정도로만 알 수 있다고 주장했다. 칸트에게는 자신이 왜 여기에 있는가를 알아내는 것이 가장 중요한 일이었고 《순수이성비판Critique of Pure Reason》에서 '나는 왜 여기에 있는가?'라는 질문을 자세히 살펴보려고 했다. 그러기 위해 자신이 중요하게 여긴 세 가지 질문, '나는 무엇을 알 수 있는가?', '나는 무엇을 해야 하는가?', '나는 무엇을 바라는가?'에 답하고자 했다.

프리드리히 니체는 삶의 역경을 견뎌낼 가치가 있도록 만들기 위해 사람은 모두 자신의 삶에서 독특한 이유를 발견해야 한다고 생각했다. 니체는 "왜 삶을 살아야 하는지 아는 사람은 그 어떤 상황도 견딜 수 있다"라고 주장했다.

소크라테스는 자신이 '여기'에 실재하는 '생각하는 존재'라는 전제로 활동을 했다. 그는 더욱 도덕적인 사람이 될 수 있도록 질문하고 답하는 것이 자신이 존재하는 유일한 이유인 '왜'라고 생각했다.

이러한 근본적인 질문을 효과적으로 표현하는 방법은 많다. 예를 들어 "나는 여기에 있어야 할까?" 또는 "나는 여기에서 저기로 어떻게 갈 수 있을까?"라고 묻고 싶은 충동이 생길 수 있고, 아니면 "여기 외에 또 다른 '여기'도 있을까?", "나는 왜 여기에만 완전히 있지 못할까?", "내가 여기에 있는 동안 꼭 해야 할 일이 있을까?", "내가 여기를 떠나고 다른 사람이 여기를 채우더라도 '내가 이곳에 있었다'는 사실을 조금도 의심하지 않으려면, 나는 여기에 있는 시간을 어떻게 잘 활용해야 할까?"라는 질문이 생길 수도 있다. 그 외에도 '내가 왜 여기에 있는가?'에 대한 더 좋은 질문과 답을 생각해 낼 수 있을 것이다.

그런 질문에 대한 통찰력을 얻기 위해, 소크라테스 카페 참가자들은 자신의 신념이나 세계관에 반대되는 의견이라도 설득력이 있다면 깊이 생각해 보고 받아들인다. 그리고 철학적 탐구를 위해서는 자신의 신념이나 삶, 자아, 위치에 대해 끊임없이 평가해야 한다는 사실을 깨닫는다. 이들은 흔히 '진리'라고 불리는 개념도 곧이곧대로 받아들이지 않는다. 특정한 신념이 인간적이거나 합리적인지, 또는 현명하거나 올바른지에 관한 논쟁은 언제나 열려 있다. 그리고 이 세상에서 자신의 위치를 발견하는 것은 자신에게 달려 있다고 분명히 믿는다.

모든 영혼이 소크라테스 카페에 참여함으로서 자신의 고유한 인격이나 위치를 더 잘 찾아낼 수 있을까? 잘 모르겠다. 소크라테스식 철학적 탐구가 자아 발견을 위한 유일하게 타당한 형태냐 하면 절대 그렇지 않다. 그러나 인식을 하든 못하든, 생각으로 분명하게 표현하든 못하든, 사람들은 모두 이 세상에 살아가는 존재로서 자신의 삶과 위치에 대한 철학을 간직하고 있다. 자기 삶에 대한 철학적 접근법을 얼마나 아는지와 관계없이, 우리가 생각하고 행동하는 모든 것은 운명적이든 일상적이든 우리의 세계관이나 위치를 어떻게든 반영한다.

누구에게나 열린 모임

나는 캘리포니아 북부의 한 교회에 주일 예배가 끝나기 전에 도착했다. 기다리는 일쯤은 아무래도 상관이 없다. 신자들이 부르는 평화로운 찬송가가 교회 밖으로 들려온다. 복숭아색의 큰 교회는 스페인의 옛 수도원을 본떠 세워진 건물이다. 이 교회를 보고 있으니 어머니 손을 잡고 감리교회를 다녔던 내 어린 시절의 즐거운 추억이 떠오른다. 그러다가 문득 내 시선이 장엄한 교회 입구의 팻말에 멈춘다. 그곳에는 흰 글씨로 커다랗게 '자유로운 종교 공동체'라고 쓰여 있다. 이 글만 봐서는 이곳이 교회라는 사실을 전혀 알 수가 없다.

나는 한 여성으로부터 이 교회에서 소크라테스 카페를 진행해 달라는 초대를 받았다. 그녀는 내가 이전에 양로원에서 열었던 소크라테스 카페에 참가한 사람이었다. 15분쯤 기다리고 난 후, 나는 20명 정도 되는 신자들과 함께 교회의 아늑한 회의실로 안내된다. 신자들은 편안한 소파와 의자에 자리잡는다. 나는 안락의자에서 푹신한 쿠션에 파묻히지 않으려 몸을 내밀고 앉는다.

　　"잘 오셨어요. 모두 환영합니다." 나를 초대한 여성이 모두에게 인사를 한 후 내게 이렇게 말한다. "저는 '우리 교회에 오신 것을 환영합니다'라고 말하려고 했지만, 여기 오신 분들 대부분이 이곳이 교회라는 사실도 모르고 있습니다." 사람들은 대부분 고개를 끄덕이거나 속삭이듯 그렇다고 말한다.

　　내가 말문을 연다. "괜찮으시다면 '교회란 무엇인가?'라는 질문의 답을 함께 찾아보는 건 어떨까요?" 나는 소크라테스 카페에서 직접 토론의 주제를 정하는 경우가 거의 없다. 하지만 사람들이 이번에 내가 고른 주제에 열렬히 호응하고 토론을 벌이려고 하니 기분이 좋다.

　　이 교회에 오랫동안 다녔다는 한 여자가 말한다. "저는 솔직히 교회가 무엇인지 정의를 내리지 못하겠어요. 교회의 정의를 사전에서 한번 찾아봐야 할 것 같아요." 그녀가 웃음을 지으니 정감 어린 얼굴이 더 다정하게 보인다. 여자는 곧 일어나더니 책꽂이로 가서 표지가 바랜 커다란 웹스터 사전을 꺼낸다. 그리고 책장을 휙휙 넘겨 찾고 있던 지면을 잠시 바라보다 마침내 입을 연다. "여기에 보면 '모든 교회가 갖는 공통점은 그리스도인들이 함께 모여 예배하는 장소이다'라고 나와 있어요."

"하지만 전 그리스도인이 아닙니다." 한 남자가 말한다. 기술자인 그 남자는 피부색이 밝고 볼은 불그스름하다. "저는 영적인 면에서 불가지론자입니다. 어떤 초월적인 힘이 존재한다고는 믿고 있지만 그 힘을 '신'이라고 불러야 할지는 확신이 안 섭니다. 그리고 이곳에는 제 종교관으로 괴로워하거나 불쾌하게 여기는 분은 없습니다. 우리 모임은 그리스도인뿐만 아니라 모든 사람을 위한 자리니까요." 그러고는 남자가 내 쪽을 바라보며 이렇게 말한다. "이곳에 있는 어느 분도 저를 불편하게 한 적은 없습니다. 사실 사람들은 종종 저에게 '우리의 전속 불가지론자님은 어떻게 지내요?'라는 농담을 던지곤 합니다. 저는 이곳이 마치 가족들이 모인 듯 편안합니다."

성격이 다소 내향적으로 보이는 한 남자가 내게 말을 건넨다. "우리가 모이는 장소의 명칭을 '교회'에서 '집회 장소'로 바꾸면 어떨까 싶습니다." 부인과 함께 참석한 그 남자는 내 옆에 앉아 있다.

"왜 그렇게 생각하세요?" 내가 묻는다.

"'집회 장소'라는 말이 우리가 모이는 목적을 더 정확하게 나타내는 느낌이 듭니다. 사전에 나와 있듯이, 교회란 그리스도인과 동일시되기 때문입니다. 우리는 그리스도인, 이슬람교도, 불가지론자 등 모든 사람이 환영받는다고 느끼기를 바랍니다."

남자는 말을 계속 잇는다. "저는 우리가 모두 종교적이라고 생각하지만, 그렇다고 우리를 전통 기독교도들로 여긴다는 말은 아닙니다. 저는 사람들 대부분이 우리의 존재 이유(raison d'être)이자 우리를 지켜보고 인도해 주는 어떤 초월적인 존재나 숭고한 힘을 믿는다고 생각합니다. 그러나 누가 또는 무엇이 이런 초월적인 존재이고 숭고한 힘인지, 또 어떻게 그 존재에게 우리의 영적인 겸손과 경외심을 보여줄 수 있는지에 대한 믿음은 모두가 제각각 다릅니다."

종교적인 인간에 대한 그의 발언은 종교인이 되는 '본질'은 '절대적 의존감'이라고 말한 개신교 신학자 프리드리히 에른스트 슐라이어마허Friedrich Ernst Schleiermacher의 견해와 비슷하다. 하지만 정신분석의 창시자 지크문트 프로이트Sigmund Freud는《환상의 미래 The Fututre of an Illusion》에서 슐라이어마허의 관점에 반대하는 태도를 분명히 드러내며 이렇게 적었다. "종교선의 본질을 구성하는 것은 '절대적 의존감'이 아니라 다음 단계에 해당하는 느낌에 대한 반응으로서, 이 느낌에 대한 개선책을 찾는 것이다. 그 반대로 절대 의존의 느낌만 간직하고 더 나아가지 않는 사람, 인간이 우주에서 짊어지는 하찮은 역할이 자신의 운명이라고 체념하는 사람은 비종교적이라는 말이 가장 정확하다."

"그러면 사람들이 교회라면 보통 떠올리는 생각과 너무 거리를 두는 것처럼 들릴 수도 있습니다." 내가 말한다.

"물론입니다." 남자가 대답한다.

자칭 불가지론자가 말한다. "무엇보다 우리가 거의 모든 것에 열려 있다는 사실이 중요합니다. 우리는 이 모임에 참석하고 싶은 사람이면 누구든 환영합니다. 스스로 독실한 그리스도인이 아니라고 밝히는 사람도, 어떤 신의 존재도 전혀 믿지 않는 사람이라도 괜찮습니다. 제가 그 좋은 예입니다. 우리는 누구에게나 문이 활짝 열려 있으니까요."

공동체가 필요한 이유

　며칠이 지나고 몇 주가 흐르는 동안에도 나는 이 교회에서 사람들과 나눈 소크라테스식 문답법에 대해 많은 생각을 했다. 그곳에서 소크라테스 카페에 참가했던 사람들 모두가 공유하는 느낌은 서로 종교관이 다르더라도 편안함을 느끼는 어떤 공동체에 소속되려는 욕구였던 것 같다. 나는 교회가 집회로서 갖는 특징이 내가 소크라테스 카페 모임을 규정짓는 특징과 매우 유사하다고 생각하기 시작했다. 둘 다 집회의 종류라 할 수 있다. 매주 소크라테스 카페에 정기적으로 모이는 사람들은 대부분 그 모임이 없는 삶은 상상할수 없을 것이라고 나는 생각한다. 그리고 그 교회에 모이는 사람들도 마찬가지라고 확신한다. 나는 소크라테스 카페에 모인 사람들을 환영할 때, 목사가 예배를 보러 온 신도들을 맞이할 때 쓸 수 있는 표현을 사용한다. 우리가 오랫동안 알아온 사이라면 서로 껴안고 악수하면서 반겨준다. 그리고 새로 온 사람이라면 내가 먼저 다가가 악수를 청하며 "와주셔서 감사합니다"라고 인사를 건넨다. 나는 토론이 끝난 후에는 처음 온 사람들을 찾아 다시 오기를 바란다고 말한다. 그러면 다시 찾아오는 사람들은 바로 이런 곳이 자신들이 참여하고 싶었던 공동체라는 사실을 알게 된다. 교회 집회에 모였던 사람들이 생각했듯이, 반드시 있었으면 하는 종류의 공동체가 바로 이런 모임이다.

나는 종종 소크라테스 카페를 '이교도를 위한 예배'라고 특징짓곤 한다. 모두가 자신의 독단적 견해에 편안하게 도전할 수 있는 장소이기 때문이다. 존 듀이는 자신의 평론 《창조적인 민주주의Creative Democracy》에서 이렇게 말한다. "나는 민주주의의 핵심이자 마지막 보장이 이웃들이 서로 길모퉁이에 자유롭게 모여 토론을 주고받고… 서로 거리낌 없이 대화를 나누는 것이라고 확신한다… 의사소통의 자유와 완벽함을 방해하면 인간은 벽을 세우고 여러 파벌로 분열되고… 그렇게 함으로써 민주주의적 삶의 방식이 위태로워진다."
그러나 나는 이웃들이 서로 자유롭게 대화를 나누는 모임이 민주주의가 탄탄해질 수 있는 유일한 보증 역할을 한다고는 생각하지 않는다. 사람들이 대화를 나누는 '방식'이 자유롭게 대화할 수 있는 능력 못지않게 중요하다고 생각한다. 예컨대 사람들이 자유롭고 완전하게 의견을 전달하더라도 그릇된 결론을 내린다면, 또 서로의 관점을 비판적으로 검토하여 이를 기반으로 발전해 나가지 않으면, 사람들은 다소 공허하고 정체된 민주주의를 짊어져야 할 것이다. 듀이는 의사소통의 자유와 완벽함이 필요하다고 주장하면서 민주주의를 보존하기 위해서는 특정한 유형의 대화가 필요하다는 사실을 암시했다. 특정한 유형의 대화가 무엇인지를 정확히 언급하지는 않았지만 나는 바로 소크라테스식 문답법이 모든 참가자가 평등한 방식으로 대화에 참여하도록 촉구하는 체계라고 생각한다. 대화를 할 때 참가자들은 자신의 관점뿐 아니라 그 관점이 사회에 어떤 밀접한 연관성이 있는지를 살펴보고 명확히 표현할 수 있도록 서로 돕는다. 이는 민주주의의 지속적인 발전을 보장하기 위한 '자유롭고 완벽한' 의사소통의 한 유형이라고 생각한다. 듀이는 지식을 추구하는 문답의 중요성을 평생 강조했던 만큼 소크라테스식 문답법이 민주적인 삶의 방식을 고취하는 데 중요하다고 여길 것 같다.

그러나 이런 철학적 문답 모임을 혐오하는 사람들도 많다. 사실 소크라테스가 시작한 철학적 문답은 고대 아테네 시대 이후로 줄곧 많은 비판을 받아왔다. 사람들은 이 철학적 문답이 경건하거나 긍정적이지 않으며 배척해야 할 사상이라고 비판했다. 그리고 소크라테스로 대표되는 이 끊임없는 탐구 방식이 이른바 '진리'를 얻는 데 방해가 된다고 불평했다.

그렇다면 소크라테스식 철학적 문답을 실천하는 우리는 어떻게 변론해야 할까? 변론할 필요 없이 비난을 받은 대로 받아들이면 된다. 소크라테스는 끊임없이 질문을 던지는 일은 우리의 의무라고 생각했다. 소크라테스에게 이 일은 도덕적 명령이었다. 이런 '소크라테스 정신'은 소크라테스식 문답법과 떼어놓을 수가 없다. 소크라테스는 동시대의 소피스트들과 현저하게 달랐다. 소피스트들도 소크라테스처럼 아테네 거리로 나가 철학 이론을 펼쳤으나 그와 달리, 사람들에게 '지혜'를 주는 대신 많은 대가를 요구했다. 윌리엄스 칼리지Williams College의 철학 교수 라슬로 베르세니Laszlo Versenyi는 둘의 차이점에 대해 다음과 같이 언급했다.

> 소피스트는 강의를 했다. 소크라테스는 '순전히' 질문을 했다. 소피스트는 교육, 미덕, 인간의 탁월성에 대해 말로 설명했다. 소크라테스는 자신의 삶으로 세밀하게 보여주었다… 인간의 내적 개선 즉 진정한 '영혼의 치료'를 이뤄냈다. 소크라테스의 질문을 받고 지적 성장의 아픔을 경험하는 것은 고통스러웠다…소크라테스는 지혜를 강조했고, 가치 없는 통찰력은 받아들이지 않았다… 소크라테스는 우리와 동떨어진 문제를 살펴보는 무심한 질문자가 아니라 삶을 탐구하는 데 완전히 몰입하는 인물이었다.

이후에 소크라테스의 정신을 받아들인 사람들은 자신의 시대에서 '떳떳하지 못한 마음'으로 비판받는 경향이 있었다. 갈릴레오

Galileo에서 간디Gandhi, 솔제니친Solzhenitsyn에서 로자 파크스Rosa Parks에 이르기까지, 시대의 일반적인 '지혜'에 대해 공개적이고 강력하게 의문을 제기하는 사람들은 늘 있었다. 무지에 반대하는 운동을 하거나 니체가 '가치의 재평가'라고 여긴 주장을 내세운 사람들도 항상 있었다. 어떤 경우에는 다수에 반대하여 순교하기도 했다. 그들은 지적이고 윤리적이며 사회적인 사명을 모두 짊어진 사람들이었다. 그들은 모두 당대에서 성가신 존재이며 소크라테스라는 근원에서 나온 어린 가지들이었다.

니체는 "친척들, 그리고 선량한 사람들 사이에서 진리라고 여기는 것, 더욱이 인간을 위로하고 고양시키는 것을… 단순히 받아들이는 일이, 아무런 위로도 없이 앞으로 나아가면서 습관과 맞서 싸우고, 독립의 불안을 경험하고, 자신의 감정이나 양심까지도 자주 흔들리면서 새로운 길을 개척하는 일보다 더 어려운 일인지" 궁금해했다. 그리고 그는 "만일 영혼의 평화와 쾌락을 얻고자 한다면, 믿어라. 진리를 위해 헌신하고 싶다면, 질문하라"라고 말했다. 이러한 맥락에서 찰스 샌더스 퍼스Charles Sanders Peirce(19~20세기에 활동한 미국의 선구적인 철학자이자 언어학자)는 어떤 의미에서 "이성의 유일한 원칙은 배우기 위해 열망해야 하고, 그런 열망 속에서 이미 생각하는 것에 만족해서는 안 되는 것"이라고 언급했다. 이 원칙에 따라 퍼스는 "우리는 철학이라는 성을 둘러싼 모든 성벽에 새길 정도로 가치 있는 한 가지 결론을 따라야 한다. 즉 탐구하는 길을 막아서는 안 된다"라고 말했다.

나는 어디에 있는가?

겸허하게 말하자면 소크라테스 카페 참가자들은 이단적인 전통을 잇는 성가신 사람들이다. 소크라테스식 대화를 하면 어떤 질문에도 권위적이거나 명확한 답을 찾아내려는 사람이 없다는 사실을 확실히 알 수 있다. 소위 진리라고 부르는 의견이 모두 결정적인 발언은 아니다. 그렇지만 소크라테스식 시련을 겪은 후에 살아남거나 더 낫다고 평가받는 진리도 있다.

라슬로 베르세니 교수는 이렇게 설명했다. "소크라테스에게 있어 무언가를 안다는 것은 그것에 대한 이유를 제시할 수 있고, 타당한 주장으로 변론할 수 있으며, 다른 사람에게 증명할 수 있음을 의미한다. 그리고 순차적인 긴 추론으로 붙잡은 결론을 내리는 것을 뜻한다." 소크라테스식 문답법은 우리가 예리하고 열정적인 정신을 갖추고, 위대한 사상을 고찰하고, 시대를 초월하는 질문과 문제를 숙고할 기회를 제공한다. 그리고 특정 철학을 옹호하거나 반대로 근거가 없다고 주장할 때 그 이유를 논리적으로 제시하도록 한다. 그러면 매우 통찰력이 날카로운 사상가들의 철학이라도 종종 명백한 결점이 있음을 알게 되고, 우리는 모두 인간적인, 너무나 인간적인 존재라는 사실을 거듭 깨닫는다.

정직을 추구하며

소크라테스는 아무도 흉내 낼 수 없는 방식으로 소피스트에게 질문을 던져 그들의 감언이설이 가치 없다는 사실을 밝혀냈다. 소피스트는 사람들에게 가치 없는 지혜를 값비싸게 팔아 큰돈을 챙긴 것이다. 그런데 오늘날에도 학계의 테두리 안팎에서 활동하는 소피스트들은 많다. 저명한 현대 철학자인 로저 스크루턴은 〈런던 타임즈The Times of London〉에 '소피스트의 귀환'에 관한 날카로운 평론을 실었다. 스크루턴은 오늘날의 소피스트가 "우리 안에 내재하고 있는 논증의 힘을 깨워 진리로 인도하는 일을 더 이상 하지 않는다"는 사실을 알려준다. 그에 따르면 오늘날의 소피스트는 "자신의 상품을 심리치료사의 상품보다 호의적으로 보이도록 하는 데만 관심이 있다… 또 이들은 '신념 체계'라는 목록을 우리 앞에 펼쳐놓고 고르게 하거나 우리의 신념 체계를 더욱 최신식으로 바꿀 것을 권장할 때도 있다." 또 그들은 "고객이 자신의 돈을 잘 투자했다는 확신이 들도록 가장 선호하는 '신념 체계'를 그럴듯한 미사여구로 잘 꾸미고, 고객이 치유되고 있다고 심리적으로 확신할 만한 기준으로 가격을 매길 것이다."

스크루턴은 오늘날의 소피스트를 소크라테스가 실천한 시대를 초월하는 진실성의 본보기에 비교한다. 즉 소크라테스가 "플라톤이 대화편에서 영원성을 부여한 존재"이고, "철학 탐구의 정신을 일깨우고", 자신과 대화를 나눈 사람들이 인생의 수수께끼에 자신만의 답을 찾을 수 있도록 해주는 "소피스트가 아닌 진정한 철학자"였다고 설명한다. 또 스크루턴에 따르면, 소크라테스의 좋은 예가 되는 철학자는 "산파 같은 존재이며, 그의 의무는 우리가 자신의 상황을 이해하는 데 아무 부족함이 없는 자유롭고 이성적인 존재가 되도록 도와주는 일이다. 그에 반해서 소피스트는 교활한 오류로 우리를 현혹하고, 우리의 약점을 이용하며, 소피스트 자신이 원인을 제공한 문제를 자신이 해결해 주겠다는 기만행위를 한다."

소크라테스는 진정한 철학자를 건강을 위해 예방접종을 해주는 의사에 비유했다. 진정한 철학자는 사람들에게 신중하고 양심적이며 비판적으로, 또 정직하게 사고할 수 있도록 가르쳐줌으로써 소피스트의 유혹적인 반쪽 진리뿐 아니라 편협성, 비인간성, 허위 선전을 이겨내는 저항력을 길러주기 때문이다. 이런 관점으로 보면 소크라테스 카페에서 '새로운 소크라테스들'이 실천하는 철학이란 절대적인 진리와 확실성보다는 정직을 추구하는 탐구이다.

오늘날의 새로운 소크라테스들은 철학적 문답이 우리의 문제를 해결할 만병통치약이나 마법의 특효약이 아니며, 철학을 그런 식으로 나타내는 것은 매우 정직하지 않다는 점을 잘 알고 있다. 실제로 어떤 문제가 해결되고 나면 또 새로운 문제들이 생겨나기 마련이다. 단순히 이런 사실이 인간 존재의 경험에서 중요한 부분을 차지하는 것은 아니다.

오히려 정직을 추구하는 소크라테스식 탐구에서 요구되는 것은 다루기 힘든 문제와 미래 지향적인 문제를 구별하는 능력이다. 미래 지향적인 문제를 체계적으로 탐색하면 탐구자는 더 자유롭고 이성적이게 되며, 왜 내가 나라는 존재인지, 어떻게 내가 열망하는 사람이 될 수 있는지를 더 잘 알게 된다.

내 집 같은 안식처는 어디에

나는 목적지에 일찍 도착했다. 내가 도착한 곳은 약 300명의 고령자들이 거주하는 버지니아의 웅장한 주택 단지이다. 나는 기다리는 동안 달리 할 일도 없어 복도에서 서성대고 있다. 잠시 후, 몸집이 작고 날씬한 할머니가 내 시야에 들어온다. 두 눈에 생기가 넘치는 할머니는 푹신한 긴 의자에 앉아 있다.

"선생이 바로 그 철학자인가요?" 내가 쳐다보자 할머니가 묻는다.

나는 어떻게 대답해야 할지 몰라 망설인다. '철학자'라고 불리는 것이 무척 어색하다. 그때 문득 "철학자란 무엇인가?"라는 질문이 떠오른다. 1980년 59세로 사망할 때까지 프린스턴 대학의 교수였던 현대 철학자 월터 카우프만Walter Kaufmann은 철학자란 "관습이나 특권, 또는 교리에 상반되는 것들을 이해할 수 있도록 두려움과 싸우는 사람이고, 우리를 다른 관점에 더욱 민감해지게 할 뿐 아니라 널리 비난받고 이해되지 못하는 관점이 내면에서 어떻게 보이고 어떻게 느껴지는지를 깨우쳐주기 위해 노력하는 사람"이라고 흥미롭게 설명했다.

컬럼비아 대학에서 50년 이상 철학 교수로 재직한 존 허먼 랜달 주니어 John Herman Randall, Jr.는 철학자의 가장 중요하면서 창의적인 역할이 "아이디어가 풍부한 정치가"라며 그 능력을 이렇게 말했다. "추론하는 힘이 비판적인 통찰력과 합쳐져 모든 것을 함께 맞추는 것, 서로 대립하는 신념을 포용하고 지적 정의를 부여하는, 새롭고 포괄적인 아이디어를 만들어내는 것"이라고 말했다. 철학자의 가장 인상적인 모습은 우리에게 "모든 시간과 영원에 대한" 새로운 관점을 줄 수 있다는 점이다.

마침내 할머니의 질문에 나는 대답한다. "글쎄요, 그렇기도 하고 아니기도 합니다."

할머니는 소리 내어 웃는다. "그런 말을 하는 걸 보니, 철학자가 맞네요." 할머니의 말투에는 독일어 억양이 섞여 있다.

"어디에서 오셨어요?" 내가 할머니에게 묻는다.

"음…." 할머니는 잠시 말을 멈춘다. 이제 할머니가 어떻게 대답하면 가장 좋을지 고민할 차례다. "남편이 세상을 떠난 후 남동생이 사는 이곳으로 두 달 전에 이사를 왔지요. 그전에는 로마에서 수년을

나는 어디에 있는가?

살았어요. 그곳에서 소아과 의사를 했었지요. 그렇지만 로마에 살면서 한 번도 내 안식처나 고향 같은 편안한 느낌은 들지 않았어요."

"혹시 독일이 고향이신가요?"

"어떤 의미에서는요." 할머니가 수수께끼 같은 대답을 한다. "독일에서 태어났지만 사실 내 고향이란 곳이 있어 본 적이 없다고 하는 게 맞겠네요. 이 세상에 내 집 같은 그런 곳이 있다는 확신이 들지 않아요."

내 집 같은 곳이 없다고? 나는 할머니에게 상세하게 이야기해달라고 조르지 않는다. 곧 소크라테스 카페를 열 시간이 되었기 때문이다. 우리가 모이는 방은 내 집처럼 편안한 분위기다. 방 안에는 둥근 탁자가 새하얀 천 덮개로 씌워져 있고 그 주위로 편안한 쿠션 의자가 놓여 있다.

"집이란 무엇일까요?" 나는 30명 정도 되는 참가자들에게 묻는다. 사람들은 나와 이야기를 나누었던 할머니와 잘 아는 듯 눈인사를 주고받는다. 할머니는 나를 향해 웃음을 띠면서 동시에 얼굴을 찡그린다.

바로 옆에 밀드레드라는 이름표를 달고 있는 할머니가 말한다. "나는 무엇이 집이 아닌지에 대해 말하려고 해요." 그러고는 앉아 있는 의자를 손바닥으로 두드리며 말을 잇는다. "이곳은 내 집이 아니에요. 내가 여기에 있는 유일한 이유는 내 자식들이 나를 이곳에 버렸기 때문이지요. 이곳만 아니라면 다른 어떤 곳이든 가고 싶어요." 그런 다음 밀드레드 할머니는 뉴욕에서 살았던 때의 이야기를 들려준다. 60년 전에 가족들의 반대에도 불구하고 사회봉사를 하기 위해 뉴욕으로 이사했다고 자랑스럽게 말한다. "난 중서부에 있는 안락한 집을 떠나 뉴욕시 브롱크스에 새 보금자리를 얻었지요. 내가 좋아서 선택한 일이었어요." 이 말을 할 때 할머니의 얼굴에는 자부심이 넘친다. 그러나 이내 표정이 어두워진다. 밀드레드 할머니는 방 안에 있는 우리 모두를 죽 둘러본다. "하지만 이곳은 내가 원해서 있는 게 아니에요. 그래서 집이라 할 수 없지요. 집이란 스스로 살기로 선택하는 곳이니까요."

"우리 가운데 자신이 살 곳을 선택하는 호사를 누린 사람은 거의 없을 겁니다." 어떤 할아버지가 반응한다. "나는 일자리가 있고 아내와 자식들을 위한 좋은 보금자리가 있는 곳이라면 어디든 살았습니다."

이곳에 사는 또 다른 거주자가 단호하게 말한다. "잠자리가 있는 곳이 바로 집입니다. 이곳에 내 잠자리가 있으니 여기가 내 집인 거지요."

밀드레드 할머니가 큰 소리로 말한다. "이곳이 내 집 같다고 생각하시는 분들 손 들어보세요."

손을 든 사람은 세 명뿐이며 그 모습도 분명하지 않고 어중간하다. "이곳을 내 집처럼 생각하는 사람들이 이렇게 적다니 좀 놀라운데요." 잠자리가 있는 곳이 내 집이라고 하던 거주자가 말한다.

그때 우아하게 차려입은 할머니가 말한다. "나도 여기가 내 집 같

나는 어디에 있는가?

다고 생각해요." 그녀의 윤기가 흐르는 백발은 어깨 아래까지 내려왔다. "난 플로리다에도 내 집이 있어요."

"그러면 여기와 그곳을 왔다 갔다 하시는 건가요?" 내가 묻는다.

"글쎄, 아니요." 할머니가 대답한다. 사실을 인정해야 하는 것이 부끄러워 보인다. "그렇지만 플로리다에 있는 집을 팔 계획은 전혀 없어요. 내가 그 집을 소유하는 동안은 계속 그곳을 내 보금자리라고 생각할 겁니다."

할머니는 잠시 말을 멈추었다가 묻는다. "그런데 '내 집처럼 편하게 지내세요'라는 표현은 무슨 뜻일까요? 이 표현을 생각하면 '내가 내 집처럼 편안하게 느끼는 장소는 어디일까?'라는 의문이 생깁니다. 난 이곳에 수년 동안 있었지만 아직도 편하게 느껴지지는 않아요. 오래전에 플로리다로 처음 이사했을 때처럼 이곳이 아직도 낯설기만 합니다. 플로리다로 이사하고 새집과 그 주변 지역이 편안하게 느껴지기까지는 시간이 좀 걸렸지요. 그렇지만 시간이 지나면서 마침내 내 집처럼 느껴지는 편안함 그 이상의 가치를 느꼈어요. 그곳에서 나는 요리를 배우고, 평생의 친구도 사귀고, 사랑에도 빠졌죠." 할머니는 그 시절이 생각난 듯 말한다. "언젠가는 결국 이곳도 내 집처럼 느껴지리라 생각했어요. 하지만 아직은 그렇지가 않아요. 그냥 거주하는 건물일 뿐이죠."

"그럼 어떻게 하면 거주하는 건물이 내 집이 될 수 있을까요?" 내가 묻는다.

"글쎄요." 한 참가자가 약간 냉소를 띤 표정으로 웃으며 말한다.

"무엇보다 그곳에 살고 싶어야 한다고 생각합니다. 선호하는 다른 장소가 있더라도 어느 정도는 내가 편안하게 머물 곳. 뭐랄까, 내 보금자리라고 느껴야 하지 않을까요? 이곳에서는 그런 느낌이 들지 않습니다. 앞으로도 그럴 지 모르겠네요."

"저는 어른이 되고 나서 물리적으로 살았던 장소 중 어느 곳도 내 집이라고 느낀 적이 없습니다." 내가 말한다. "여러분들처럼 거주하는 건물이라는 느낌만 받았습니다. 이사를 꽤 자주 다녔기 때문이라고 생각하곤 했으나 어렸을 때도 이사를 자주 한 건 마찬가지였어요. 그렇지만 어렸을 때는 내가 이사를 간 곳이 어디든 곧 내 집처럼 느꼈습니다."

나는 잠시 말을 멈추고 생각을 정리한 후, 말을 이어간다. "내가 내 집처럼 편안하게 느끼는 유일한 시간은 여행 중일 때라는 생각이 들곤 합니다. 저는 오랫동안 프리랜서 저널리스트로 활동했기 때문에 끊임없이 여행을 다녔습니다. 그래서 밤이면 모텔에서 잠을 자는 일에 익숙해졌어요. 요즈음도 일주일 이상 집에 머물면 안절부절못합니다. 그러면 지도책을 꺼내 놓고 제가 다녀온 곳과 가고 싶은 곳을 모두 살펴보게 됩니다."

오드리라는 이름의 점잖아 보이는 할머니가 한동안 말을 꺼낼 듯 말 듯 망설이다가 마침내 말문을 연다. "난 성인이 된 후로는 맨해튼의 멋진 아파트에서 대부분의 세월을 보냈어요. 그곳에 사는 동안 내 집이라고 느껴본 적이 한 번도 없었다는 생각이 막 들었습니다." 오드리 할머니는 잠시 말을 멈췄다가 다시 잇는다. "그것이 주택이 아니라 아파트라서 그런 건지도 모르겠어요. 그런데 이곳도 진정한 내 집이라는 생각이 들지 않네요. 이유를 알고 싶은데…."

"진정한 내 집이란 어떤 것인가요?" 내가 묻는다.

"진정한 내 집이란 문을 두드리면 안에서 반갑게 맞이해 주는 곳이지요." 밀드레드 할머니가 대답한다. 그리고는 오드리 할머니를 보면서 이렇게 말한다. "살던 곳이 내 집처럼 느껴지지 않는 이유는 자신이 살고 싶어서 선택한 곳이 아니라 다른 사람이 선택해 준 곳이기 때문일 거예요."

"당신 말이 맞아요." 어디선가 부드러운 목소리가 대답한다.

"진정한 내 집이란 내가 태어나고 자란 곳이에요." 토론 내내 지팡이에 몸을 지탱한 채 문 앞에 서 있던 할머니가 말한다. 어떤 이유에선지 할머니는 우리의 대화에 참여하지 않았고, 앞으로도 계속 이 토론과 거리를 두려는 것 같았다.

"제가 어린 시절에 살던 집이 여기 근처에 있는데, 아직 부모님이 살고 계십니다. 그런데 그곳은 이제 더 이상 내 집이라는 생각이 들지 않습니다." 문 앞에 서 있는 할머니에게 내가 말한다. "제 침실은 점점 어머니 방이 돼버렸어요. 사실 더 이상 열쇠도 없습니다."

"다시는 집에 못 돌아가는 건가요?" 한 참가자가 안타까워하며 말한다. 할머니는 진주목걸이를 만지작거리더니 곧 말을 잇는다. "어쩌면 들어갈 수는 있겠지요. 하지만 그곳도, 자신도 예전 같지는 않을 테지요. 다시 그 집으로 돌아갈 수 있겠지만 여전히 내 집처럼 느껴질까요? 아니면 새집 같거나 낯선 집이라고 느껴질까요?"

할머니의 질문이 던진 집에 대한 독창적인 관점은 조지 웨버 George Webber를 떠올리게 한다. 토머스 울프Thomas Wolfe의 소설《그 대 다시는 고향에 가지 못하리You Can't Go Home Again》의 주인공인 조 지 웨버는 "믿음의 본질은 의심이고, 현실의 본질은 질문이다"라고 말했다. 웨버의 삶은 종종 토머스 울프의 삶을 그대로 반영하는데, 웨버에게 집이란 자신이 세상에 태어난 곳이며 저 너머의 세상을 발견하기 위해 자신이 떠나는 곳이다. 그리고 그 과정에서 자신의 존재적인 알을 깨고 나오게 된다. 세월이 흐른 후 웨버는 소설을 써 서 성공을 거두고 고향으로 돌아가지만, 주민들이 웨버의 책에 담 긴 고향에 대한 신랄한 논평에 분노하자 그는 다시 고향을 떠난다. 이 책의 인상적인 마지막 구절은 밤에 웨버에게 들려오는 한 음성 이 전한다. "더 큰 깨달음을 위해 그대가 아는 세상을 잃어야 하고, 더 위대한 삶을 위해 그대가 누리는 삶을 버려야 하고, 더 위대한 사 랑을 위해 사랑하는 벗들을 떠나야 하며, 집보다 더 포근한 땅을, 이 땅보다 더 넓은 땅을 찾아야 한다." 평생을 머나먼 곳에서 지내면서 토머스 울프 자신은 "고향보다 더 포근한 땅"을 찾은 듯 보였다. 그 러나 울프는 분명히 그 땅을 집으로 여기지 않았다. 울프는 다시는 고향으로 돌아갈 수 없다고 생각했지만 여전히 어린 시절의 고향을 자신의 편안한 집이라고 느꼈다. 그곳은 울프의 존재 자체의 일부 였다. 물리적이고 실존적인 의미로 볼 때 울프는 고향에 자신의 뿌리가 있으며 그와 밀접하게 연결되어 있다고 느꼈다. 이런 느낌은 시간적 거리나 공간적 거리로 지워버릴 수 없으며 아무리 편한 세상의 어떤 곳도 대신할 수 없었다.

모두가 생각에 잠긴 듯한 침묵이 흐른 후, 로마에서 소아과 의사를 했던 할머니가 단호한 태도로 말한다. "집은 친구들이 있는 곳입니다. 나는 동생과 이곳에 살고 있어요. 이사 온 지 두 달밖에 안되었는데 벌써 좋은 친구들을 네 명이나 사귀었어요. 그 정도면 충분하죠." 할머니는 잠시 말을 멈추었다가 주저하며 말을 잇는다. "그래서… 이곳이 뭐랄까, 내 집이 되어가고 있어요."

"집이란 마음이 담겨 있는 곳이에요." 밀드레드 할머니가 말한다.

"그 말은 무슨 뜻인가요?" 내가 묻는다.

"즐거운 추억이 많이 있는 곳이라는 말이지요. 내가 자전거 타기와 운전을 배우고 첫 키스를 경험한 그런 추억이 있는 곳이에요. 그리고 나이 들어 독립한 가족들이 다시 모이고, 내가 장거리 전화를 즐겨 하는 기분 좋은 곳이기도 하고요. 그 어떤 곳보다 내가 소중히 여기는 특별한 곳이 내 집입니다."

"나는 결손 가정에서 자랐어요." 한 할머니가 반응을 보인다. "그곳에서 즐거운 추억이 별로 없어요. 그래도 여전히 내 집이지요. 좋든 싫든 내 집은 추억이 있는 곳이라고 생각해요." 할머니는 잠시 말을 멈추다가 다시 이어간다. "그런데 내가 방금 한 말이 과연 옳은가 하는 생각이 벌써 드네요. 내 말은, 우리가 내 집에 대한 추억 말고도 많은 일들에 대한 추억을 간직하고 있다는 거예요."

"나는 추억 자체가 일종의 고향이 아닐까 생각합니다." 옆에 앉은 한 할아버지가 말한다. "블라디미르 나보코프Vladimir Nabokov는 '추억이란 유일한 부동산이다'라고 했습니다. 아마도 그 말은, 누군가 우리가 소유한 다른 모든 것을 빼앗아 가더라도 우리의 추억만은 빼앗아 갈 수 없다는 뜻일 겁니다."

"내 누님은 알츠하이머병을 앓고 있습니다. 그래서 모든 기억을 잃었고 자신이 누구인지도 모릅니다." 또 다른 할아버지가 말한다. 갑자기 모두가 쥐 죽은 듯 조용하다. 잠시 후에 할아버지는 덧붙여 말한다. "우리가 토론을 시작할 때부터 집을 물리적 구조물이 아닌 곳으로 대화를 나눈 것은 사실 요점을 너무 벗어나고 있다고 생각합니다. 제 누님은 요양원에 살고 있는데, 자신이 어디에 있는지도 인식하지 못한 채 대부분 시간을 보내고 있지요. 그래도 그곳은 여전히 누님의 집입니다."

"그렇다면 우리가 한 번쯤은 살았던 모든 장소가 어떤 의미에서 '집'이 아닐까요?" 내가 묻는다.

"그건 아니에요." 소아과 의사였던 할머니가 고개를 저으며 말한다. "나는 독일에서 태어나고 자랐어요. 독일은 내 조국이지만 결코 고향이 아니에요." 할머니는 자신을 포함한 가족들이 끔찍한 나치의 유대인 학살을 피해 독일을 떠나야만 했던 사연을 들려준다. 그곳에서 할머니 가족은 이탈리아로 건너갔다고 한다. "독일은 과거에도 현재도 전혀 내 고향이 아닙니다." 할머니가 말한다.

이 할머니에게 누군가가 말한다. "그렇지만 당신의 뿌리는 독일에 있어요."

"독일은 내 고향이 아닙니다." 할머니가 단호하게 응하자 모두가 조용하다.

"우리는 모두 내 집이 무엇이며 어디인지에 대한 생각이 어느 정도 다를지라도, 내 집이라는 개념에 대한 일종의 공통점이 있을까요?" 내가 말을 꺼낸다.

그러자 내 옆에 앉아 있는 할머니가 주저 없이 말을 꺼낸다. "집은 어떤 의미에서든 우리가 각자 거주하는 특별한 장소인 것 같아요. 많은 이들에게는 이 장소가 멋지고 안락한 곳이고, 또 다른 사람들에게는 다소 끔찍하고 불편한 곳일 수도 있지요. 그러나 모든 경우에서 분명한 사실은 이 특별한 장소가 여전히 내 집이라는 거지요."

"그 말이 맞는 것 같습니다." 속삭이듯 가냘픈 목소리의 할아버지가 말한다. 그는 지금까지 한 마디도 없다가 처음 말을 꺼낸다. "집근처에서 전쟁이 날 때마다 우리는 이사를 했습니다. 어린 시절에는 볼셰비키 혁명을 피해서 러시아를 떠나 캐나다로, 또 그곳에서 하와이로 이주했지요. 그러다가 2차 대전이 일어나고 미국 본토로 다시 옮겨 갔습니다. 이곳에 계신 분들 가운데 제 의견을 거북해하는 분들도 있겠지만, 내겐 집이 그냥 거주하는 건물이 아니었습니다. 내 집은 바로 내 가족이었습니다. 내가 가장 사랑하는 사람들이었습니다."

"내겐 유일한 가족이 늘 나 자신뿐입니다." 또 다른 참가자가 부드럽게 말한다. 매우 구부정한 이 할아버지는 무릎 위에 올려놓은 검은 지팡이를 꽉 쥐고 있다. "나는 고아원에서 자랐습니다. 그곳에서 지낸 시절은 그리 즐겁지가 않았고, 그곳을 내 집이라고 느껴본 적도 없습니다. 고아원을 떠난 후, 나는 혼자 살면서 자신만을 의지했지요. 지금은 여기 직원들의 도움을 받으며 살아갈 수밖에 없습니다. 그러나 우리가 대화를 시작할 때 처음 말씀하셨던 여자분의 이야기처럼 이곳은 내 집이 아닙니다." 할아버지는 가슴을 툭툭 치며 이렇게 말을 잇는다. "나 자신이 바로 내 집입니다."

한참 동안 침묵이 흐른다. 러시아에서 왔다고 한 할아버지가 마침내 침묵을 깬다. "이 모임의 명칭이 소크라테스 카페라고 하니까 소크라테스에 대해 생각하게 됩니다. 소크라테스에게 집이란 아테네 전체였다는 생각이 듭니다. 그런 이유로 소크라테스는 자신을 기소한 재판정에서 사형선고는 받아들이면서도 아테네에서 추방당하는 선택만은 거절했습니다. 아테네를 떠나는 것은 집 없는 떠돌이 신세가 되는 일이었기 때문입니다. 그는 떠돌이 신세보다 차라리 죽음을 택했습니다."

이 할아버지는 소아과 의사였던 할머니를 쳐다보며 말한다. "독일은 당신의 뿌리가 있는 유일한 곳입니다. 말씀하셨듯이 내 집은 사랑하는 사람들이 있는 곳이지요."

나는 어디에 있는가?

이 말에 나는 마음이 뭉클해진다. "저는 어머니가 태어난 웨스트 버지니아의 탄광촌을 딱 한 번 어머니와 함께 간 적이 있었습니다. 그때 어머니께 '여기가 어머니 고향이에요?' 하고 물었는데, 어머니는 '내 뿌리가 있는 곳은 여기지만, 내 고향은 바로 너란다' 하고 대답하셨습니다."

"어머니께서 늘 선생의 질문을 마음 편안하게 받아주셨나요?" 소아과 의사였던 할머니가 묻는다.

"네, 어머니는 늘 그러셨어요." 내가 대답한다.

할머니는 내게 어머니와 어머니가 태어난 곳에 대해 더 이야기해 달라고 부탁한다. "어머니가 태어나고 자란 탄광촌은 지금은 유령 마을 같긴 하지만 예전의 모습 그대로입니다. 어머니와 함께 그곳에 간 이후, 시간이 날 때마다 차를 몰고 그곳에 가곤 했어요. 그러면 이 숨이 막힐 듯한 환경에서 어떻게 어머니가 또 다른 세상을 꿈꾸며 자신에게도 앞으로 좋은 기회가 찾아오리라는 상상을 했을까 하는 생각을 하게 됩니다."

"어쨌든 격려해 주는 사람도 없이 어머니는 글에 대한 사랑을 키웠습니다. 기회가 생길 때마다 광산 주인이 지은 작은 도서관에 몰래 들어가 손에 닿는 책을 모두 읽었습니다. 어머니는 독서를 하며 저 산맥 너머의 세상과 마음속에 존재하는 우주를 발견하기 시작했습니다. 저는 어머니만큼 비판적인 사고에 뛰어난 재능이 있는 사람은 만나본 적이 없습니다."

나는 말을 계속 이어간다. "제가 어렸을 때 어머니는 그냥 답을 찾아내는 대신에 자신만의 신념 체계를 키우고, 자신만의 길과 진리와 빛을 발견하도록 저를 격려했습니다. 저는 어머니에게 꼬리에 꼬리를 무는 질문을 끊임없이 던졌습니다. 그러나 어머니는 '그냥 이러하니까 저러하다'라는 식으로 대답을 하신 적이 없습니다. 내가 끝없이 떠오르는 질문을 계속 던져도 어머니는 짜증을 내신 적이 없었어요. 사실 어머니는 내가 던진 질문을 하나하나 즐기시는 것 같았습니다. '하늘은 왜 파란가요?', '하늘은 왜 있나요?', '질문은 왜 있는 거죠?' 등의 질문에 어머니의 첫 반응은 늘 '넌 왜 하늘이 파랗다고 생각하니?', '넌 왜 하늘이 있다고 생각하니?', '넌 왜 질문이 있다고 생각하니?' 같은 되물음이었습니다. 이렇게 어머니가 다시 질문하는 출발점에서 우리는 대화를 나누었어요. 어머니는 자신만의 답을 찾아내도록 저에게 도전 의식을 북돋우고 격려를 해주셨습니다."

"그렇다면 선생께서 지금 이 일을 하게 된 것도 어머니가 애쓰신 정성과 힘 덕분이었겠네요." 밀드레드 할머니가 말한다.

"네, 당연히 그렇게 생각합니다." 내가 대답한다. "생각하면 할수록 소크라테스 카페 같은 모임을 시작하는 건 저한테는 시간문제였을 뿐이라는 것이 더욱 명백해집니다."

밀드레드 할머니가 말한다. "소크라테스처럼 선생도 서로 철학적 대화를 나누기를 원하는 사람들과 어디서든 대화를 나눌 때 내 집에 있는 듯 가장 마음이 편안하겠네요."

나는 어디에 있는가?

할머니는 웃음을 지으며 말을 잇는다.

"선생에게는 소크라테스 카페가 내 집이라는 생각이 들지 않으세요?"

집을 찾아가는 여정

사실상 내가 어디에 있느냐가 내가 누구인가를 말하는 것이 아닐까? 내 집이란 내가 늘 간직하고 다니는 것, 다시 말해 세상에 내가 존재하는 방식일까? 나의 세계와 세계관은 동일한 것일까? 만일 내가 있는 곳이 내 존재를 나타낸다면? 이런 생각은 너무 이상하게 보일까? 어디(where)와 누구(who)는 일치하는 것일까?

때로 나는 마크 트웨인Mark Twain이 코네티컷주의 하트퍼드에 있는 그의 집에 대해 갖는 감정처럼 내 집에 대해 생각한다. 마크 트웨인은 그 느낌을 이렇게 말했다. "우리 집은… 심장과 영혼이 있고 우리를 지켜보는 눈도 있었다. 그리고 덩달아 호응해주고, 배려도

하고, 깊이 공감도 해주었다. 우리 집은 우리의 일부였으며 모든 비밀도 함께 했다. 우리는 집이 선사하는 호의와 축복의 평온함 속에서 삶을 살았다."

또 어떤 경우에는 내 집에 대한 느낌이 짐 모건Jim Morgan이 쓴 글에서 더 공감된다. 그는《내 집에 귀가 있다면: 집이 간직하고 있는 이야기If These Walls Had Ears: The Biography of a House》에서 "미국의 이야기는 늘 내 집을 찾아가는 여정을 담고 있었다. 이 여정은 끝이 보이지 않을 것 같은 끊임없는 과정이다"라고 말했다.

마침내 자유를 얻다

전국 비서의 날(National Secretaries' Day)에 나는 샌프란시스코에서 소크라테스 카페를 열었다. 내가 참가자들에게 질문하도록 요청하는 동안 조금 긴장한 듯 보이는 한 여자가 조용히 앉아 있다. 그 여자는 질문을 몹시 하고 싶은 듯 보이면서도 동시에 질문하기를 두려워하는 것 같았다. 그녀는 손을 어중간하게 올리고 있다가 내가 쳐다보면 곧 손을 내리고 만다.

"질문 있으신가요?" 내가 그 여자에게 묻는다.

"아뇨." 여자는 대답은 아니라고 하며 고개는 그렇다고 끄덕인다.

"질문 있으신 것 같은데요." 내가 다시 말을 건넨다.

"저, 질문이 있기는 하지만 철학적 토론에 적절할지는 잘 모르겠

나는 어디에 있는가?

어요." 여자가 대답한다.

"그건 걱정하지 않으셔도 됩니다." 내가 말한다.

내 말이 효과가 있는지 그녀는 바로 질문을 내뱉는다. "분별 있고 똑똑한 사람이 어떻게 형편없는 직업에 꽉 잡혀 있을 수 있을까요?" 여자는 이 질문을 마음속에서 몰아내어 일종의 카타르시스를 느낀 것처럼 보인다. 소크라테스 카페에 처음 참가한 이 여자는 한 투자 은행가의 비서라고 한다.

여자는 계속 말을 잇는다. "저는 창문도 없고 칸막이로 둘러싸인 사무실에서 일합니다. 보수는 괜찮아도 미래가 없어요. 전 직장생활에서 더 많은 것을 얻기를 바랍니다." 여자가 한숨을 쉬며 말한다. "하지만 저는 이 직업에 잡혀 꼼짝할 수가 없어요."

"인간으로서 살아가는 자체가 일종의 잡혀 있는 상태가 아닐까요?" 몸이 마르고 피부가 거무스름한 남자가 말한다. 그는 머리가 어깨까지 내려와 있고 목소리가 굵다. "저는 이 몸과 정신에 잡혀 있습니다. 그리고 이 우주에 잡혀 있습니다. 또 계속 생명을 유지하려고 숨쉬기에도 잡혀 있습니다. 그러니까 저는 제 주위의 모든 것에 잡혀 있다고 할 수 있습니다."

"그렇다면 오늘은 우리의 '잡혀 있음에 대한 철학'을 살펴봄으로써 토론을 시작해야 할 것 같군요." 나는 토론을 시작할 주제를 언급하면서 철학사를 통틀어 가장 난해한 문제 하나를 생각해 본다. 즉, 우리가 원하는 일을 할 자유가 있는가, 아니면 우리의 행동이 자

신의 통제력을 벗어나 환경이나 다른 요소로 결정되는가 하는 문제
이다. 이 문제에 대해서는 네덜란드의 철학자 바뤼흐 스피노자
Baruch Spinoza의 관점이 흥미롭다. 스피노자는 인간이란 존재가 외부
의 힘에 제약받는 것이 아니라 자신의 본성에서 비롯되는 힘과 상
황에 의해 '결정된다'라고 주장했다. 스피노자는 이런 관점을 사실
상 일종의 자유라고 생각했고 이를 '자기 결정권(self-determination)'
이라고 불렀다. 다시 말해 우리의 신체적, 정신적 구성이 우리의 과
거 경험과 주변 세계와 맺는 현재의 관계와 '힘을 합하여' 인생의
방향을 결정한다는 의미였다. 이러한 견해 때문에 스피노자는 이단
자로 몰려 1656년에 암스테르담의 유대인 공동체에서 추방당했다.

"저는 좋은 잡힘과 나쁜 잡힘이 있다는 생각이 들어요." 형편없
는 직업에 잡혀 있다는 여자가 말한다. "그런데 저는 나쁜 잡힘에
속한 느낌이 듭니다. 제 직업이 그 원인이에요. 이 직업을 좋아했다
면 숨쉬기, 신체, 정신, 우주 등 다른 것에 잡혀 있음에는 별로 개의
치 않았을 거예요."
한참 동안 카페 입구에 망설이던 남자가 이제 토론에 참여한다.
그는 프리랜서 그래픽 디자이너로서 '사회적 자각이 있는 비영리
단체'라는 곳들을 위해 아주 적은 보수로 일한다고 한다. "앞서 두
분이 하신 말씀에 이어서 말을 하자면, 좋아하는 일을 직업으로 가
져도 어떤 의미에서 그 일에 잡혀 있기는 마찬가지입니다. 그 이유
는 우리가 늘 무미건조한 세상에 갇혀 살고 있기 때문입니다. 자신

의 직업을 좋아할지라도 선택권이 있다면 일을 전혀 하지 않는 선택을 했을지도 모릅니다. 그러나 대단히 부유한 사람이 아니라면 일을 하지 않고는 살아갈 수가 없습니다. 엄청난 부자라도 그런 부유한 여건을 계속 유지하려면 최소한 조금이라도 일은 해야 합니다. 그래서 우리는 감옥 같은 상황에 갇혀 있고, 잡혀 있다고 할 수 있지요. 그 감옥이 아무리 좋더라도 말입니다."

통통한 한 남자가 포도주를 두 병째 주문한다. 그는 숨소리가 매우 크고 거칠어서 때로는 토론을 할 때 집중에 방해가 될 정도이다. 이번엔 그가 말문을 연다. "인생은 하나의 직업이라 할 수 있습니다."

"인생은 하나의 직업이다…" 나는 그의 말을 반복하고는 덧붙여 말한다. "특히 이 말은 살아가는 일 자체에는 어떤 노동이 필요하고, 그 노동이 일종의 직업을 의미한다고 생각합니다."

"그렇지만 그 말이 격언처럼 쓰인다 하더라도 인생이 겨우 하나의 직업으로만 의미를 나타낼 수는 없지 않습니까?" 내가 말을 계속 이어간다. "적어도 직업에는 온갖 종류가 있습니다. 아주 형편없는 직업부터 정말 멋진 직업까지 그 종류를 다양하게 나열할 수 있지 않을까요? 그리고 그 많은 목록을 나열할 때 적어도 우리가 필요로 하는 직업의 종류가 기준이 될 수도 있습니다. 가장 좋은 점으로는 직업이란 것이 자기표현의 한 방식이 될 수 있지 않을까요? 그러기 위해서는 우리가 끌려가지 않고 성취할 수 있는 방식으로 일해야 하지 않을까요? 그리고 우리에게 잘 맞는 직업이라면 사실상 우리를 자유롭게 해줄 수 있는 형태로 갇혀 있게 하지 않을까요?"

인생이 하나의 직업이라는 진부한 표현을 했던 사람은 아무런 반응도 없다. 그는 와인을 따르는 데만 완전히 정신이 팔린 체한다. 이 남자는 자신이 내뱉은 격언 같은 말에 아무도 비판이나 논평을 하지 않기를 바랐던 것 같다.

나는 투자 은행가의 비서라고 했던 여자를 향해 말한다. "당신이 지금 꽉 잡혀 있는 직업이 자아실현에 더 좋은 직업을 찾아낼 동기가 될 수 있습니다. 사람은 자기 일에 열정을 쏟고 최선을 다할 때 마음이 편안하고 즐겁다고 에머슨Emerson은 말했습니다. 사람은 자신이 가진 모든 것을 바칠 만한 일을 찾는 데 열정을 쏟아야 한다는 말이 저는 더 의미가 있는 것 같습니다. 그리고 이런 일을 찾아내려면 상당히 많은 길을 돌아가야 할 수도 있습니다. 제 경우에는 형편없는 직업, 그저 그런 직업, 보람은 있지만 흡족할 정도는 안 되는 직업 등 많은 직업에 잡혀 있었습니다. 그것들이 없었더라면 지금 제가 하는 이 이상적인 일을 찾아내지 못했으리라 생각합니다. 이 모든 직업 덕분에 저는 자신이 어떤 사람이 되기를 원하는지 충분히 알아낼 수 있었습니다."

프리랜서 그래픽 디자이너가 내 말에 동감한다. "제 생각은 내가 돈을 받지 않고도 하고 싶을 정도로 매우 좋아하는 일을 찾아야 한다는 겁니다. 지금 이 말을 듣자마자 이론적으로는 그럴듯하지만 현실적이지 못하다고 생각하는 사람도 있을 테지요. 하지만 틀린 생각입니다. 실현 가능한 일입니다. 열정을 충족시키는 직업, 아침에 일찍 일어날 정도로 신나고 모든 것을 쏟아붓고 싶은 직업을 찾을 수 없다면 우리에게 남는 건 무엇일까요?"

또 다른 참가자가 말한다. "어떻게 보면 충분히 계획된 모험을 감행하고 진정으로 원하는 일에 뛰어들 때 자신의 존재 가치가 더욱 높아지는 것 같습니다. 아는 사람들 가운데는 돈을 많이 벌어도 영혼은 없는 것 같은 사람들이 많습니다. 말하자면 산송장이나 다름없지요. 그래서 자신을 꽉 잡아두는 일이라도 내가 진정으로 원하는 일을 찾아낸다면 돈은 중요하지 않습니다."

처음에 질문을 던졌던 여자는 프리랜서 그래픽 디자이너가 한 말을 하나도 빠뜨리지 않으려는 듯 열심히 받아 적었다. 그러다가 그녀는 갑자기 쓰던 행동을 멈추고 이번에는 좀 전에 필기를 하던 만큼 열심히 펜 끝을 딸깍거리며 누른다. 그리고 고개를 들고 말한다. "최근에 한나 아렌트의 《인간의 조건 The Human Condition》을 읽었어요. 이 책에서 읽은 한 구절이 뇌리에서 떠나지 않아요. 그 구절은 대략 이런 내용입니다. '인간의 과업과 잠재적 위대성은 일과 행동과 언어 같은 영원성을 담아낼 가치가 있는 것들을 만들어내는 능력에 있다.' 그러고 보면 저는 영원성을 담아낼 가치가 있는 것들 가운데 내가 어떤 행동을 하기를 원하는지, 그리고 어떤 행동을 할 수 있는지를 찾아내려고 노력해 왔어요. 제 말은, 우리는 각자 독특한 재능을 갖고 있으므로 그 재능을 삶에서 일과 열정으로 바꿔놓을 수 있다는 뜻입니다. 적어도 이런 생각을 믿으려고 했어요. 그런데 이런 생각을 믿으려고 결심한 탓에 매우 좌절감을 느끼게 됩니다. 내 흔적을 세상에 남기고 어떻게든 영원한 가치를 담아낼 무언가에 열정을 쏟아붓고 있지 못하다고 느낄 때마다 자신에게 실망하고, 또 그런 실망에서 벗어나지 못할 때가 많아요."

여자는 한참 동안 조용히 있다가 펜과 메모장을 핸드백에 넣으면서 다시 말하기 시작한다. "그러니까 저는 거의 10년 동안 지역 사회의 연극 단체에서 적극적으로 활동해왔습니다. 그 단체의 설립자가 제게 몇 번이나 정식으로 일해보라는 요청을 했어요. 현재 제가 버는 돈의 반도 안 되는 급료에, 지금 일하는 시간보다 3분의 1 이상의 시간을 더 일해야 하는 조건이었습니다. 하지만 그 일을 하게 되면 정말 즐거울 거예요. 제게는 놀이 같은 일이니까요. 그리고 영원한 가치를 담아내는 일이라고 생각해요. 좋은 연극을 통해 우리가 세상과 자신을 새로운 시선으로 볼 수 있게 된다고 저는 확신하기 때문입니다."

"하지만 저는 그 설립자의 제안을 진지하게 고려해본 적이 없어요. 두려웠기 때문만은 아니었습니다. 더욱이 검소한 삶이 내키지 않아서도 아니고요. 주된 이유는 제가 연극을 일이라고 생각해 본 적이 없었기 때문입니다. 저는 뉴욕으로 가서 유명한 배우, 스타가 되려고 하지 않는다면 이 분야에서 많은 돈을 벌려고 해서는 안 된다는 편견이 늘 있었어요. 그리고 늘 지역 사회의 연극 활동을 '취미'로만 생각했어요. 연극은 일로 만족하기에 전혀 적절하지 않다고 굳게 믿었기 때문입니다." 여자는 자기 이마를 철썩 때리며 말한다. "정말 지독한 편견이죠!" 여자가 이 말을 너무 큰 소리로 내뱉는 바람에 생각에 잠겨 있던 참가자들 대부분이 깜짝 놀란다. "지역 사회의 연극 활동은 제가 사랑과 열정을 쏟아야 할 일입니다. 뉴욕에 가서 유명한 배우가 되는 건 전혀 관심이 없어요. 저는 평생 지역 사회를 위한 연극 활동을 원합니다."

놀랍게도 여자가 일어난다. "전 그렇게 도전할 겁니다." 여자는 선언한다. 그리고 당장이라도 사장에게 달려가 일을 그만두겠다고 말하고는 서둘러 지역 사회 연극 단체를 찾아갈 것 같다. 그러나 곧 여자는 지금이 밤 10시이며 오늘 결심을 실천으로 옮기기에는 너무 늦었다는 사실을 깨닫는다. 계속 서 있던 여자는 혹시 곤란한 행동을 저지르지 않았나 하는 표정으로 우리를 둘러본다. 여자는 다시 자리에 앉아 옷의 구겨진 주름을 펴면서 《바람과 함께 사라지다》의 여주인공 스칼렛 오하라처럼 말한다.

"그래, 내일은 또 내일의 태양이 떠오를 거야!"

친구여, 감방 하나 더 있는가?

'나는 어디에 잡혀 있을까?'

이 물음을 달리 표현해 보면 '나는 어떤 감옥에 갇혀 있을까?' 아니면, '탈출하고 싶지 않은 감옥에 갇혀 있다면 어떻게 될까?'라는 물음으로 이어진다.

유명한 실존주의 철학자이며 소설가, 극작가, 사회 비평가인 장폴 사르트르 Jean-Paul Sartre는 《존재와 무 Being and Nothingness》에서 "인간은 자유롭도록 선고받았다"라고 주장했다. 사르트르는 인간은 자유를 한없이 누릴 운명이라고 확신한 것이다. 제2차 세계대전의 비극을 목격한(독일군에게 잠시 포로로 잡혀 있기도 했던) 사르트르가 인간이 자유를 누리기 위해 수많은 난관을 헤쳐 나가야 한다는 사실을 몰랐을 리는 없다. 그런데도 사르트르는 인간은 늘 의식적인 존재로서 상황을 바꾸려고 노력할 자유가 있다고 생각했다. 그는 인간이 선택하는 규칙이나 체계만을 갖춘 세상에 우리가 "던져졌다"고 말했다. 단단하고 꿰뚫을 수 없는 마음으로 무장한 사람들, 또 누군가가 이미 찾아낸 길만 뒤쫓는 사람들이 있다. 그러나 사르트르에 따르면 자아를 찾기 위해서 관습을 버리고 자유로운 선택을 하는 당당함을 갖춘 사람들은 "진정한" 존재지만, 사회가 지시하는 역할에 순응하고 제한 없는 자유를 누릴 줄 모르는 사람들은 "성실하게 행동하지 못하는" 존재이다.

내 가장 친한 친구 한 명은 여행을 다니고 싶다는 소망이 있다. 40대 중반인 그 친구는 사진작가가 되어 다른 나라의 언어를 배우고 싶기 때문이라고 한다. 나는 그 친구에게 "시간은 절대 기다려주지 않으니 기회를 잡고 당장 시작해 보는 게 어때?"라고 권유했다.

"그럴 수 없어." 그 친구는 어깨를 으쓱이며 말을 이었다. "에이, 내 삶은 이제 끝났는걸."

나는 이 말을 내뱉는 친구의 표정을 보고 기운이 빠졌다. 친구의 표정에서 볼 수 있는 느낌은 절망이나 실망, 체념도 아니었다. 그 느낌은 안도감이었다. 친구는 자신이 꿈꾸는 방향으로 조금도 나아갈 수 없다고 확신하면서 기꺼이 받아들이는 듯했다.

그 친구는 몸이 건강하고 돈도 부족하지 않으며 매우 똑똑하다. 그러나 스스로 자신을 가두기 위한 감옥을 쌓고 있었다. 나는 그 감옥을 조금씩 헐어버리려는 시도를 조심스럽게 해봤다. 친구에게 꿈을 실현하기에 아직 늦지 않았다고 말했다. 그러면서 《뿌리Roots》의 작가인 알렉스 헤일리Alex Haley의 사례를 들었다. 알렉스 헤일리는 해안 경비대를 은퇴한 중년이 돼서야 전문 작가에 도전하기 시작했다. 친구는 멍한 표정으로 나를 바라봤다. 친구는 자기를 이해시키려는 내 의도를 잘 알고 있고, 그 의도에 넘어가지 않기를 바라는 것 같았다. 친구는 눈에 보이지는 않으나 자신의 주위에 아무도 뚫을 수 없는 장벽을 세우고 있었다. 그는 "내 삶은 이제 끝났는걸" 하는 말로 주문을 걸며 그 장벽 안에 안주하려고 했다. 나는 그에게 감옥을 나와 자유를 누릴 기회를 제시하려고 했다. 그러나 어림도 없었다. 친구는 너무나 편안하게 맞춤 제작한 감옥 안에서 살기를 신댁했다.

이와 마찬가지로 또 한 명의 내 친구가 감옥에 갇혀 있다. 웨스트버지니아에서 변호사로 활동하고 있는 그 친구는 매우 유능해서 젊었을 때부터 이미 상당한 명성을 얻고 있었다. 그런데 문제는 그 친구가 시도 때도 없이 변호사 생활이 지겹다고 털어놓는 것이다. 그는 자신이 경멸하는 변호사 직업을 그만두고 인류학 교수가 되었으면 좋겠다고 한다. 그 친구는 아직 젊은 데다 독신이고 빚도 없다. "뭐가 문제인 거야?" 내가 친구에게 묻는다.

"난 잡혀 있는 것 같아." 친구가 얼음을 넣은 버번위스키를 저으며 한탄한다. "2년 더 버티면 승진도 하고 파트너 변호사도 될 수

나는 어디에 있는가?

있어."

"그렇지만… 넌 변호사 일을 좋아하지 않잖아. 왜 법률 회사에서 승진할 때까지 2년을 더 견디려는 거야? 그때쯤이면 넌 지금보다 더 꼼짝없이 잡혀 있을 수도 있어."

친구는 나를 유심히 바라본다. 그러고는 위스키를 쭉 들이켠다. 잔을 내려놓은 친구는 내 어깨너머로 시선을 둔다. 입술을 움직이고 있어서 그는 자신과 대화를 나누고 있는 듯 보인다. 마침내 친구가 나를 쳐다보며 말을 꺼낸다. "넌 내가 미쳤다고 생각하는 거야?"

나는 어리둥절한 표정으로 친구를 쳐다본다.

"여기서 다 버리고 처음부터 새로 시작한다면 미쳐버릴 거야." 분노가 가득 찬 그의 눈에 눈물까지 맺힌다.

그는 감옥에 갇힌 범죄자들을 빼내는 일은 유능하게 하지만 정작 스스로에게는 집행 유예도 없이 자신이 경멸하는 삶을 살아가도록 방치하는 것이다.

감정이 우리를 가둘 감옥이 될 수 있을까? 현대 철학자들은 대부분 감정이 이성과 반대되며 객관적인 태도를 나타낼 수 없도록 방해하는 요소라고 생각한다. 이와 반대로 쇠렌 키르케고르는 매우 통찰력 있는 지식은 강렬하고 열정적인 감정의 분출로부터 비롯된다고 주장했다.

그러나 어떤 감정은 우리의 심신을 무기력하고 쇠약하게 할 수 있다. 월터 카우프만은 사람이 분노, 질투, 증오, 두려움, 슬픔 등의 감정에 사로잡혀 지낼 수 있으며, 오늘날까지도 이러한 감정을 초월하는 것이 사실상 불가능하다고 여겨진다고 강조했다. 그에 따르면 "그러나 철학자들은 이 널리 퍼진 생각이 틀렸다는 것을 오랫동안 인식해 왔고 소크라테스, 스토아학파, 에피쿠로스학파, 스피노자도 사람들에게 자기 이해(self-understanding)를 통해 속박에서 스스로 해방하는 방법을 가르치려 노력했다. 그 길이 바로 자기 초월(self-transcendence)이며, 한 사람의 삶을 바꿀 수 있다."

그러나 나는 '자기 이해'에는 여러 유형이 있고, 모든 유형이 속박에서 벗어나게 해 한 사람의 삶에 긍정적인 변화를 가져오는 것은 아니라고 생각한다. 내가 왜 억압당하고 있는지, 왜 자신을 무력하게 하는 두려움을 느끼는지, 왜 미루는 습관이 있는지 등을 이해해야 할 것이다. 자신의 환경을 개선할 방법도 알아야 한다. 그렇지 않으면 자기 이해를 통해 더 강한 속박과 더 무력하게 하는 두려움이나 억압을 느끼게 될 것이다.

엄밀히 말하면 나는 카우프만이 말한 자기 이해가 속박에서 벗어나는 유형이라고 생각한다. 분노처럼 가장 숨 막히는 감옥이 되고 심신을 쇠약하게 하는 감정을 극복하려면 카우프만이 다음과 같이 제시하는 질문 방법을 고려해 보아야 한다.

> 우선 이렇게 질문해 볼 수 있다. 나는 분노에서 자유로운가? 그렇지 않다면 나는 무엇에 분노하는가? 그것이 정확히 무엇인가? 그리고 내가 저것이 아니라 이것에 분노하는 것이 정말 이

성적인가? 이런 질문의 시점에서 분노를 가라앉힐 수 있다고 생각하는지는 신경 쓰지 않도록 한다. 그냥 이렇게 묻는다. 분노를 없애면 내가 더 좋아질 수 있는가? 내가 더 좋아지기를 바라는가? 그리고 상상력을 발휘해 대안을 생각해 보라. 이런 노력에 정신분석가의 도움은 필요하지 않다. 쉬운 일은 아니겠지만 충분히 해낼 수 있다. 이때 더욱 힘든 일은 당연히 분노를 떨쳐버리는 것이다. 그러나 그 또한 시간은 좀 걸리겠지만 충분히 해낼 수 있는 일이다.

카우프만의 방법으로 "나는 누구인가?"라는 질문에 답하고 나면, 마음이 초조하며 혼란스럽지는 않지만 "상상력을 발휘해 대안을 생각"해야 한다. 그리고는 자신이 열망하는 존재가 되지 못하게 하는 스스로의 모습을 변화시키는 데 전념해야 한다.

리처드 타나스는 소크라테스가 말과 행동을 통해 "이성적으로 자신을 비판하여 인간의 정신을 잘못된 견해의 속박으로부터 자유롭게 할 수 있다는 신념을 구체화했다"라고 주장했다. 소크라테스가 자신의 정신을 자유롭게 하려고 사용한 방법은 언제 어디서나 누구든지 이용할 수 있다.

언젠가 이런 질문을 자신에게 하고 싶을 수도 있다. 나를 가두는 감옥은 무엇일까? 그중에는 유익하고 필요하기까지 한 감옥도 있을까? 나머지는 우리를 제약하고 무력하게 하는 감옥일까? 좋은 감옥을 더욱 견고하게 하는 동시에 나쁜 감옥은 없애는 방법이 있을까? 연방 교도소 같은 감옥이란 어떤 곳인가?

임마누엘 칸트는 범죄자들을 감옥에 가두고 처벌하는 제도를 강력하게 지지했다. 예를 들어 칸트는 도둑이 감옥에서 강제 노동을 하도록 이성이 지시한다며 이렇게 설명했다. "도둑질을 하는 사람은 타인의 재산을 안전하지 못하게 만든다. 그러므로 도둑은 모든 가능한 재산의 안전을 강탈당하는 벌을 받아야 한다. 그는 어떤 것도 소유하지 못하고 더 얻을 수도 없지만 다른 사람들이 식량을 제공해주므로 여전히 살아 있다. 그러나 국가가 무료로 식량을 제공할 수는 없으므로 국가의 지시대로 죄수는 힘을 사용해 적절한 노동을 해야 한다."

그 뒤로 약 100년이 흐른 후, 프랑스의 철학자이자 역사학자, 사회 비평가인 미셸 푸코Michel Foucault가 《감시와 처벌: 감옥의 역사 Discipline and Punish: The Birth of the Prison》에서 감옥은 전문 범죄자를 더 강하고 완벽하게 만들 뿐이라고 주장했다. 푸코는 감옥 제도의 등장이 진보적이고 인도적인 발전이라는 널리 알려진 주장에 이의를 제기했다. 그런 주장과 반대로 그는 감옥 제도의 등장이 사회적, 정치적 통제가 점점 늘어난다는 불안한 징조라고 강변했다. 푸코는 현대의 교도소가 정신병원과 목적이 비슷하다고 말했다. 다시 말해 '비정상적'이며 일탈적인 사람들을 이른바 사회의 정상인들로부터 분리하는 데 목적을 두는 점이 유사하다고 했다. 더 나아가 그는 엄격한 통제와 순응을 기본 덕목으로 삼는 현대 사회가 점점 더 감옥

나는 어디에 있는가?

처럼 되어가고 있다고 주장했다. 푸코는 "공장, 학교, 군대, 병원 등이 모든 것들이 감옥을 닮아가고 있다는 사실이 놀랍지 않은가?"라는 물음을 던졌다.

칸트와 달리, 푸코는 감옥 생활의 실태를 종합적으로 연구해 그 해석을 사회에 대한 자신의 신중한 관점과 나란히 놓고 비교했다. 그렇게 해서 푸코는 감옥과 사회에 대한 논리적인 결론에 도달했다. 나를 비롯한 무수한 사람들이 푸코의 통찰력에 주목하지 않을 수 없지만, 그것이 푸코의 결론이 칸트의 주장보다 더 결정적이라는 의미를 드러내는 것은 아니다. 푸코의 결론이 잘 들어맞는 경우가 많음에도 나는 그 결론이 보편적 진리라고 생각하지는 않는다. 무엇보다 감옥을 자유롭게 해주는 곳이라고 여기는 예외적인 사람들은 많이 있다고 생각한다.

오스트리아에서 태어난 철학자 루트비히 비트겐슈타인Ludwig Wittgenstein은 제1차 세계대전이 일어났을 때 이탈리아 포로수용소에 갇힌 일이 있었다. 포로 생활 기간에 비트겐슈타인은 논리학과 수학의 기초 위에 자신의 사상을 충분히 발전시키고《논리 철학 논고Tractatus Logico-Philosophicus》를 완성했다. 이 책은 그가 살아 있는 동안 출간된 유일한 저작물이며, 철학 분야에 일대 변혁을 촉진했다. 비트겐슈타인은 언어 연구의 중요성을 강조한 이 획기적인 저서로 20세기의 가장 영향력 있는 철학자의 반열에 올랐다.《논리 철학 논고》는 논리학과 수학과 경험 과학의 원리를 거의 모든 사고 분야에 적용하는 논리 실증주의(logical positivism), 언어의 다양한 용도를 조사하고 분명히 밝히는 언어 분석(linguistic analysis), 단어의 의미를 연구하고 각 상징이 나타내는 대상 간의 관계를 따져보는 의미론(semantics) 등 철학의 여러 분야에서 발전을 이끌었다.

철창 속에 갇힌 세월을 기회 삼아 정신만은 자유롭게 살았던 사람들의 이야기는 아주 많다. 그들은 정신적 족쇄에서 벗어나 있었으므로 감옥에서 석방된 후에도 혹독한 환경을 극복할 수 있었다.

예를 들어, 인권 운동가 맬컴 엑스Malcolm X는 감옥에서 보낸 세월을 통해 완전히 새로운 사람이 되었다. 감옥에서 이슬람교를 받아들인 그는 마음을 굳게 먹고 엄청나게 많은 책을 읽어 누구와도 비교할 수 없는 비판적이고 창의적인 사고력을 키웠다. 맬컴 엑스의 자서전을 보면, 그는 수많은 철학 서적에 대한 지식을 쏟아내고 "서양 철학은 동양 사상가의 영향을 크게 받았다. 예를 들어 소크라테스는 이집트를 여행했는데… 분명히 동양의 현자로부터 지혜를 얻었을 것이다"라는 결론을 내렸다고 설명한다.

맬컴 엑스는 감옥에서 이전의 자아를 초월하며 나를 비롯한 수많은 이들에게 인종적, 문화적 분열을 연결하는 데 성공한 자율적 인간의 모범이 되었다. 그는 열망을 실현하기 위해 매우 정당한 분노, 가장 속박이 심한 분노로부터 가까스로 스스로를 해방시킨 인간의 전형이 되었다. 맬컴 엑스가 처음부터 매우 억압적인 환경에서 태어난 사실을 생각해 보면 그의 성취는 감탄할 만하다. 끔찍하고 절망적인 환경에서 태어난 그는 불평등과 인종 간의 적대감이 자라는 사회에서 성장했다. 극적인 자기 변화를 이뤄낸 사람들의 글을 통해 깨달은 맬컴 엑스는 이제는 자신이 모범을 보임으로써 스스로를 바꿔 세상을 바꿀 수 있다고 믿는 모든 이들에게 등대가 되었다. 가장 억압적인 분노라는 감옥을 맬컴 엑스처럼 완벽히 벗어난 사람은 거의 없는 듯 보인다.

수년이 지나 맬컴 엑스는 "나는 독서를 통해 깨달은 새로운 시각을 간혹 되새겨보곤 했다. 감옥 안에서 읽은 책들이 내 삶의 여정을 완전히 바꿔놓았다는 것을 안다. 지금 생각하면 독서가 내 안에서 오랫동안 잠자고 있던, 정신적으로 살아 있으려는 갈망을 불러일으켰던 것 같다"라고 말했다. 확실히 맬컴 엑스는 모든 것을 알 수 없었고, 모든 것을 배우지도 않았다. 그러나 암살당하는 그날까지 그는 새로운 방식으로 배우고 생각하고 질문할 기회를 끊임없이 열어두었고, 자신을 자유롭게 하는 어려우면서도 짜릿한 도전을 받아들이며 살았다.

맬컴 엑스의 이야기를 통해 우리는 끝없이 이어지는 감옥에서 스스로 벗어나 자유를 찾을 힘을 얻을 수 있다.

지혜의 장소

　비가 억수같이 쏟아지는 늦은 오후, 나는 북부 캘리포니아의 교도소에 도착한다. 이곳은 평균적인 수준의 보안 시설을 갖추고 있다. 이 오래되고 간소한 노란 벽돌 건물은 교통이 혼잡한 교외 주변의 좁은 골짜기 사이에 위치한다. 나는 교도소의 많은 검문소를 지나고 마침내 체육관처럼 넓은 공간에 도착한다. 그곳이 내가 소크라테스 카페를 열기로 한 장소다. 도착하니 이 모임을 주선한 교도관이 나를 맞이한다. 그녀는 처음에는 20명 정도의 수감자가 참가할 것이라고 내게 말했다. 나는 그 정도면 적당하다고 생각했다. 그런데 교도관은 현재 60명의 수감자가 소크라테스 카페에 참여한다고 말한다. 나는 갑자기 치솟는 불안한 마음을 누르려고 애쓴다. 내

　　　　　나는 어디에 있는가?

가 그 많은 참가자들과의 토론을 가치 있게 이끌어갈 수 있을까? 당장 꽁무니를 빼고 달아나는 것이 상책이 아닐까? 하는 생각들이 나를 괴롭힌다. 수감자들이 참가하는 소크라테스 카페를 열기 위해 허가를 받는 데만 수개월이 걸렸다. 수차례나 서신을 보내고 전화를 한 끝에 마침내 교도관들을 만나 날짜를 잡을 수 있었다. 이대로 도망칠 수는 없다.

그러나 나는 이 모임이 헛수고가 되지 않을까 하는 걱정이 앞선다. 언젠가 수감자들과 '집단 역학'에 대한 토론을 벌인 친구가 그 경험을 내게 말해준 일이 있었다. 수감자들은 체면을 잃거나 위상이 떨어질 두려움 때문에 자신을 잘 드러내려 하지 않았다고 한다. "수감자들은 네가 외부 세상에서 벌이는 토론 같은 것에는 참여하지 않으려 할 거야"라고 친구는 비관적인 예측을 해주었다.

내가 토론 장소로 들어서자 한 수감자가 다가와 말을 건넨다. "바깥 날씨는 어떤가요?" 그는 건장한 체격에 우락부락하고 수심이 가득 찬 얼굴을 하고 있다.

"비가 억수같이 퍼붓는 고약한 날씨입니다." 내가 대답한다.

"그래도 난 여기보다 밖이 좋소." 수감자는 묘한 미소를 띠며 말한다.

"내 이름은 울프요." 자신을 소개하는 수감자와 악수를 한다. 그가 다시 말을 건넨다. "'인간은 인간에게 늑대와 같다'라는 말을 들어본 적 있소?"

나는 들어본 적이 있다고 대답한다. "난 그 말을 믿지 않소." 울프가 말한다. "이 속담은 늑대를 부당하게 평가하는 말이라고 생각돼요. 어떤 사람이 동료를 해한다면 그 사람이 늑대처럼 행동한다고 말해서는 안 돼요. 인간과 달리 늑대는 고상한 동물이지요."

또 한 명의 수감자가 자신을 소개한다. 키가 매우 크고 피부가 아주 새까만 이 수감자는 깔끔하게 기른 수염에 날카로운 눈빛을 하고 있다. 그의 이름은 존이다. 존은 내게 분명 물어볼 말이 있는 듯하지만 쑥스러운 듯 망설인다. 마침내 그가 말을 건넨다. "바보같이 들리지 않으면 좋겠지만 궁금한 것이 있어서…." 존은 어떻게 말하면 가장 좋을까 고민하는 듯 잠시 말을 멈추다가 질문한다. "철학은 사실 '왜'를 연구하는 것 아닙니까?"

"그 말은 철학에 대한 멋진 정의 같군요." 내가 대답한다.

수감자들은 잠옷 같은 헐렁한 오렌지색 바지와 반소매 셔츠를 입고 슬리퍼를 신고 있었다. 그들은 모두 커다란 직사각형 벤치와 등받이 없는 철제 의자에 이미 앉아 있다. 벤치와 의자는 바닥에 볼트로 고정되어 있는데, 이는 수감자들이 서로에게 의자를 던지지 못하게 하는 예방조치이다. 무장한 교도관들이 천장이 높고 창이 없는 방 가장자리에 빙 둘러 배치되어 있다.

수감자들은 대부분 커피를 마시고 있다. 잠자는 듯 탁자에 가만히 엎드린 사람도 있다. 그러나 대부분은 여기서 무슨 일이 일어날까 하는 호기심 어린 모습이다. 나는 어떻게 하면 대화가 논제를 벗어나지 않도록 할 수 있을지, 그리고 이곳이 어디이고 그들이 누구

나는 어디에 있는가?

이든 간에 어떻게 하면 나를 비롯한 이곳 사람들이 소크라테스를 찾는 데 한 걸음 더 나아갈 수 있을지 생각해 본다. 나는 수감자들에게 '철학 선생'이라고 소개되었다. 그래서 그 호칭을 재빨리 바로잡아 이렇게 자신을 소개했다. "전 철학자이고, 철학 토론을 진행하는 일을 합니다. 그러나 저는 자신을 전통적인 의미의 선생이라고 생각하지는 않습니다. 소크라테스 카페를 열 때마다 제가 참가자들에게 가르치기보다 더 많이 배우기를 기대하기 때문입니다."

그런 다음에 나는 어른이 되어 지적, 정서적 황무지에서 살고 있었다고 생각한 일에 대해 잠시 이야기를 꺼낸다. 내 삶의 중대한 갈림길에 있었을 때 소크라테스의 "성찰하지 않는 삶은 살 가치가 없다"라는 말에 감동했던 일을 들려준다. 그리고 소크라테스와 새롭게 '교감'하여 그가 실천했던 철학적 문답법을 내 삶과 다른 이들의 삶에도 적용할 가능성을 내 마음에서 다시 일깨운 일도 털어놓는다. 나는 말을 그칠 줄 모르고 계속 이야기한다. 이런 말을 왜 하는지도 모르겠다. 다행히 한 수감자가 손을 들어 말을 끊어준다. 울프다. "철학이 뭘 의미하는 거죠?" 울프가 묻는다.

"철학은 고대 그리스어 '필로소피아philosophia'에서 유래된 말로, 그 뜻을 번역하면 '지혜에 대한 사랑'이라는 말입니다." 내가 대답한다.

"지혜가 뭔가요?" 울프가 또 묻는다.

"지혜를 어떤 의미로 생각하고 있으신가요?" 내가 되묻는다.

그때 누군가가 불쑥 말을 꺼낸다. "저는 그 질문에 답하려면 우선 지혜로운 사람이 어떤 사람인가를 답해야 한다고 생각합니다."

"그렇다면 지혜로운 사람은 어떤 사람인가요?" 내가 묻는다.

울프가 한참 동안 가만히 있다가 마침내 대답한다. "지혜로운 사람이란 삶과 사람에 대해 배운 것을 효과적으로 적용하는 드문 능력이 있는 사람이라고 생각해요. 지혜로운 사람은 쉽게 잘못된 길로 들어서지 않으며, 다른 사람을 잘못된 길로 이끌지도 않지요."

또 다른 수감자가 말한다. "지혜로운 사람은 경험으로 얻은 지식을 어떻게 활용해야 하는지를 압니다. 또 그는 알고 있는 것을 다른 이들과 나누는 사람이지요."

뚱한 표정을 짓고 있던 한 수감자가 말한다. "지혜로운 사람은 다른 사람과 나누어야 할 지식과 그러지 말아야 할 지식을 구분할 줄 아는 사람입니다. 예를 들어 현금인출기의 돈을 훔치는 방법을 아는 어떤 사람이 있습니다. 그가 지혜로운 사람이라면 그 비결을 다른 사람에게 전해서는 안 됩니다. 그런 비결은 나쁜 종류의 지식이기 때문이지요."

내 왼편에 앉은 수감자는 지금까지 다른 사람들이 하는 말에 모두 동의하듯 고개만 끄덕이고 있었다. 그러다가 마침내 입을 연다. "저는 이전까지 한 번도 그런 식으로 생각해 본 적이 없습니다. 지혜로운 사람이라면 자신이 아는 모든 지식을 다른 사람과 나누어야 한다고만 생각했지요. 그런데 이제 보니 모든 지식을 다 나눈다고 지혜로운 것은 아닌 듯합니다."

그러고는 그가 내게 묻는다. "선생께서는 좋은 지혜와 반대로, 나쁜 지혜도 있을 수 있다고 생각하십니까?"

울프가 불쑥 끼어든다. "좋은 지혜만 있을 뿐이지, '나쁜 지혜'라는 말은 표현 자체가 모순인 거요."

전문가처럼 보이는 남자가 꽤 거만한 태도로 말한다. "좋은 지혜만 있다는 말에 저는 동의합니다. 플라톤의《법률Laws》을 보면, 지혜는 절제, 용기, 정의와 함께 네 가지 덕목에 들어갑니다. 그러나 플라톤의《국가론》에서는 지혜가 다른 요소를 포괄하는 주요 덕목으로 여겨집니다. 반면에 아리스토텔레스는 자신의《정치학Politics》에서 철학적 지혜와 실천적 지혜를 구별했습니다. 그는 실천적 지혜가 '인간적인 일들과 심사숙고할 수 있는 일들'과 관련되어 있다고 했습니다. 그런데 아리스토텔레스는 탈레스나 아낙사고라스 같은 소크라테스 이전의 철학자들만 철학적 지혜를 갖추었다고 했는데, 그 이유는 이들이 무엇이 유익한 것인지 알지 못하고 다만 뛰어나고, 경탄할 만하고, 어렵고, 신성하면서도 쓸모없는 것들만 알았기 때문이라고 했습니다." 나이가 50대로 보이는 이 남자는 수염이 희끗희끗하고 두꺼운 안경을 쓰고 있다. 아무도 묻지 않았는데 그는 자신이 행정가로 일했던 사립 대학에서 10만 달러를 횡령하여 15년형을 선고받았다고 말한다. 그리고 오래전에 아이비리그 대학에서 철학으로 학사와 석사 학위를 받았다고 한다.

아무도 반응이 없다. 결국에는 내가 말을 꺼낸다. "아리스토텔레스에 관해 말하자면, '인간이 지혜와 탁월성에 이용할 무기를 갖고 태어났으며, 이러한 무기가 완전히 반대되는 목적에도 이용될 수 있다는 사실을 알아낸 최초의 철학자였습니다."

나는 말을 계속 잇는다. "지혜로운 사람이 어리석은 짓을 할 수도 있을까요? 사람이 어떤 면에서는 지혜로우면서도 또 어떤 면에서는 완전히 어리석을 수도 있을까요?"

"제가 바로 그 말에 대한 살아 있는 증거라고 생각합니다." 예전에 대학 행정가로 일했다던 남자가 대답한다.

그때 존이 말한다. "지혜는 얻으려고 애써도 결코 얻을 수 없습니다." 그러나 곧 이렇게 덧붙여 말한다. "아니, 완전히 그렇지는 않고요. 제 말은, 지혜를 얻을 수는 있으나 절대적인 지혜는 결코 얻을 수 없다는 뜻입니다. 매우 현명한 사람도 자신이 그토록 지혜로울 수는 없다는 것을 잘 알지요. 이들은 상식과 지식과 이해 사이에 균형을 잘 유지하려고 노력합니다. 그리고 자신이 배운 것이 유익하다고 생각하면 다른 이들과 자유롭게 나눕니다."

"난 지식이 유익하더라도 자유롭게 공유되거나 공유되어야 한다고도 생각하지 않습니다." 내 옆에 앉아 있는 수감자가 말한다. "때로는 돈을 내고 배움을 얻어야 합니다. 지식을 얻고 지혜로워지려면 수업을 듣고 책을 사야 합니다."

"소크라테스는 자신에게 배우는 사람에게 돈을 요구한 적이 없어요." 울프가 지적한다. "그는 자신의 지혜를 이용해 돈을 벌지 않고 가난하게 지내기를 선택했어요."

나는 어디에 있는가?

"그렇다고 내 말이 당신 말과 반대되는 건 아니죠." 내 옆에 앉아 있는 남자가 주장한다. "배움은, 적어도 내겐 힘든 일입니다. 배움을 얻으려면 대가를 지불해야 해요. 그 대가는 돈이 아니라 무언가를 배우는 데 쏟아부어야 하는 노력일 수도 있어요."

"배우기 위한 가장 좋은 방법에는 어떤 것들이 있을까요?" 내가 묻는다.

"어떤 사람은 솔로몬 왕이 비유를 써서 말했기 때문에 지혜로웠다고 합니다." 존이 말한다. "솔로몬 왕이 쓴 비유를 읽으면 우리는 교훈을 얻을 수 있습니다. 솔로몬 왕은 지식을 우리 머릿속에 강제로 집어넣으려고 하지 않았어요. 그 점이 바로 '솔로몬의 지혜'인 거죠. 그래서 전 비유를 써서 교훈을 담아낸 이야기를 좋아합니다. 독자의 지성을 존중해주기 때문이지요. 그런 이야기를 읽으면 스스로 배운다는 느낌이 들고, 중요한 문제에 대한 '최종적인' 답이란 거의 없다는 사실을 가르쳐줍니다."

"그래서 쇠렌 키르케고르가 비유를 사용했다고 생각합니다. 비유를 읽고 완전히 이해한 뜻이 자신에게 의미 있다고 파악한 자신만의 진리이기 때문이지요." 대학 행정가였던 수감자가 말한다.

"사람들이 어떻게 하면 지혜로워질 수 있다고 생각하세요?" 기회라는 듯 내가 질문을 던진다.

"자신의 나이보다 지혜로워 보이는 사람들도 있지만, 일반적으로 사람들은 세월이 흐르면서 경험을 축적해 지혜를 얻게 된다고 생각합니다." 몸이 말랐으나 운동선수처럼 건장한 수감자가 말한다.

"저는 사람들 모두가 지혜롭다고 생각합니다." 또 다른 누군가가 말한다.

그 사람에게 내가 묻는다. "그렇다면 사람들 모두가 경험을 통해 배운다고 생각하세요?"

"아뇨." 그가 대답한다.

"지혜로운 사람은 대체로 경험으로부터 배운다고 생각하세요?"

"네."

"그러면 사람들 모두가 어떻게 지혜로울 수 있나요?"

"저는 사람은 모두 지혜롭게 태어난다고 생각합니다." 그가 말한다. "하지만 경험에서 배우려고 하지 않는다면 우리는 점점 지혜와 멀어집니다. 전 누구보다 마약을 잘 압니다. 그리고 도둑질하는 것도 잘 알고요. 그래야 마약을 살 수 있으니까요. 전에도 잡혀서 수감 생활을 한 적이 있습니다. 그런데 저는 또다시 그런 짓을 되풀이했어요. 그러니까 전 나이가 들면서 점점 더 지혜롭지 못하게 된 거지요."

"그 말에 저도 같은 생각입니다." 또 다른 수감자가 말한다. "그건 마치 이런 경우와 같지요. 뜨거운 냄비에 손가락을 한번 데고는 다시는 그런 실수를 하지 않으려는 사람이 있는가 하면, 똑같은 실수나 잘못을 저지르고도 고치려고 하지 않는 사람도 있습니다."

"저는 마약 치료 프로그램도 수차례 참가하고 감옥에도 들락거렸습니다. 그렇게 늘 똑같은 잘못을 반복했어요." 다소 젊은 수감자가 말한다. 그는 얼굴이 거칠고 머리는 검은색과 노란색 줄무늬로 염색을 했다. "하지만 이번에는 정말 제 경험으로 교훈을 얻었다고 생각합니다. 이번만은 배울 자세가 되어 있고 다른 사람의 가르침을 받아들일 준비도 되어 있기 때문입니다. 그래서 이번에는 어떻게 해야 하는지 충분히 이해하고 있어요. 전에는 그냥 전문 용어가 많고 다 헛소리라 생각하며 한 귀로 듣고 한 귀로 흘려들었거든요."

몸이 바싹 마르고 커다란 초록색 눈 밑이 거무스름한 남자가 아주 짧은 머리를 손으로 쓸어내리며 말한다. "전 이제 마약을 끊었습니다. 그래서 인생에서 마약을 해본 사실은 제게 이로운 경험이 될 수 있지요. 마약을 하는 행위가 어떤 것인지 알기 때문에 이런 경험이 없는 사람들보다 많이 알고 지혜로울 수 있습니다. 전 다시는 이런 고통스러운 경험을 하고 싶지 않아요. 하지만 마약을 경험한 일은 잘했다고 생각합니다. '나쁜 일들'을 겪어보는 것도 좋다고 생각해요. 다만 한 번으로 끝난다면 말입니다."

"저는 그 말에 전혀 동의하지 않습니다." 마약 치료 프로그램을 수차례 받으며 교도소를 들락거렸다는 수감자가 말한다. "전 마약 중독을 좋은 경험이라고 생각하지 않아요. 처음부터 마약을 하지 않았더라면 얼마나 좋았을까 후회하고 있습니다. 마약은 쳐다도 보지 말라는 사람들의 경고에 귀를 기울였더라면 좋았을 겁니다. 사람들이 '나쁜 일도 한 번쯤 경험해 보기'라는 철학이 좋은 생각이라고 여겼다면 이 사회의 사람들은 모두 감옥에 가거나 죽지 않았을까 하는 생각이 듭니다."

나쁜 일들을 경험해 보는 것도 좋다고 한 수감자가 말한다. "당신 말뜻은 알겠어요. 그렇지만 내가 마약 중독자였고 또 마약 중독을 극복할 수 있었기 때문에, 출소한 후에 마약 중독자를 위한 상담을 효과적으로 해낼 수 있지 않을까 생각합니다."

"그렇지만 마약 중독을 극복할 수 없었다면 어떻게 되었을까요?" 마약 중독을 좋은 경험이라고 생각하지 않는다는 수감자가 말한다. "마약 과복용으로 결국 죽게 되었다면 어쩔 겁니까? 이런 나쁜 일들을 늘 극복할 수 있는 건 아니지 않습니까? 그리고 나쁜 일을 단 한 번만 하고, 자신에게 해가 되지 않더라도 다른 사람에게는 해가 된다면 어쩔 건가요? 만일 그 나쁜 일이 살인이라면 어떻겠습니까?"

몸이 휘청거릴 듯 바싹 마른 수감자는 세밀하게 따져 묻는 이 사람에게 웃으며 말한다. "그 점에 대해서는 내가 할 말이 없소."

또다시 침묵이 흐르지만 어색하지만은 않다. 우리는 지금까지 나눈 대화들을 곰곰이 생각해 보고 있다.

"지혜로운 사람이라고 생각되는 인물로 누가 있을까요?" 내가 마침내 침묵을 깨며 묻는다. "이 질문의 답을 찾으면, 어쩌면 지혜의 기준이 무엇인지 더 잘 알아낼 수도 있지 않을까요?"

"간디와 마틴 루터 킹 목사가 지혜로운 사람이었습니다." 한 남자가 말한다. 그는 뺨의 초승달 모양의 흉터 때문에 생기 가득한 눈빛이 더 강렬해 보인다. "이들은 비폭력을 실천하고 가르쳐 사회 변화를 이루려고 했어요. 그리고 자신들이 설파한 신념을 몸소 실천했습니다. 자신의 삶을 희생하며 다른 사람에게 본보기가 된 그들은 세상을 자유롭게 만들기 위해서는 기꺼이 목숨을 내놓아야 할 때도 있음을 보여주었지요."

한 멕시코 출신의 수감자는 판초 비야Pancho Villa가 지혜로운 사람이라고 말한다. "멕시코의 혁명가 판초 비야는 화력이나 병력이 모자랐으나 미국 군대를 간신히 물리쳤습니다."

"그건 판초 비야가 지혜롭다는 의미라 할 수 있을까요? 그냥 판초 비야가 적보다 더 똑똑했다고 해야 하지 않을까요?" 누군가가 그에게 묻는다.

"글쎄요. 난 자국민을 말살하려는 훨씬 강력한 적에 맞서 승리할 정도로 똑똑하려면 아주 통찰력 있는 지혜가 필요하다고 생각합니다." 멕시코 출신의 수감자가 대답한다.

"난 지크문트 프로이트가 지혜로운 사람이었다고 생각해요." 한 수감자가 깊은 생각에 잠긴 얼굴로 말한다. "난 무엇보다 프로이트의 책을 읽으면서 저의 근원적인 문제에 대해 정말 많이 배웠어요. 프로이트의 《꿈의 해석Interpretation of Dreams》을 예로 들면, 거기서 프로이트는 햄릿의 행동을 논하고 있습니다. 그는 우리가 왜 지금의 모습이 되었는가에 대한 모든 설명은 해석할 수 있으며 실제로 완전히 이해할 만하다고 말합니다. 이 말에는 놀라운 통찰력이 담겨 있지요. 프로이트의 말은 우리가 지금의 모습이 된 이유가 단 한 가지가 아니라는 뜻입니다. 대신에 수없이 많은 설명을 할 수 있고, 이 설명들이 상충할 수도 있으나 모두 우리 자신에 대해 해명할 수 있다는 뜻이지요. 그렇다고 모든 설명이 다 정당하거나 뜻이 깊은 것은 아니지만, 다양한 관점으로 자신을 이해하려고 노력해야 한다는 의미입니다."

다음으로 열아홉 살 정도 되어 보이는 수감자가 부드러운 목소리로 말한다. "우리 할아버지가 지혜로운 분이었어요. 제가 할아버지 말씀만 잘 들었어도 지금 감옥에 있지는 않았을 거예요."

"난 우리가 지혜로운 사람들에 대해서만 언급해야 한다고 생각하지 않습니다." 또 다른 수감자가 말한다. "지혜로운 장소에 대해서도 말해봅시다. 난 그랜드캐니언이 지혜의 장소라고 생각해요. 그랜드캐니언에 갈 때마다 그 고독 속에서 지혜로운 생각을 많이 할 수 있었지요. 지혜의 장소이기 때문에 그런 지혜로운 생각이 떠오르게 됩니다."

"'지혜로운 생각'이 무엇을 말하는 건가요?" 누군가가 묻는다.

"내 말은, 자신에게 평화를 가져다주는 생각을 의미합니다." 그가 대답한다. "자신이 부족하거나 완전하지 못한 사람이란 걸 깨닫게 해주는 생각, 하지만 더 잘할 수 있고 더 좋은 사람이 되기 위해 늘 노력하며 그것이 내 의무라는 걸 깨닫게 해주는 생각을 말합니다. 또 자신만의 리듬에 따라 나아가도 좋다고 깨닫게 해주는 생각이기도 하고요. 내가 그랜드캐니언에서 얻은 이런 지혜를 일상에서 실천했더라면 지금 이곳에 있지 않았을 겁니다."

"난 대자연의 어머니 지구가 지혜의 장소라고 생각합니다." 또 다

나는 어디에 있는가?

른 수감자가 말한다. "지구는 수십억 년을 살아남았습니다. 인간이 최대한 지구를 파괴하고 있지만요. 지구는 우리가 사라진 후에도 오랫동안 그대로 존재할 겁니다."

"하지만 무언가가 지혜롭기 위해서는 의식이 있어야 하지 않을까요?" 누군가가 그에게 묻는다.

"글쎄요, 당신은 어떻게 생각하실지 모르겠지만, 전 지구가 의식이 있다고 생각해요." 지구가 지혜의 장소라고 말한 수감자가 대답한다. 그런 말을 한 사람은 그가 처음이 아니다. 1979년에 영국의 화학자 제임스 러브록James Lovelock은 '가이아 가설(Gaia Hypothesis)'을 최초로 제시하여 지구를 전체론적인 관점에서 '자기 조절 능력이 있는 생명체계'로 보아야 한다고 주장했다. 러브록은 이렇게 말했다. "바이러스부터 고래, 해조류에서 떡갈나무에 이르기까지 지구의 모든 생물은 하나의 생명체를 이룬다고 할 수 있다… 이 하나의 생명체는 각 구성 요소를 훨씬 능가하는 능력과 영향력을 지녔다." 이 가설이 옳다면 인간은 의식을 지닌 존재로서 하나의 생명체인 지구의 구성 요소에 불과하므로 지구 자체도 의식이 있다고 할 수 있다.

"사람에 대한 지혜라는 주제의 토론으로 다시 돌아가겠습니다." 내가 사람들에게 제안한다. "지혜로운 사람은 자신이 지혜롭다고 말할까요?"

출입구 바로 옆의 벤치에 앉아 있는 수감자가 말한다. 그는 얼굴윤곽이 뚜렷하고 단정한 모습을 하고 있다. "소크라테스가 '가장 지혜로운 사람은 자신이 지혜롭지 않다는 것을 알고 있다'라는 그런 말을 하지 않았습니까?" 이 수감자는 토론 내내 머리를 숙이고 있었다. 그래서 나는 한참 전부터 그가 깊이 잠든 줄 알았다.

"더 상세히 말씀해 주시겠어요?" 내가 부탁한다.

"플라톤은 《소크라테스의 변명Apology》에서 아테네 사람들이 가장 지혜롭다고 생각하는 사람들을 찾아내는 것이 소크라테스의 사명이라고 했습니다. 소크라테스는 지혜롭다는 사람들이 정말 그들의 지혜에 부응하는 삶을 살고 있는지 알고 싶어했습니다. 그런데 그 사실을 확인할 때마다 소크라테스는 지혜롭다는 사람들이 실제로는 지혜롭지 않다는 결론을 내렸습니다. 사실 그들은 망할 놈의 멍청이였지요." 이 말에 우리는 일제히 웃음을 터뜨린다. 그러나 그의 표현은 진중하다.

이 수감자가 다시 말한다. "잠깐만요!" 그러고는 뒷주머니에서 오래되고 얇은 책 한 권을 꺼낸다. 플라톤의 대화편 《소크라테스의 변명》이다. 그는 뭔가를 찾으며 책장을 이리저리 넘긴다. "《소크라테스의 변명》을 보면, 소크라테스가 아테네의 중요 인물들이 현자 중의 현자라고 여기고 그 평가에 자신도 동의한 사람을 엄격하게 살펴보고 말하는 내용이 있습니다."

마침내 자신이 찾던 부분을 발견한 수감자는 목청을 가다듬고 읽기 시작한다. "소크라테스는 이렇게 말합니다. '나는 많은 사람뿐 아니라 스스로도 지혜롭다고 생각하는 사람이 실제로는 지혜롭지 않

나는 어디에 있는가?

다고 판단했습니다. 스스로 지혜롭다고 여기지만 실제로는 그렇지 않다는 것을 그에게 입증하려고 나는 노력했습니다. 하지만 결과적으로 나는 그 사람과 적이 되었고 그런 많은 적이 이곳 재판에 출석하게 되었습니다. 그 사람을 떠나면서 나는 곰곰이 생각했습니다. '이 사람은 나보다 지혜롭지 못한 사람이다. 우리 둘 다 가치 있는 지식을 갖고 있을 가능성은 전혀 없다. 그러나 그는 자신의 무지함을 알지 못하지만, 나는 적어도 내 무지함을 알고 있다. 그러므로 분명히 이 작은 부분에서 내가 그보다 지혜롭다. 나는 무언가를 모르면 모른다고 자각하기 때문이다.' 나는 그 사람을 떠나 두 번째로 지혜로운 사람이라고 여겨지는 사람에게 갔습니다. 그리고 이 사람에 대해서도 똑같은 결론을 내렸습니다. 그도 나의 적이 되었고 다른 많은 이들도 마찬가지였습니다."

읽기를 끝낸 수감자는 고개를 들고 우리를 쳐다본다. "소크라테스는 이른바 현자라는 사람들의 지식이 사상누각일 뿐이라는 사실을 보여주었습니다."

"그러나 소크라테스가 맞선 사람들과 달리, 오늘 함께 토론을 나눈 사람들은 매우 지혜롭다는 생각이 듭니다." 존이 말한다. "여기 있는 사람들이 자신이 지혜로운지 질문을 받았을 때 아니라고 대답한다면 그건 거짓말일 겁니다."

"소크라테스의 말은, 지혜로운 사람들은 무엇보다 자신의 지혜에 겸손하다는 것을 의미한다고 생각합니다." 좀 전에 플라톤의《소크라테스의 변명》을 읽었던 수감자가 말한다. 나중에 알게 된 사실이지만 이 사람은 중절도죄로 장기 복역 중인데, 중범죄로 체포되어 유죄 선고를 받은 것이 이번이 네 번째라고 한다.

"소크라테스는 지혜로운 사람이라면 자신이 아는 것이 영원한 진리가 아닐 수 있음을 알고 있다고 믿었습니다." 그 수감자가 말을 계속 잇는다. "그러나 소크라테스를 기소한 자들과 재판관은 이런 믿음이 신성모독이라고 생각했어요. 그래서 어떻게 되었을까요? 네, 그렇습니다. 그건 확실한 신성모독이었어요. 그렇지만 그들은 신성모독을 다루고 싶지 않았기 때문에 소크라테스를 죽이기로 결정을 내렸습니다."

이 수감자는 또 정신없이 책장을 넘기고는 말을 이어간다. "한 가지 더 말하고 싶은 점이 있어요. 소크라테스에게 그 악랄하고 어리석은 사형선고를 내리지 않았다면 그의 지혜와 도덕적 용기는 그렇게 대단한 가치를 드러내지 못했을 겁니다. 그랬다면 오랜 세월도 견디지 못하고 그 많은 사람에게 영감을 주지도 못했을 테지요."

분명히 나는 교도소에 있었다. 사방으로 속박이라는 어둡고 억압적인 느낌이 들었다. 그러나 또한 이곳에 있는 수감자들이 뿜어내는 특별하면서도 생기 넘치는 지혜를 느낄 수 있었다. 이 사람들은 질문을 면밀하게 살피고 솔직하고 명쾌한 태도로 대화에 몰두했다. 그리고 내가 지금 생각하는 것이 영원한 진리가 아닐 수도 있지만, 이번 소크라테스 카페의 참가자들은 여러 의미로 자유롭다는 생각

나는 어디에 있는가?

이 든다. 이른바 바깥세상에서 철학적 대화를 나누려고 만난 사람들보다, 그리고 자신이 만들어낸 지적 감옥에 단단히 갇혀버린 사람들보다 더 자유롭다.

감옥도 사람들이 평범한 사고의 한계를 넘을 수 있는 장소, 지혜의 장소가 될 수 있다.

에머슨은 이렇게 말했다. "생각도 감옥이다… 그러므로 우리는 시인이나 발명가 같은 이들을 사랑한다. 그들은 시를 통해, 또 행동이나 태도를 통해 우리에게 새로운 생각을 선사한다. 그리고 우리를 구속하는 족쇄를 풀어 새로운 곳으로 안내한다."

이곳 수감자들은 나를 새로운 곳으로 나아가게 해주었다. 나는 이제 전보다 더 자유로운 사람으로 살아간다.

3

무엇을 원하는가?

무엇이 필요한지 잘 안다면
이미 절반은 그 필요를 충족한 셈이다.

- 아들라이 스티븐슨 -

소중한 친구들

"친구란 무엇인가?"

이 질문은 오늘 밤에 콜라주 II 커피하우스에서 사람들이 토론을 나눌 주제이다. 이곳에서 열리는 소크라테스 카페에 꾸준히 참가하는 사람들은 40명 정도 된다. 나는 여기 있는 사람들을 어느 정도는 친구로 여기고 있다는 생각이 든다. 사실 나는 이 사람들 없이 소크라테스식 대화에 몰두하는 일을 상상할 수가 없다. 이 사람들이 꼭 있어야 한다. 그러나 나는 아직 이들의 이름도 다 알지 못하고, 이들의 사생활에 대해서는 더 말할 것도 없다. 이들에 대해 아는 것이 있다면 철학적 대화를 나누는 동안에 흘러나온 단편적인 정보들뿐이다.

오늘 저녁의 토론 주제로 선정한 "친구란 무엇인가?"라는 질문은 플라톤의 대화편 《뤼시스Lysis》에서 다루는 가장 중요한 문제다. 《뤼시스》에서 소크라테스는 "사람이 어떻게 다른 사람의 친구가 될 수 있는가?"라는 물음을 던진다. 소크라테스는 이 질문을 어느 정도 깊이 있게 탐구했으나 자신을 비롯한 대화자들이 "친구란 무엇인가?"라는 질문에 답을 찾아내지 못했다고 대화가 끝날 때 이야기한다. 어쩌면 오늘 저녁에 우리는 이 문제를 그들보다 더 잘 탐구할 수 있지 않을까?

"저는 친구라면 어떤 자질을 갖추어야 할지를 우선 살펴볼 필요가 있다고 생각해요." 샤론 헤이즈가 말한다. 샤론은 9개월 전에 소크라테스 카페에 처음 왔으나 그때는 토론에 참여할 생각이 전혀 없었다. 샤론은 음악가 남편인 리처드와 함께 어느 날 이 커피하우스에 오게 되었다. 그날 커피를 주문한 두 사람은 멍하니 커피잔만 만지작거리고 있었다. 샤론은 여행사에서 일하다가 막 그만둔 상태였고, 두 사람은 앞으로 무엇을 할지 고민하는 중이었다. 그날 밤, 샤론은 "직관은 무엇인가?"라는 주제로 토론을 벌이고 있는 우리의 대화를 우연히 듣게 되었다. 그리고 우리의 모임에 참여하게 된 것이다. 직관에 따라 자신의 직장을 그만두었던 샤론에게 소크라테스 카페는 예상치 못한 반가운 토론의 장이 되었다. 샤론은 이 토론을 통해 왜 자신이 직장을 그만두는, 미쳐 보이는 짓을 했는지 잘 이해할 수 있었고 결국 자신의 판단이 미친 짓이 아니었다는 결론을 내렸다. 그 이후로 샤론은 소크라테스 카페 애호가가 되었다. "저는 서로 존중하고 공감을 하며, 상대방을 용서할 수 있는 능력이 가장 중요한 자질이라고 생각해요." 샤론이 말한다.

"왜 그렇게 생각하세요?" 내가 묻는다.

샤론이 대답한다. "음, 제가 좀 전에 말한 능력 외에는 친구란 어떤 자질이 필요한지를 명확하게 표현하기가 쉽지 않네요." 샤론은 남편에게 팔을 두르며 말한다. "이 사람이 바로 저의 가장 소중한 친구예요. 제가 좀 전에 말한 자질을 모두 갖추고 있어요." 그러자 리처드는 얼굴을 붉힌다.

"저는 무조건적 사랑으로 우정을 맺습니다." 마이크 드매트가 말한다. 이 사려 깊은 젊은이는 소크라테스 카페에 참가한 지 몇 주 되었지만 나는 아직 그에 대해 거의 아는 게 없다. 마이크가 통찰력이 남다르고 그가 없는 소크라테스 카페는 상상할 수가 없다는 것만 알 뿐이다. "저는 친구들에게 아무런 기대를 하지 않습니다." 마이크가 덧붙여 말한다.

"정말 그렇게 할 수가 있을까요?" 론이 마이크에게 묻는다. 대학원에서 사회학을 공부하고 있는 론은 마음이 따뜻하고 재치 있는 사람이다. 그는 웃음 띤 담갈색 눈에 긴 금발 머리를 하고 있다. 론은 소크라테스 카페를 시작한 첫날부터 거의 매주 참가하고 있다. 그는 책을 폭넓고 깊이 있게 읽는 편이어서 서로 전혀 다른 주제들 사이에 숨겨진 유사성을 흔히 밝혀내곤 한다. 론과 나는 소크라테스 카페에서 다른 이들처럼 철학적 문답을 함께 나누는 동료였지만 더 나아가 이제는 좋은 친구가 되었다. 론은 이곳에서 유일하게 내가 마음속에 품은 희망과 꿈과 두려움을 나누는 사람이다. 그는 최악의 상태였을 때의 내 모습을 본 적도 있었지만 그래도 변함없는 우정으로 나를 대한다. "무조건으로 우정을 나누는 것이 정말 가능할까요?" 론은 또다시 묻는다. "아무런 기대를 하지 않는 것이 가능할까요?"

"저는 가능하다고 생각합니다." 마이크가 대답한다. "제가 간직하는 우정에 대한 철학을 친구도 그대로 간직하기를 기대한다는 말은 아닙니다."

"저는 일방적인 우정을 나눈 경험이 많습니다." 늘 찡그린 표정의 짐 데이비스가 말한다. 짐은 몇 달 동안 소크라테스 카페에 참가하고 있지만 나는 그에 대해 전혀 모른다. 그는 깊이 파고드는 철학적 관점을 내놓곤 하지만 자신에 대해서는 겉으로 드러나 보이는 정보만 보여줄 뿐이다. "그리고 저는 아주 잠깐의 우정도 경험해 보았습니다." 짐이 덧붙여 말한다.

보험설계사로 일하다가 퇴직한 알 그리핀이 묻는다. "내겐 친구가 아닌데, 그 사람은 나를 친구로 삼을 수 있을까요?" 키가 크고 듬직해 보이는 알은 예의가 있으며 지성도 갖추었다. 알은 6개월 전에 우연히 소크라테스 카페에 참가한 후 곧 나와 친구가 되었다. 그 전까지만 해도 알은 철학에 관한 책이라곤 거의 읽지도 않았다. 그러나 이제는 먹거나 자거나 숨 쉴 때도 철학을 가까이하지 않으면 안 되는 듯 보인다. 그는 다시 대학에 들어가 철학을 공부하고 있다. 알과 나는 인근 식당에서 만나 철학 토론을 하며 오후 시간을 보내곤 한다. 그리고 알은 내가 양로원, 학교, 카페 등 어느 곳이든 소크라테스 카페를 열 때마다 찾아온다. 이제 알과 나는 떼어놓을 수 없는 친구가 되었다. 사람들은 우리 두 사람이 함께 있으면 정말 어울리지 않는다고 생각할 것이다. 알은 머리 스타일부터 복장까지 늘 나무랄 데 없이 꾸미고 다니는데, 나는 티셔츠와 청바지와 가죽 부츠를 갖춘 복장에 면도도 잘 하지 않고 다닌다. 알과 나는 단순한 친구가 아니라 허물없이 친한 친구다. "어떻게 완전히 일방적인 우정이 있을 수 있는지 이해가 안 됩니다." 알이 짐에게 계속 말한다.

"흔히 있을 수 있는 일입니다." 짐이 말한다. "상대방이 친구가 되어주리라는 기대 없이도 그 사람과 친구가 되어야겠다고 결심할 수 있습니다. 그리고 상대방이 친구가 되어주지 않으리라 예상되어도, 또는 상대방이 친구가 되지 않으려고 마음먹더라도 그 사람과 친구가 되어야겠다는 결정을 내릴 수 있습니다."

"그렇다면 아주 잠깐의 우정은 어떤가요?" 알이 묻는다. "세월이 흘러도 변치 않아야 하는 것이 우정 아닌가요? 이것이 바로 우정의 가장 중요한 기준이 아닐까요?"

"전 그렇게 생각하지 않습니다." 짐이 대답한다. "저는 1분짜리 우정도 가능하다고 생각합니다. 대접받고 싶은 대로 남을 대접하라는 말이 있듯이, 만일 내가 누군가에게 친절하게 대한다면 나는 그 사람의 친구가 되고, 우정이 생기기 시작하는 겁니다. 그리고 이 우정이 계속 이어진다고 하더라도 그 계속되는 시간 또한 순간들로 이루어져 있습니다. 우정은 언제라도 깨질 수 있습니다."

"우정이 처음 생겼을 때를 돌아보면 두 사람이 거의 즉시 절친한 친구가 되었다는 사실을 알 수 있을 겁니다." 게일 피트만이 말한다. 그의 호기심 넘치는 눈이 안경 너머에서 어질어질하게 보인다. 3개월 전에 소크라테스 카페에 처음 참가한 게일은 말 그대로 모임에 푹 빠지고 말았다. 그 이후로 그녀와 나는 공항, 서점, 공원 등 가는 곳마다 우연히 만났다. 그럴 때마다 우리는 뜻밖의 만남을 기회로 삼아 서로에 대해 더 잘 알게 되었다. 우리 두 사람은 서로 막역한 친구가 될 운명이라고 확신했다. 우리는 여전히 허물없이 아주 친한 친구가 되어 가는 길을 걸어가고 있다. 만날 때마다 조금씩 마음을 열고 서로를 점점 더 좋아하게 된다. "하지만 두 친구가 절친한 친구가 되었다는 사실을 알기까지는 시간이 필요해요." 게일이 덧붙여 말한다.

"친구가 되었다는 사실을 안다는 것은 정확히 무슨 의미인가요?" 내가 묻는다.

"토론을 시작할 때 샤론이 말했듯이, 두 사람이 서로 존중하고 공감하고 있다는 사실을 알게 된다는 말이지요. 그리고 함께 있으면 즐겁다는 것도 알게 된다는 의미입니다."

"두 사람이 친구가 되려면 기본적으로 어느 정도 비슷해야 할까요?"

"저는 사람들이 전혀 다른 성격으로 만나더라도 막역한 친구 사이가 될 수 있다고 생각해요." 마르타가 대답한다. "전 부끄러움을 많이 타고 조용조용 말하는 성격이고 저의 가장 친한 친구는 엄청나게 외향적인 성격입니다."

힐다가 나를 쳐다보며 묻는다. "선생님은 선한 사람은 선한 사람하고만 친구가 될 수 있는지, 또 악한 사람은 악한 사람하고만 친구가 될 수 있는지를 질문하려던 것이 아닌가요?"

"맞습니다." 내가 대답한다. "그런데 그 말을 들으니 아리스토텔레스의 《니코마코스 윤리학 Nicomachean Ethics》이 생각납니다. 이 책에서 아리스토텔레스는 두 사람이 서로를 '또 다른 자아', 즉 자신이 그대로 반영된 모습으로 인식할 뿐 아니라 똑같이 도덕적인 사람이라고 생각했을 때 이들은 '완벽한 우정'을 맺고 있다고 말했습니다. 그래서 아리스토텔레스는 선한 사람과 악한 사람은 서로 친구가 될 수 없다고 믿었습니다."

"저는 완전히 악한 사람은 없다고 생각해요." 곰곰이 생각한 끝에 마르타가 말을 꺼낸다. "그뿐 아니라 가장 비열한 사람도 어느 정도는 착한 성향을 띠고 있으리라 생각해요. 깊이 숨겨져 있더라도 말이죠. 예를 들어 전 아주 야비한 사람도 반려동물을 애지중지하며 키우는 일이 흔하다는 사실을 읽은 적이 있어요. 이때 반려동물이 그 사람의 친구, 어쩌면 가장 좋은 유일한 친구가 될 수 있을 거라는 생각이 들어요. 그리고 가장 선한 사람도 살면서 한두 번은 잘못된 길로 빠질 수 있다고 생각해요. 제 경우에도 바른길에서 엇

무엇을 원하는가?

나가기가 정말 쉽다는 걸 알아차리고는 나쁜 사람의 부류가 된 느낌이 들었으니까요."

"저도 같은 생각이에요." 힐다가 말한다. 그녀는 늘 소크라테스 카페에 혼자 온다. 나는 시내에서 힐다와 여러 번 마주친 적이 있는데, 그때마다 동행하는 이 없이 혼자였다. "그리고 저는 여러 면에서 악하더라도 친구에게만큼은 매우 충실한 사람들에 관한 이야기를 읽은 적이 있어요. 예를 들어, 강제수용소에서 잔학 행위를 저질렀던 나치 당원들이 몇 명에게는 충실한 친구였으며, 그 친구들을 위해 자신의 목숨까지 바치려고 했다는 이야기가 있었습니다."

"알겠습니다." 내가 말한다. "그런데 그 말은 적어도 사람들이 비슷한 도덕성을 갖춘 사람들끼리 친구가 된다는 의미 같군요. 바로 조금 전에 서로 친구였다고 설명하신 사람들은 강제수용소의 희생자들을 대하는 점에서 똑같이 잔혹한 성향들이었습니다. 그리고 제가 알기로는, 좀 역겨운 말이지만, 그들은 자신들을 선한 사람이라고 생각했을 수도 있습니다. 그래서 저는 이런 점이 궁금합니다. 비슷한 도덕적 양심이 있는 사람들끼리만, 아니면 그 반대의 사람들끼리만 늘 서로 친구가 될 수 있는 걸까요? 다시 말해 옳고 그른 것, 선하고 악한 것에 대해 비슷하게 생각하는 사람들끼리 친구가 될 수 있는 걸까요?"

"늘 그런지는 모르겠으나 보통은 그렇다고 생각합니다." 윈스턴이 대답한다. 나이를 전혀 짐작하기 어려운 사람인 그는 소크라테스 카페에 매번 참석해 멀리 구석진 곳에 앉아 있다. 그는 이 특별한 저녁에 펼쳐 놓은 책에 몰두하고 있는 척하듯 다리를 꼬고 심하게 흔들고 있다. "그러나 저는 늘 예외가 있다고 생각합니다." 윈스턴이 말을 잇는다. "저는 지금 월터 모슬리Walter Mosley가 저술한 《붉은 죽음A Red Death》이라는 추리소설을 읽고 있는데요, 여기에 등장하는 주인공 이지 롤린스는 친한 친구인 레이먼드를 '가장 진실한 친구'라고 말합니다. 그런데 롤린스는 레이먼드에 대해 이렇게도 말합니다. '진정한 악이란 것이 있다면 그 존재는 바로 레이먼드일 것이다'라고요. 레이먼드는 자신에게 잘못을 저지르는 사람이 누구든 한순간도 망설임 없이 죽여버릴 인물입니다. 그러나 충실한 친구이기도 한 레이먼드는 몇 번이나 이지 롤린스를 최악의 상황에서 벗어나게 해줍니다."

윈스턴이 책을 덮는다. "제 말뜻은, 이 문제를 지나치게 단순화하는 것은 무모할 수 있다는 겁니다. 대부분의 사람들은 속에 극단적으로 상반되는 모습이 들어 있다는 사실을 우리는 고려해야 합니다. 악한 충동에 따라 행동하지 않을 정도로 충분히 단련되거나 선한 경우라도, 사람들은 선과 악의 씨앗을 모두 품고 있을 수 있습니다."

"저는 그 말에 동의하지 않습니다." 캐시가 말한다. 그녀는 지난주에 처음으로 소크라테스 카페에 참가했다. "저는 거의 완전히 선한 사람들이 있는가 하면, 또 거의 완전히 악한 사람들이 있다고 생각해요. 그리고 이런 성향이 우정이 이루어지는 방식에 영향을 주는 것 같습니다. 수년 동안 우리 오빠는 경비가 삼엄한 교도소에서 수감자들에게 영어를 가르쳤습니다. 그리고 그곳에서 많은 이들과 친구가 되었지요. 수감자들 가운데는 강간범도 있고 살인자도 있었으나 모두 오빠의 친구가 되었습니다. 시간이 흐르면서 오빠는 그들 속에 들어있는 선한 모습을 발견할 수 있었기 때문이지요. 그리고 오빠가 친구가 되어주었기 때문에 그들은 더 좋은 사람이 되었다고 생각합니다."

"저는 캐시의 오빠가 그 수감자들의 속에 있는 선량함을 끄집어냈다고 생각합니다." 프랭크 로터버그가 말한다. "그러나 만일 그렇다면 캐시의 오빠는 그 수감자들의 '선량한 부분'과 친구가 된 것이지요. 좀 전에 캐시가 말했듯이, 이 선량한 부분은 이미 그들 속에 있어서 캐시의 오빠가 밖으로 나오도록 도와준 것입니다. 그러므로 이 사례가 선한 사람이 나쁜 사람과 친구가 될 수 있음을 보여주는 예가 되는지는 잘 모르겠습니다."

프랭크는 잠시 말을 멈추다가 다시 덧붙여 말한다. "우리가 이 문제를 깊이 살펴보려면 다음 소크라테스 카페를 열 때까지 기다려야 할 수도 있겠습니다만, 지금 막 떠오른 생각이 있는데요. 지금 우리는 사람들이 저지르는 선행과 악행에 대해서보다 선한 사람과 악한 사람에 대해 말하고 있습니다. 저는 사람들이 선천적으로 선하거나 악한 것이 아니라, 다만 선하거나 악한 행동을 할 뿐이라고 생각합니다."

"그 말에 동의합니다." 또 다른 참가자가 말한다. "그뿐 아니라,

한 사람의 선이 또 다른 사람에게는 악이 될 수도 있지 않을까요?"

플라톤의 《국가론》을 보면, 소크라테스는 선과 악의 차이는 단순히 견해의 문제가 아니라고 확신했다. 그는 선과 악의 본질에 대해 철저하게 탐구하면 그 차이를 명확하게 말할 수 있는 지식을 얻게 된다고 믿으며 이렇게 말했다. "우리는 각자… 선과 악의 차이를 배우고 식별하는 단 한 가지만 추구합시다." 그러나 몽테뉴는 자신의 한 에세이에서 "선악에 대한 판단력은 우리가 선과 악에 대해 갖는 견해에 따라 크게 달라진다"라는 선언으로 글을 시작한다. 스피노자는 선과 악의 개념이 "그 자체에서 고려되는 것으로는 아무것도 명확히 보여주지 못하고, 생각의 방식으로만 나타날 뿐이다… 다름 아닌 바로 동일한 존재가 동시에 선할 수도 악할 수도 있으며 선악과 무관할 수도 있다"라고 했다. 이 모든 것은 인간이 무엇이 선하고 악한지를 판단하기에 달려있다고 스피노자는 믿었다.

어떤 동물 보호 운동가들은 동물의 섭취와 도축은 잔인한 악행이라고 여겼고, 그중에는 동물을 섭취하거나 도축하는 사람은 악하다고 생각하는 이들도 있었다. 그러나 비인간적인 방법만 아니라면 동물을 도축하는 것이 나쁘지 않다고 여기는 동물 보호 운동가도 있다. 그리고 어떤 사람들은 종류에 따라 음식에 사용하기 위해 동물을 도축하는 것은 어떤 방식이든 타당한 일이라고 생각하기도 한다. 또 어떤 사람들은 소를 도축하는 것은 전혀 문제가 되지 않으나 말은 고상한 동물이기 때문에 도축하면 안 된다고 생각한다. 어떤

무엇을 원하는가?

경우에는 종교적인 이유로 소를 도축하는 일이 악한 행동이 된다. 그러나 고양이나 개를 먹는 것은 괜찮으며 관습으로 여기는 사람들도 있다. 스피노자는 어떤 행동이 선한지 악한지가 '문화적 규범'이 주요 영향을 미치거나 완전히 상대적인 '우리의 견해'에 핵심이 있다는 것을 이러한 사례들을 통해 알 수 있다고 생각할 것이다.

하지만 내 생각은 다르다. 나는 악을 주제로 하는 분야를 다양하게 읽었고 소크라테스 카페에서도 악을 주제로 한 토론을 많이 벌였다. 그렇게 하여 나는 행위가 악한지를 판단하는 기준에 대해 사람들이 놀라울 정도로 비슷한 견해를 갖고 있다는 결론을 내렸다. 사람들은 어떤 행위가 도덕적으로 나쁜지, 늘 의도적인지, 위협을 가하거나 해를 끼치는지 등의 기준을 통해 악을 판단한다. 그런데 어떤 구체적인 행위가 악한지 아닌지를 판단할 때는 사람들의 의견이 날카롭게 맞서곤 한다. 사람마다 신념 체계가 매우 다르므로 어떤 행위가 도덕적으로 나쁜지, 또는 의도적으로 해를 끼치는지에 대한 판단은 다양해진다. 그러므로 어떤 구체적인 정황에서 어떤 행위가 악한지에 대한 판단은 사람에 따라 극명하게 차이가 난다.

프랭크가 마침내 말을 꺼낸다. "전 완전히 선하거나 악한 사람은 없다고 생각합니다. 대학에 다닐 때 저는 소년원에서 아이들에게 글을 가르치는 자원봉사를 했습니다. 그중에는 끔찍한 범죄를 저지른 아이들도 있었지요. 그런데 저는 그곳 아이들과 오랜 시간을 함께 보내면서 한 가지를 깨달았어요. 내가 여러모로 그 아이들과 정말 비슷하다는 생각이 들었습니다. 니체가 '심연을 들여다보면 심연도 나를 들여다본다'라고 한 말이 떠오르네요. 저는 이 아이들을 통해서 자신을 볼 수 있었습니다. 나도 아이들이 저지른 범죄에 빠질 가능성이 있다는 사실을 알게 되었어요." 프랭크는 웃음 지으며 말한다. "또 이런 말도 생각나는군요. '신의 은총이 없었더라면 나도 저리되었으리라.' 내 본성이 그 10대 아이들과 얼마나 비슷한지를 겸손하게 깨달았습니다. 이 경험으로 저는 다른 사람에게 더욱 공감할 수 있게 되었고, 또 그곳의 몇몇 아이들과 함께 마음을 나누는 막역한 친구가 되었어요."

"저는 서로 마음을 나누는 친구라는 개념에 대해 말하고 싶습니다." 자스민이 말한다. 열여덟 살인 자스민은 고등학교를 졸업한 지 몇 달 되지 않았다. 이날 소크라테스 카페를 시작하기 전에 그녀는 프린스턴 대학의 입학 허가를 받았다면서 너무 기뻐 어쩔 줄 모르겠다는 솔직한 마음을 전했다. 자스민은 대학에서 철학을 전공할 계획이다. "몇 년 전에 세상에서 가장 친한 친구가 제게 비밀을 털어놓았어요. 의붓아버지가 여섯 살 때부터 자신을 성적으로 학대했다는 비밀이었어요. 친구는 제게 이 말을 하기 전에 아무한테도 말하지 말라는 다짐을 받았습니다. 저는 그러겠다고 약속했어요. 몇 주 동안은 친구와의 약속을 지켰습니다. 그런데 친구가 얼마나 고통스러울까 하는 생각이 들 때마다 내가 도울 수 있는 일을 하지 않는 것이 오히려 친구를 배신하는 느낌이 들었어요. 그러다가 결국에는 역사 선생님에게 그 비밀을 말하고 말았습니다. 역사 선생님은 제가 어려움이 있었을 때 친구가 되어주셨던 분이었어요. 제가 어떻게 해야 할지 조언을 해주시리라 기대했는데 그런 사실을 알게 되면 즉시 보고하는 것이 선생님의 의무라고 말씀하셨어요. 선생님은 그 사실을 보고하셨고 청소년인권센터에서 사람이 나와 신속하게 조사를 했어요. 그리고 얼마 지나지 않아 친구의 의붓아버지는 구속되었습니다. 선생님은 제가 '올바른 일'을 했다고 계속 말씀하셨지만 제 친구는 그렇게 생각하지 않았어요. 친구는 내가 자기를 배신했고 나를 가장 나쁜 원수라고도 말했어요. 그러고는 다른 학교로 전학을 가버리고 다시는 제게 말도 하지 않았어요. 그러던 지난달에 우리는 다시 얘기하게 되었어요. 그 친구가 전화를 걸어서 그때 고마웠다고 말했습니다. 내가 자기의 생명을 구해주었다고 했어요. 제가 역사 선생님께 비밀을 털어놓기 전에 자살하려고 했기 때문이라면서요. 의붓아버지가 구속된 후에도 오랫동안 무척 괴로웠다고 했어요. 그렇지만 몇 달 동안 심리상담을 받으면서 자기 잘못으로 일어난 일이 아니라는 것을 깨닫기 시작했고 자신을 배신한 사람은 내가 아니라 의붓아버지라는 것도 깨달았다고 했어요. 친구는 제가 진정한 친구였기 때문에 우정을 잃을 각오를 하며 그런 일을 했을 것이라고 말했습니다."

자스민이 잠시 말을 멈추고 숨을 크게 들이쉰다. 숨죽여 우는 사람도 있다. "그래서 제게 친구란, 늘 진심으로 내게 최대한 관심을 쏟아주는 사람입니다. 친구가 늘 옳은 일만 할 수는 없을 테지요. 친구를 도우려고 한 일이 정확히 의도한 대로 잘 풀리지 않을 수도 있어요… 하지만 친구의 마음은 늘 진심인 거죠."

한참 동안 아무도 말을 하지 않는다. 어떤 일을 가장 좋은 의도로 했는데, 그 일의 결과가 의도한 대로 나오지 않는다면 어떨까? 이런 경우에 행위의 결과는 적어도 어느 정도 우리가 통제할 수 없는 힘으로 결정된 것일까? 아니면 행운이나 운명 같은 것은 없을까? 그리고 알 수는 없지만, 어떤 '지고한 힘'이 우주의 줄을 당겨 모든 일이 최선의 결과를 낳도록 해주는 것일까?

기원후 1~2세기에 노예에서 해방되어 철학 학교를 세운 스토아 학파의 도덕 철학자 에픽테토스 Epictetus는 우리가 모든 요소를 통제할 수는 없으나 파란만장한 삶에 어떻게 반응하느냐는 통제할 수 있다는 점에서 우리는 자율적인 존재라고 믿었다. "우리는 자신의 능력 안에서 할 수 있는 일에 최선을 다하고 나머지는 자연이 주는 대로 받아들여야 한다"고 에픽테토스는 말했다. 이와 유사하게 니체는 우리가 운명의 완전한 주인은 아니지만, 수동적인 희생자도 아니라고 주장했다. 오히려 니체는 우리가 운명과 더불어 삶을 창조해 나가는 존재라고 말했다. 그는 우리의 행동을 결정하는 데 외부의 힘만 영향을 미치는 것이 아니라 우리 자신도 필요한 영향력을 미칠 수 있다고 믿었다. 그리고 좋건 나쁘건 우리가 의도한 대로 결과가 나오지 않을 수도 있지만, 우리 스스로를 독특한 존재로 만들어갈 수 있다고 확신했다.

무엇을 원하는가?

"우정에 대해 또 무엇을 말해볼 수 있을까요?" 내가 무거운 침묵을 깨고 질문한다.

"저는 우정의 중요한 특징 가운데 하나가 양쪽이 서로를 위해 노력해야 한다는 점이라고 생각합니다." 세라가 말한다. 그녀는 늘 눈을 크게 뜨고 모든 말에 주의를 기울이며 듣는다. 세라는 소크라테스 카페에 나온 지 몇 달 되었다. 그렇지만 나는 철학 토론에 열정을 쏟는다는 사실 외에는 그녀에 대해 전혀 모른다.

"저는 우정의 조건으로 양쪽이라는 말을 받아들일 수 없습니다." 알 그리핀이 평소의 무뚝뚝한 어조로 말한다. "우정에 동등이라는 척도가 매겨져야 할 필요는 없습니다."

"제 생각에 양쪽이라는 말을 다른 의미로 살펴보아야 할 것 같습니다." 내가 알에게 말한다. "예를 들어 한 친구가 상대편 친구에게 한 번의 호의를 베풀고, 상대편 친구는 이 친구에게 천 번의 호의를 베풀었다고 해봅시다. 이런 경우도 두 사람은 서로에게 호의를 베풀었다고 할 수 있지요. 한 친구가 베푼 한 번의 호의가 친구의 삶에 엄청난 영향을 미치는 대단한 일이었고, 상대편 친구가 베푼 천 번의 호의가 상대적으로 중요하지 않은 일일 수도 있습니다. 그러므로 이런 경우에 양쪽에 동등이라는 균형이 생기게 되는 것이지요. 그러나 당신은 이런 식으로 생각하지 않으신 것 같군요."

"그럴 수도 있겠네요." 알이 아랫입술을 깨물며 말한다. 그는 곰곰이 생각할 때 아랫입술을 깨무는 습관이 있다.

"저는 하와이에 사는 친구가 하나 있는데, 늘 그 친구에게 편지도 보내고 전화도 합니다."U2 티셔츠를 입은 한 여자가 말한다. 이번에 소크라테스 카페에 처음 온 사람이다. "그런데 그 친구는 먼저 연락하는 일이 거의 없습니다. 그래서 저는 그 친구랑 이제 연락을 끊을까 하고 생각하고 있어요. 제가 늘 먼저 연락하는 데 진절머리가 납니다. 원망스럽기까지 하네요."

"하지만 한쪽이 늘 먼저 연락하더라도 서로의 필요를 충족시키고 있다는 사실을 왜 양쪽이 모두 깨닫지 못하는 걸까요?" 내가 그녀에게 묻는다. "저도 나뿐만 아니라 다른 사람에게도 거의 연락을 하지 않는 친구가 하나 있습니다. 그래서 그 친구로부터 편지 한 통이라도 받으면 정말 별일이라는 생각까지 듭니다. 그런데 가끔 오는 그 친구의 편지는 자주 보내는 제 편지보다 몇 배는 더 깊이가 있습니다. 그래서 제 경우에는 우정이라는 균형이 내 호의에 기울어져 있는 것이 아니라 그 친구의 호의에 기울어져 있는 것이 아닐까 하는 생각이 듭니다."

편안하게 느껴지는 침묵이 흐른 후, 팀 레이먼드가 말을 꺼낸다. "저는 우정이 세월이 흘러도 사라지지 않는 중요한 무언가라는 생각이 듭니다." 팀은 수년 전에 직장에서 사고를 겪고 신체에 장애를 입게 되었다. 팀이 언젠가 사고에 대해 말한 적이 있었다. 그때 팀은 절망스러워하거나 우울해 보이지도 않았으며, 지나치게 낙천적으로 보이지도 않았다. 팀은 삶을 여유로우면서도 사려 깊은 태도로 접근하고, 모든 순간을 소중히 여기는 듯 보인다. 팀 같은 사람을 만나기는 어려울 것이다.

"시간이 흐르고 흘러도 계속 친구로 남아 있는 사람들은 그 우정이 더욱 깊어집니다." 팀이 말한다. "세월이 흐르면서 실수도 하고 감정이 상하는 일도 생깁니다. 그래도 우정은 변하지 않고 오래도록 남습니다. 그래서 변함없이 계속 지켜나가는 것도 우정의 기준이 됩니다."

열두 살의 제프리 잉그럼은 잡지를 휙휙 넘겨보던 동작을 갑자기 멈춘다. 가지런히 내린 앞머리 아래에서 그의 푸른 눈동자가 반짝인다. 제프리는 다정하면서도 능청스럽게 웃음 지으며 말한다. "모두가 우정을 두 사람 사이에만 생기는 일인 것처럼 말씀하시네요. 하지만 우정은 여러 사람이 나눌 수도 있는 일 아닌가요?" 제프리는 내가 일정 기간 소크라테스 카페를 열어 아이들과 철학적 대화를 나누는 초등학교의 학생이다. 처음으로 제프리의 학급을 방문해 나를 철학자라고 소개했을 때, 그는 내가 마치 외계인이라도 되는 듯 쳐다보았다. 그전까지 철학자라는 말을 한 번도 들어본 적이 없어 보였다. 내가 무슨 일을 하는지에 대해 더 많이 들려줄수록 제프리는 더 많이 알기를 원했다. 나는 그곳에서 내 말에 그토록 귀를 잘 기울여주는 학생을 만날 것이라곤 생각하지 못했다. 그리고 그 어린 나이에 철학에 진정한 관심을 보이는 아이는 만나본 적이 없다. 제프리는 낮에 학교에서 철학적 대화를 나누는 정도로는 부족하다고 생각했는지 화요일 저녁마다 엄마와 함께 소크라테스 카페에 나오기 시작했다. 이날 토론이 시작되고 한 시간이 지날 때까지 제프리는 한마디도 하지 않았다. 그러다 그는 마침내 우리가 지나치고 있던 사실을 알아차리고 의견을 말하기로 한 것이다.

"제프리의 말이 정말 맞아요." 로리 셀러스가 말한다. "사실 저는 대부분 여러 명이 함께 나누는 우정을 쌓아가고 있어요. 여러 명이 하나의 친구 관계를 맺으며 우정을 나누고, 또 다른 여러 명이 하나의 친구 관계를 맺으며 우정을 나누는 그런 식이죠."

"아니면 단 한 사람이라는 관점에서 우정을 이야기할 수는 없을까요? 내가 자신과 친구가 될 수는 없을까요?" 내가 묻는다.

"그럴 수 있다고 생각해요." 이날 소크라테스 카페에 처음 온 사람이 말한다. "하지만 자신과 친구가 되거나 한 사람과 친구가 되든, 아니면 여러 명과 친구가 되든 오랫동안 우정을 유지하려면 어느 정도는 친구를 비판하는 것을 삼가야 할 것 같아요."

"과연 그럴까요?" 내가 묻는다. "친구가 좋은 뜻으로 나에 대해 비판적일 수도 있지 않을까요? 누구보다 가장 친한 친구가 나를 가장 잘 판단하고 건설적인 비판을 내게 해줄 수 있는 것은 아닐까요?"

"그 말에 동의합니다." 론이 말한다. "니체는 친구라면 서로에게 가르치는 존재가 되어야 한다고 말했습니다. 니체가 말한 대로 그런 친구가 되려면 서로에게 감상적이지 않아야 하며 또 어느 정도는 비판적이어야 합니다. 니체에게 이런 친구의 마음가짐은 친구가 극기를 얻도록 도와주는 의무였습니다."

우리는 또다시 침묵을 지킨다. 그러면서 우리가 살펴본 우정의

무엇을 원하는가?

개념을 모두 곰곰이 생각해 본다. "친구가 왜 필요할까요?" 리처드 헤이즈가 긴 침묵을 깨며 묻는다.

"무슨 뜻인가요?" 또 다른 참가자가 묻는다.

"그러니까, 플라톤의 《뤼시스》를 보면, 대화를 나누는 사람들은 친구가 어떤 식으로든 서로에게 유용한 존재라는 의견에 꽤 성급한 동의를 하게 됩니다. 저는 여러분들이 이 문제에 대해 어떻게 생각하시는지 궁금합니다."

"저는 그 의견이 의심할 여지없이 맞는 말이라고 생각해요." 샤론이 말한다. "친구에게 아무것도 기대하지 않는다고 말하는 사람들도 친구는 자신에게 유용한 존재라고 느낍니다. 비록 친구가 자신에게 어떻게 유용한지 명확하게 표현하지 못하더라도 말이죠. 친구는 어떤 필요한 부분을 채워줍니다. 제 말은, 친구가 부당하게 이용되는 존재라는 뜻이 아니라 어떤 의미에서는 유용하다는 뜻입니다."

"그렇다면 친구는 어떤 필요한 부분을 채워줄까요?" 내가 질문한다.

"음, 제 경우에는 가장 친한 친구부터 즐거울 때만 만나는 친구까지, 어떤 친구든 이 세상을 살아가면서 생기는 저의 외로움을 덜어줍니다." 샤론이 대답한다. "친구는 제가 가장 기본적으로 바라는 일을 채워주고 있어요. '우정에서는 모든 것이 단순히 수단이라기보다는 목적이다'라는 칸트의 말이 생각납니다. 칸트의 이 말은 친구는 서로를 기쁘게 해주려고 노력해야 한다는 뜻이라고 생각해요. 친구는 우정을 쌓는 과정에서 스스로를 만족스럽게 하지만 궁극적으로는 상대를 위하는 일이 되는 거죠. 예를 들어, 제가 캠핑을 떠날 때 친구를 초대할 수도 있습니다. 그렇게 하는 이유 중 하나가 혼자 캠핑을 떠나는 것이 싫어서입니다. 그렇지만 더 큰 이유는 친구와 함께 여행하면 친구가 무척 즐거워할 것이라고 확신하기 때문이지요. 특히 친구가 캠핑을 떠나면 정말 좋아한다는 사실을 알기 때문입니다."

질문에는 끝이 없는 것 같다. 좋은 우정이란 무엇인가? 실패한 우정이란 어떻게 규정할 것인가? 파괴적인 우정이란 것도 있을까? 우정은 어떻게 형성될까? 우정은 다른 인간관계 유형과 어떤 차이가 있을까? 우정은 어떻게 맺어지고 또 어떻게 깨질까? 책이 친구가 될 수 있을까? 대화는 여느 때보다 훨씬 더 길어지고 있다. 자정이 가까워지고 있다. 아무도 대화를 끝내고 싶지 않은 것 같지만 나는 마침내 마지막 질문을 몇 개 던지고 토론을 마치려고 한다.

앤은 맨 나중에 발언하는 사람 중 한 명이다. 그녀의 금발 머리카락이 모자 밖으로 비죽이 나와 있다. 앤이 나를 부른다. "교수님." 나는 앤에게 내가 교수가 아닐뿐더러, 교수와는 거리가 멀다고 말한다. 그러나 앤에게 나는 "교수님"이고 더 이상 바뀌지 않는다. 몇 달 전에 소크라테스 카페에 처음 참가했을 때 앤은 자신의 삶에 대해 이런저런 이야기들을 했다. 그녀는 살면서 힘든 시련과 고난을 극복해야 했다. 활기 넘치는 앤은 지나간 세월에 대한 후회와 근심에 빠지지 않고, 과거를 발판으로 자신만의 특별한 공감 능력과 독자적인 사고방식을 사용해 그 모든 어려움을 견디고 살아남았다. 나는 앤이 소크라테스 카페를 일종의 안식처로 여긴다는 사실을 안다. 그리고 오늘도 평소처럼 앤은 다른 사람들의 발언에 열심히 귀를 기울였다. 여느 때처럼 앤은 소크라테스 카페가 거의 끝나갈 때까지 아무런 말도 꺼내지 않고 있었다.

"시인이면서 극작가인 괴테는 '친구가 서로의 가치를 높여준다'라고 말했습니다." 앤이 이제 말을 꺼낸다. "저는 괴테의 말에 대부분 동의합니다. 제게 친구란 내가 가장 힘들 때 나를 받아주고 내가 더 좋은 사람이 되도록 격려해 주는 존재입니다."

"그 말에 전적으로 동감합니다." 샤론이 말한다.

다음으로 내가 말한다. "저는 이 모임이 제 친구라고 생각합니다. 대화가 우리를 하나로 이어줍니다."

또 한 번 기분 좋은 침묵이 흐른다. 나는 지난 세월 크고 작은 일들로 내가 실망을 주었던 친구, 또는 내게 실망을 안겼던 친구를 떠올린다. 인생의 고락을 함께 겪었던 친구도 생각난다. 나는 얼마나 많은 우정이 오랜 세월을 견디어 지금까지 이어지고 있으며 또 우리가 최악의 상황에서 서로를 받아들이려는 의지 때문에 더 깊어졌는지를 생각한다. 이런 의지로 우리는 점점 더 소중한 친구와 더 나은 인간이 될 수 있었다.

나는 토론을 끝낼 때마다 늘 하는 말을 마침내 꺼낸다. "자, 친구 여러분, 이 주제는 앞으로도 계속 생각해 볼 문제입니다."

나는 알, 리처드, 앤, 팀, 샤론, 게일 그리고 마지막으로 론을 바라본다. 또 다른 할 말이 있다는 생각이 든다. 나는 내일 캘리포니아의 베이 에어리어로 떠날 예정이다. 이곳의 소크라테스 카페는 나 대신 누군가가 잘 이끌어줄 것이라고 확신한다. 이제 소크라테스식 대화를 능숙하게 이끌어가고 그 토론의 희망을 이어갈 사람들이 많기 때문이다. 나는 캘리포니아의 여러 곳에서 소크라테스 카페가 열리도록 촉진할 목적으로 떠나기를 바라면서도 결심을 하기는 어려웠다. 새로운 곳에서도 친구들을 사귈 수 있겠지만 이곳 사람들처럼 친해질 수 있을지 모르겠다. 나는 이들이 내게 얼마나 소중한 존재인지를 알아줬으면 하는 바람이다. 그러나 이들에게 무슨 말을 해야 좋을지 적당한 말이 떠오르지 않는다. 샤론이 대신 그 말을 표현한다.

"우리 모두 선생님을 사랑해요."

아이들의 순수한 호기심을 배우다

나는 아이들과 함께 철학적 대화를 나누기를 바란다.

아무도 아이들처럼 질문하지 않고, 궁금해하지 않으며, 살펴보지 않는다. 아이들은 단순히 질문하기를 좋아하는 것이 아니라 질문으로 살아간다.

워싱턴주 시애틀과 그리 멀지 않은 초등학교에서 5학년 학생들과 처음 만났을 때, 나는 이런 말로 대화를 시작했다. "철학은 궁금증으로 시작하는 것입니다." 이 말은 아리스토텔레스의 《니코마코스 윤리학》에서 빌린 것이며, 플라톤의 《테아이테토스 Theaetetus》에서 소크라테스가 한 말과 매우 유사하다. 즉 소크라테스는 '호기심'을 철학자의 특징이라고 했다.

"궁금증이 뭐예요?" 내가 말을 더 잇기도 전에 어떤 아이가 재빨리 질문했다. 나는 궁금증이라는 말을 성인들이 참가하는 소크라테스 카페에서도 수없이 반복했었다. 그러나 궁금증이 무엇이냐고 묻는 사람은 이번이 처음이었다.

"넌 궁금증이 뭐라고 생각하니?" 내가 되물었다.

"저는 잘 모르겠어요." 아이가 대답했다. 이 아이는 짙은 갈색 앞머리를 쓸어내리며 나를 똑바로 바라보았다. 아이의 얼굴에는 생기가 넘쳤다. "제가 무엇이 궁금한지는 알아요. 하지만 그것이 궁금증이라는 말이 뜻하는 것과 같은 건지는 잘 모르겠어요."

"궁금증이란 무엇인가에 대해 더 많이 알아낼 아주 좋은 방법처럼 들리는구나." 내가 말했다.

"다른 애들은 나에 대해 어떻게 생각하는지 궁금해요." 아이가 조심스레 말했다. "애들이 뭘 보는지 궁금해요. 또 애들이 나를 좋은 사람으로 보는지도 궁금하고요." 아이는 말을 끝내는가 싶더니 다시 말을 이었다. "때로는 다른 애들이 제 얼굴을 볼 수 있다는 것에 질투가 좀 나요. 저는 거울을 통해서만 내 얼굴을 볼 수 있으니까요. 게다가 거울은 늘 다르게 보여주잖아요."

담임 선생님은 이 뜻밖의 말에 분명 놀라워했다. 담임 선생님에게 나중에 들은 이야기지만, 이 아이는 수업 시간에 말도 별로 안 하는 편이며 자기 이야기를 한 번도 한 적이 없었다고 했다. 나는 담임 선생님에게 이런 말을 하고 싶었다. "이런 것이 바로 철학이지요. 철학은 아이들에게 기적을 일으키고, 아이들은 철학에 기적을 일으킵니다."

찰스 디킨스Charles Dickens의 《어려운 시절Hard Times》을 보면, 주인공 토마스 그래드그라인드는 냉혹한 사실의 애호가라고 불릴 만큼 악명 높은 인물이다. 토마스는 자신의 딸에게 "세상에 기적 따위는 없어!"라고 말한다. 토마스는 감정과 애정을 기르는 일에 굴복하지 말고 논리적으로 생각하는 능력을 길러야 한다고 믿었기 때문이다. 반면에 소크라테스는 호기심을 갖지 않고는 논리적으로 생각하는 능력을 기를 수도, 배울 수도 없다고 믿었다.

아이들의 호기심은 끝이 없다. 존 허먼 랜달 주니어는 《현대 정신의 형성The Making of the Modern Mind》에서 "유년기가 늘어난 사람은 다른 사람들이 자신의 능력과 타고난 소질의 한계에 이르렀을 때도 배움을 계속할 수 있다"라고 강조했다. 내 경우에는 '유년기'가 '늘어난' 것이 분명하다. 나의 질문을 던지는 성향과 배움에 대한 열정은 아이들과 꾸준히 철학적 대화를 나누면서 끊임없이 길러졌다.

내가 철학적 문답을 나눈 사람들 가운데 그 누구보다도 아이들은 내게 많은 것을 가르쳐준다. 아이들은 내가 잘 몰랐던 이치를 깨닫게 해준다. 아이들은 대부분 어떻게 하면 부정직할 수 있는지도 모른다는 사실을 나는 경험으로 알게 되었다. 아이들이 질문하고 대답을 찾아내려는 노력에는 어른들에게 부족한 진실성이 담겨 있다. 그리고 아이들은 자신의 견해가 토론을 통해 잘못된 사실임이 분명해지면 언제나 스스로 고칠 준비가 되어 있다. 이런 아이들의 정직함은 어른들이 본보기로 삼아야 할 모습이다.

생물학자이면서 심리학자였던 장 피아제Jean Piaget는 1920년대부터 어린이의 정신 발달을 관찰하고 설명하기 위한 평생의 연구를 시작했다. 피아제는 아이들의 사고가 하나의 통합된 신념 체계를 갖지 않는다는 사실에서 소크라테스 이전 사상가들을 닮았다고 주장했다. 그보다 앞서 미국의 실용주의 철학자 윌리엄 제임스William James는 아이들의 세계가 '정신없이 윙윙거리는 혼란'으로 이루어져 있다는 글을 쓴 적이 있다.

그러나 최근에 등장한 문화심리학 분야에서 획기적인 연구로 유명한 뉴욕 대학의 심리학 교수인 제롬 브루너Jerome Bruner는 그런 견해에 상반되는 확실한 증거가 많이 있다고 주장했다. 브루너는 아이들의 정신 발달뿐 아니라 아이들이 자신의 문화적 환경에서 어떻게 경험을 통한 관계를 이루어가는지에 대한 광범위한 연구를 했고, 그 연구를 통해 유아와 미취학 아동이 "세상에 따라 바로 행동하는 것"이 아니라, 그들이 세상에 대해 갖는 "신념 체계"에 따라 행동하는 호기심 많은 탐구자라는 사실을 알아냈다. 브루너의 주장에 따르면, 발달 과정의 초기에 아이들은 이미 자신들의 문화와 세상을 이해하려고 노력한다. 이전에 알려진 사실과 다르게 아이들은 훨씬 더 똑똑하고, 상황에 반응하기보다는 인식적으로 먼저 행동하려고 한다. 그리고 세상을 정신없이 윙윙거리는 혼란으로 보기는커

넝 자신이 속하는 사회적 세상에 매우 관심이 많으며, 이전에 알려진 것보다 훨씬 더 정교하게 자신의 신념 체계를 세운다.

미국의 유명한 교육 및 사회 비평가인 존 홀트John Holt는 저서《아이들은 어떻게 배우는가How Children Learn》에서 "아이들은 어른들보다 더 잘 배우는 편이다"라고 주장했다. 아이들은 "자신들의 환경에 맞는 학습 방식을 갖고 있으며, 어른들의 교육을 통해 상실하기 전까지는 이런 학습 방식을 자연스럽게 잘 사용하기" 때문이다. 홀트는 아이들이 어떻게 생각하고 배우는지를 연구하는 데 시간과 정성을 많이 쏟았다. 홀트는 어른들이 딱딱하고 재미없는 학습법으로 아이들의 타고난 호기심을 짓누르고 배움에 대한 사랑을 쉽게 파괴해 버리는 현실에 한탄했다. 홀트는 이러한 아이들의 호기심을 "타고난 강력한 사고법"의 근원이라고 불렀다. "톱니바퀴, 나뭇가지, 나뭇잎, 그 무엇이건 어린아이들은 세상을 사랑한다. 그래서 아이들은 세상에 대해 아주 잘 배운다. 모든 진정한 배움의 중심에 있는 것은 사고의 기술이나 기법이 아니라 바로 사랑이다. 이 사랑으로 아이들이 배우고 자랄 수 있도록 우리는 자신을 변화시킬 수 있을까?"라고 홀트는 말했다.

믿음이란 무엇인가?

오늘의 소크라테스 카페가 막 끝났다. 아이들은 모두 자리를 떠났다. 그런데 제레미는 아직 학교 도서관에 남아 서성거리고 있다. 요즘 나는 베이 에어리어의 한 초등학교 도서관에서 매주 한 번씩 아이들과 철학적 대화를 나눈다. 제레미는 양손을 쥐어짜고 있는데 엄청난 집중력으로 무언가를 깊이 생각하고 있는 것 같다.

"오늘 토론에 대해 무슨 생각이 들었니?" 내가 제레미에게 묻는다.

오늘 우리는 "믿음이란 무엇인가?"라는 질문을 주제로 토론을 벌였다. 토론할 때 제레미는 다른 가족들이 모두 잠든 밤에 남동생과 함께 침실 창밖을 내다보곤 한다고 이야기했다. "어느 한 곳에 고정되어 있지 않은 것 같은 빛이 하늘을 날아가는 것을 볼 때가 있어요." 제레미가 이런 얘기도 했다. "제 동생은 그 빛이 UFO라고 해요. 전 그냥 비행기라고 하고요. 그렇지만 동생은 내 말을 안 믿으려고 해요."

"하지만 너도 동생 말을 안 믿는 거잖아." 내가 제레미에게 말했다.

내 말에 제레미는 이렇게 대답했다. "그건 동생 말이 사실이 아니라는 걸 알기 때문이죠."

나는 제레미를 좀 밀어붙여 보았다. "그런데 넌 동생의 말이 사실일 거라는 생각은 안 해본 거니?"

제레미가 고개를 젓는다. 나는 제레미를 비롯해 다른 아이들에게 옛날부터 존재해왔던 철학의 수수께끼를 생각해 보게 하고 싶었다. 그 수수께끼는 믿음이 우리가 사실이라고 받아들이는 것 이상도 이하도 아닐 것이라는 문제다. 이와 관련해서 나는 구체적으로 플라톤의 《테아이테토스》를 생각하고 있었다. 여기에서 소크라테스는 사람들이 믿음을 분명히 표현할 수 있도록 방법을 탐색한다. 그 탐색이란 믿음을 말로 표현할 수 있다면 그 믿음은 분명하게 표현할 수 있는 것이라는 전제로 시작되었다. 그런데 소크라테스는 문제를 이보다 더 깊이 파고들었고, 우리가 한 행동을 왜 믿는지를 설득력 있게 분석해 제시할 수만 있다면 그 믿음은 분명하게 표현할 수 있다는 결론을 내렸다. 그래서 제레미는 자신이 본 물체가 왜 비행기라고 믿는지를 설득력 있게 설명해야 한다.

다른 아이들 가운데 스콧이 제레미에게 어떻게 그 물체가 UFO

가 아니라 비행기라고 확신할 수 있는지를 물었다. 제레미는 이렇게 대답했다. "난 아직 햇빛이 남아 있던 해 질 무렵에 똑같은 빛을 본 적이 있기 때문이야. 그 빛은 비행기에서 나오고 있었어. 그래서 난 해 질 무렵에 항상 그 빛이 비행기에서 나온다면 밤에 비행기는 안 보이고 빛만 보이더라도 그 빛은 비행기에서 나온 것이라는 결론을 내린 거야." 제레미는 과학적 사고 방법의 한 유형을 적용했다. 다시 말해 경험과 관찰에 기반한 연역적 추론을 통해 설득력 있는 결론을 내리게 된 것이다.

그러나 스콧은 마음의 동요 없이 제레미에게 다시 물었다. "하지만 그 빛이 UFO가 아니라는 걸 증명할 수 있어?"

"그건 어려울 것 같아." 제레미가 대답했다. "그렇지만 내 동생이 주장하는 UFO의 증거보다 내가 주장하는 비행기의 증거가 더 확실하다고 생각해. 그리고 언젠가 동생이 그 빛이 UFO가 아니라는 사실을 깨닫게 될 거라고 확신해. 산타클로스가 있다고 믿었다가 이제 실제로는 없다는 사실을 알았던 것처럼 말이야."

그 말을 듣고 나는 제레미에게 이렇게 묻지 않을 수 없었다. "산타클로스가 실제로 없다는 사실을 동생이 어떻게 알게 되었니?"

제레미는 잠시 곰곰이 생각하더니 어깨를 으쓱이며 말했다. "저랑 같은 생각이었을 거예요. 증거가 없잖아요. 산타클로스는 이제 동화 같다는 생각만 들어요."

"그렇다면 이런 대화를 통해 믿음을 무엇이라고 말할 수 있을까?" 내가 물었다.

무엇을 원하는가?

또다시 제레미는 깊은 생각에 잠겼다가 말을 꺼냈다. "믿음은 내가 참인지 거짓인지를 구분한다고 생각하는 것이에요. 그러나 거짓이라면, 밤하늘에서 봤던 빛이 UFO에서 나온다는 믿음이 거짓이듯이 그건 잘못된 믿음이에요."

제레미의 신중한 대답을 들으니 나는 매우 좋아하는 철학자 한 사람이 떠올랐다. 그는 19세기 영국의 철학자 윌리엄 킹던 클리퍼드William Kingdon Clifford로 그리 주목받지 못한 사람이다. 클리퍼드는 《믿음의 근원Origins of Belief》이라는 거의 알려지지 않은 평론에서 한 인간의 행동이 옳은지 그른지를 판단할 수 있는가와 관련된 믿음을 논하고 있다. 클리퍼드는 "한 인간의 행동이 옳은지 그른지의 문제는 그 사람이 갖는 믿음의 근원과 관련이 있다"라고 했다. 또 그 옳고 그름의 문제는 "믿음 자체나 무엇을 믿느냐가 아니라 어떻게 믿게 되었느냐와 관련 있고, 믿음이 참이나 거짓으로 판명되느냐가 아니라 그 사람이 자신 앞에 놓인 증거를 기반으로 마땅히 믿을 것인가 아닌가와 관련 있다"라고 했다. 클리퍼드는 제레미가 그랬듯 인내를 갖고 탐구하여 정직하게 얻지 않았다면 "진정한 확신도 선입견에 사로잡힌 열정의 외침에 귀를 기울이면 어느새 사라지고 만다"라고 믿었다.

미국의 철학자이자 하버드 대학의 교수였던 윌리엄 제임스는 클리퍼드와 동시대에 살았으나 자신만의 독특한 실용주의로 그와 다른 유형의 철학을 발전시켰다. 제임스는 《믿으려는 의지Will to Believe》라는 유명한 평론에서 클리퍼드가 옹호했던 "그런 철저한 탐구 과정을 단념하는 것을 정당화할 수 있는 상황들이 있다"라고 주장했다. 그는 충분한 증거가 없어도 그 믿음이 좋은 결과를 낳는다면 믿을 권리도 정당화의 근거가 된다고 주장했다. 제임스는 어떤 믿음이 설득력이 있고 매우 중요하게 보인다면 우리는 자신에게 "나는 이 믿음을 받아들일 것인가, 아니면 받아들이지 않고 살아갈 것인가?"라고 물어야 한다고 여겼다. 제임스는 그 믿음을 받아들이기를 선택한다. 그는 "우리가 저지르는 실수는 분명히 매우 엄숙한 일들이 아니다. 아무리 조심하더라도 실수를 저지르게 되는 세상에서 지나치게 신경을 쓰며 사는 것보다는 어느 정도 가벼운 마음으로 살아가는 것이 더 건강한 것 같다"라고 말했다. 인내를 갖고 탐구하여 산타클로스가 없다는 사실에 진정한 확신을 하게 된 제레미는 두 철학자의 상반되는 믿음에 대한 철학 중에서 제임스보다는 클리퍼드 편에 있다고 할 수 있다.

제레미는 부모와 일곱 명의 형제자매와 함께 방 두 개짜리 아파트에 살고 있다. 형 셋은 이미 학교를 중퇴했다. 제레미는 남다르게 똑똑하고 통찰력이 있는 비범한 학생이다. 나는 제레미에게 대학에 가면 좋겠다는 말을 자주 했다. 그러나 그런 말을 할 때마다 나는 제레미의 얼굴에서 그런 일은 불가능하며 대학에 갈 수 있다는 믿음이 실망으로 이어지지 않도록 애초부터 갖지 않는다고 말하는 것을

무엇을 원하는가?

읽을 수 있었다. 그래도 나는 제레미를 데리고 지역의 대학을 구경시켜주었다. 우리는 대학 수업을 구경하고 대학 안내서를 함께 살펴보기도 했다. 나는 제레미에게 장학금 제도도 설명해주면서 입학원서와 장학금 신청서 양식도 보여주었다. 제레미는 대학 구경을 한 후 매우 들떠서 이제 대학에 관한 이야기를 자주 꺼내고, 더욱이 관련 지식도 많이 늘었다. 대학은 이제 제레미에게 두렵거나 갈 엄두가 나지 않는 그런 장소가 아닌 듯 보인다. 제레미는 천천히 그러나 확실히 자신이 언젠가 대학에 갈 수 있고 갈 것이라는 진정한 믿음을 쌓아가고 있다. 제레미는 나의 관심을 받는 것에 분명히 기뻐하고 있다. 그리고 나도 이런 특별한 아이가 자신감을 키우고 성장해가는 모습을 보면서 큰 만족감을 느낀다.

그러나 오늘 매주 열리는 소크라테스 카페를 마친 후, 제레미는 오늘 토론에 대해 어떻게 생각하느냐는 내 질문에 평소와 달리 말을 머뭇거린다. 그는 한참 동안 내 질문에 반응이 없다. 발뒤꿈치로 서서 몸을 앞뒤로 흔들고, 눈앞으로 내려온 긴 앞머리를 귀찮은 듯 쓸어넘긴다. 그러다가 마침내 제레미는 숨을 깊이 들이쉬고는 간신히 들릴 정도의 소리로 말한다. "간밤에 아빠는 나를 주먹으로 때리지 않았고 입안에서 피가 나지 않았다고 내가 믿도록 만들려고 했어요." 제레미의 목소리가 더욱 단호해진다. "그렇지만 아빠는 날 때렸고 저는 피가 났어요. 전 그걸 알고요." 엄마에게 이 사실을 알리자 아빠는 그런 적 없다고 했다고 한다. 아빠가 너무 설득력 있게 말해서 제레미도 아빠 말이 사실이라는 착각이 들 정도였다고 한다. "아빠는 거짓말쟁이에요." 제레미는 새로 나기 시작하는 앞니를 보여준다. 앞니가 흔들거리고 있고 그 주변에 피가 말라붙어 있다. 천성이 착한 제레미의 표정에는 분노와 상처와 혼란이 뒤섞여 나타나 있다. 그 나이에 볼 수 있는 순진함은 이제 제레미에게서 찾아보기 힘들 것이다. "전 무엇을 믿어야 하고 믿지 말아야 하는지 알아요." 이 5학년짜리 아이가 내게 하는 이 말은 자신에게도 향하는 것 같다.

제레미가 아버지로부터 학대받은 사실은 의심의 여지가 없다. 나는 이 사실을 바로 제레미의 담임 선생님에게 알렸다. 그리고 담임 선생님은 시의 아동인권센터에 즉시 보고하겠다고 했다. 이날 우리가 "믿음이란 무엇인가?"에 대해 토론하지 않았다면 제레미가 아버지로부터 학대받았다는 사실을 분명히 밝히지 못했을 것이라는 생각이 든다.

무엇을 원하는가?

아이들의 통찰력

아이들이 정직과 부정직, 진실과 거짓을 예리하게 구분할 줄 아는 것처럼, 우리는 철학적으로 묻고 답할 때 자신이 최선을 다하려고 하는지, 영혼과 정신을 기울이고 상상력과 비판력을 잘 발휘하고 있는지, 아니면 성의 없이 머릿속에 떠오르는 대로 케케묵은 대답을 하고 있는지를 구분한다. 이 말에 어른들은 이런 반응을 할 수도 있다. "그래요, 그럴 수도 있지요. 그렇지만 아이들은 정직하게 표현할 수 있을 정도로 정교한 통찰력이 아직 발달하지 않았어요." 아니, 그렇지 않다. 아이들은 정교한 통찰력을 갖고 있다. 그리고 아이들과 함께 소크라테스식 대화를 나눠보면 그들이 자신의 견해를 얼마나 정교하게 표현할 수 있는지를 알 수 있다.

철학자 클럽

"침묵이란 무엇인가?"

매주 두 번 모이는 우리의 모임은 오후 2시 정각에 시작된다. 수요일에 나는 세자르 차베스 초등학교의 4, 5학년 어린이 21명과 함께 있다. 밝은색 페인트로 꾸며진 이 학교는 샌프란시스코의 미션 디스트릭트 중심부에 있다. 이 지역은 빈곤에 허덕이는 곳이지만 활기가 넘친다. 아이들과 나는 학교 도서관에 있는 편안한 소파에 앉아 있다. 우리는 격식 없는 편안한 분위기 덕분에 도서관에 즐겨 모인다. 쿠키와 주스를 슬쩍 들여오기도 쉽다. 여러 면에서 이 도서관은 외부와 다르게 아이들이 편하게 쉴 수 있는 오아시스 같은 곳이다. 바깥세상에는 마약상이 우글거리고 레드 패거리, 블루 패거리, 북부 중심가 패거리 같은 명칭의 젊은 폭력배들이 길모퉁이마다 나타나곤 한다.

우리 패거리는 '철학자 클럽'이라고 부른다. 내가 이곳 아이들과 모임을 시작한 지는 몇 년이 지났다. 이 지역은 아이들의 학교 중퇴율이 비참할 정도로 높다. 내가 처음 이곳에 와서 만난 아이들은 철학이라는 말을 한 번도 들어본 적이 없었다. 하지만 이제 아이들은 철학 없는 삶은 상상도 할 수 없다. "우리 철학자들은 질문을 생각해 내 답을 찾아낼 수 있고, 또 그렇게 해서 더 많은 질문을 생각해낼 수 있다." 이 말은 내 친구 철학자 라피가 철학적 탐구를 설명한 것이다. 이제 아홉 살인 라피는 세자르 차베스 초등학교의 4학년이다.

처음에 우리 모임을 철학자 클럽이라고 부르자고 제안한 사람은 에콰도르에서 온 윌슨이었다. 어린 철학자들은 모두 그 명칭을 무척 좋아했다. 그래서 철학자 클럽으로 정해졌다.

이번 철학자 클럽 모임에서 윌슨은 "침묵이란 무엇인가?"라는 질문을 제안했다. 이 질문을 듣자마자 나는 침묵에 대한 여러 견해가 머릿속에 떠올랐다. 나는 최근에 브라질의 교육가인 파울루 프레이리Paulo Freire의 《페다고지 : 피억압자의 교육학Pedagogy of the Oppressed》을 다시 읽은 적이 있다. 이 책에서 프레이리는 평생 착취와 억압을 당한 사람들이 자신의 삶을 거의 또는 전혀 통제할 수 없다는 사실을 운명적으로 받아들인다는 '침묵의 문화'에 대해 언급한다. 나는 그런 곤경 속에서 살아가는 이곳 아이들과 그 부모를 생각해 본다.

프랑스의 현상학자인 모리스 메를로퐁티Maurice Merleau-Ponty는 침묵에 대해 프레이리와 완전히 다른 견해를 제시한다.《보이는 것과 보이지 않는 것In The Visible and the Invisible》에서 메를로퐁티는 침묵을 모든 언어의 근거라고 설명하며 이렇게 말했다. "나는 세상과 나누는 대화에 내가 적극적으로 참가하려면 말하고 들을 때 모두 침묵이 필요하다." 그러나 침묵 가운데는 대화에 참여할 중요한 기회를 회피하고 있음을 보여주는 유형도 있다. 비교문학 교수인 에르네스틴 슐란트Ernestine Schlant는 자신의 유명한 저서《침묵의 언어: 서독 문학과 홀로코스트The Language of Silence: West German Literature and the Holocaust》에서 특히 유대인이 아닌 독일인이 저술한 소설에 주목하여 서독 문학을 비롯해 그 서독 문학이 홀로코스트와 타협하려는 시도와 종전 후의 서독 사회에 미치는 영향을 분석한다. 슐란트는 이런 서독 문학이 홀로코스트의 희생자들과 그 고통을 무시하는 '침묵의 언어'로 쓰였다는 불편한 결론을 내리게 된다.

월슨의 목소리에 나는 잠시 빠져들었던 깊은 생각에서 벗어난다. 월슨은 처음에 던졌던 질문을 다시 고쳐 말한다. "사실은 제가 정말 알고 싶은 건 '주위 사람들이 모두 소리를 질러도 침묵에 빠질 수 있을까?' 하는 문제예요."

월슨은 내가 제대로 이해하지 못한 것을 알아채고 설명을 덧붙인다. "전 밤에 잠을 자려고 할 때도 떠들썩한 소리에 시달리고 있어요. 밖에서는 폭력배들이 고함치는 소리가 들리고, 이웃집에서도 괴

무엇을 원하는가?

성을 지르는 소리가 들려요. 그래서 제가 침묵하려고 해도 침묵에 빠져들 수가 없어요."

월슨이 말을 잠시 멈춘다. 우리는 그가 생각을 모두 정리할 때까지 조용히 기다린다. 월슨이 다시 말을 꺼낸다. "그래서 제가 정말 궁금한 것은, 주위 사람들이 모두 고함을 질러도 내가 과연 침묵에 빠질 수 있을까? 하는 거예요. 아무리 귀를 막아도 계속 떠들썩한 소리가 들릴 수 있으니까요."

"그럼 우리 실험을 해보자." 내가 철학자 클럽의 아이들에게 제안한다. 한 아이씩 차례로 귀를 막고 나머지 아이들이 고함을 지르는 실험을 한다. 아니나 다를까 우리 주위를 침묵의 담으로 에워싸려고 아무리 애써도 모두가 고함을 지르자 그 담은 무너지고 만다. 그래서 우리는 주위 사람들이 모두 고함을 지르면 내가 침묵 상태에 빠질 수 없다는 결론을 다 함께 내렸다.

그런데 그때 후안 카를로스가 말한다. "사람이 주위의 모든 소음을 차단할 수 있을지라도 그 사람이 침묵에 빠져드는 일은 불가능해요." 페루에서 온 카를로스는 평소에 말이 거의 없는 아이다.

그는 내 표정을 살피더니 자신이 한 말을 내가 잘 이해하지 못한다는 사실을 알아차린다. 그러나 우리 철학자 클럽의 아이들이 모두 그렇듯 후안 카를로스도 인내심이 많다. 그는 나도 다른 어른들처럼 때로는 철학적 사고를 할 때 아이들만큼 예리하지 못하다는 사실을 잘 알기 때문이다. 후안 카를로스가 내게 설명해준다. "다른 사람 모두에게는 침묵하더라도 자신에게 침묵할 수는 없어요. 소리 내어 말을 하지 않아도 여전히 자신에게는 말을 해요. 저는 머릿속에서 자신과 대화를 해요. 다른 사람들은 들을 수 없겠지만요. 저는 머릿속에서 들리는 소리를 끌 수가 없어요. 이런 상태를 침묵에 빠지는 일이라고 할 수는 없지 않은가요?"

우리는 또 실험하기로 한다. 모두가 자기 자신에게 완전히 침묵하려고 노력해본다. 우리 마음속에 들리는 목소리를 '끄려고' 애쓴다. 곧 우리는 모두 이런 일이 불가능하다는 사실을 알게 된다.

우리는 겉으로는 침묵에 빠져들더라도 마음속으로는 자신의 소리에 집중하게 된다. 그렇게 몇 분이 지난 것 같다. "우리는 침묵할 수는 있어도 완전히 침묵하기는 어려워요." 라피가 마침내 침묵을 깨고 말한다. 과테말라에서 온 라피는 특수 교육을 받고 있다.

"어째서 그렇다고 생각하니?" 내가 묻는다.

"그러니까, 우리는 침묵해요. 겉으로는요. 그렇지만 머릿속으로는 그러지 못해요." 라피가 대답한다. "그래서 우리는 침묵했어도 완전히 침묵하지는 못한 거예요."

라피의 보조 교사가 때마침 이 특별한 토론에 참석하여 경청하고 있다. 이제 그의 얼굴에는 놀란 표정이 떠오른다. 토론이 끝난 후 그는 나를 한쪽으로 데려가더니 이렇게 말한다. "저는 라피가 그 정도로 사고 능력이 좋은지 몰랐습니다." 그는 약간 부끄러워하며 덧붙여 말한다. "전 그렇게 생각할 정도의 사고 능력이 없거든요."

사실 라피는 학습 장애를 겪고 있지만, 그 장애를 뛰어넘을 수 있

무엇을 원하는가?

는 능력이 있는 것 같다. 실제로 학습 장애가 있더라도 라피는 내가 보기에 배움에 재능이 있다. 그리고 나는 철학자 클럽의 다른 아이들도 모두 배움에 타고난 재능이 있다는 생각이 든다.

한번 그런 생각이 들자 나는 문득 "타고난 재능이 있다는 것은 무엇일까?" 하는 의문이 생긴다.

나는 아이들과 철학 토론을 처음 벌일 때마다 물을 반쯤 채운 물잔을 가져다 놓는다. 그리고 아이들에게 이런 질문을 한다. "이 물잔은 반이 비어 있는 걸까, 아니면 반이 채워져 있는 걸까?" 지난번에 나는 타고난 재능이 있다고 인정받은 아이들과 철학 토론을 처음 시작했을 때도 이런 질문을 했다. 그 아이들은 이것 아니면 저것, 다시 말해 비어 있거나 채워져 있거나 두 가지 경우만을 두고 토론을 벌였다. 다른 가능성은 전혀 고려해 보지 않았다.

그런데 철학자 클럽 아이들은 달랐다. 내가 똑같은 질문을 했을 때 먼저 카르멘이 대답했다. "물이 반은 차 있고 반은 비어 있어요."

그다음으로 5학년인 에스테파니아가 말했다. "반은 비어 있고 반은 비어 있네요! 공기가 반은 비어 있고 물이 반은 비어 있어요." 큰 눈망울을 한 에스테파니아가 이런 자신의 관찰력에 만족하는 듯 방긋 웃었다.

이 말에 자극이 되어 아르투로도 의견을 내놓았다. "그 잔은 완전히 채워져 있어요. 반은 물 분자로, 반은 공기 분자로 채워져 있어요." 멕시코에서 온 아르투르는 금발 머리에 피부도 하얗다.

또 멕시코에서 온 귀엽고 통통하게 생긴 필라가 끼어들었다. "그러나 그 잔은 완전히 비어 있기도 해요. 많은 것들이 없어요. 물과 공기 외에는 아무것도 없어요."

그다음엔 라피가 말했다. 라피는 늘 그렇듯이 한참을 아이들의 말에 귀를 기울이다가 입을 열었다. "그렇다면 그 중간에 있는 것은 어떤가요?"

나는 물잔을 쳐다본 후 라피를 쳐다보았다. 나는 라피가 무슨 말을 하는지 전혀 이해하지 못했다. "무슨 말이지?"

라피가 물잔을 집어 들고는 물 표면이 찰랑대도록 흔들었다. "이 부분이요." 라피가 말했다. "물과 공기가 만나는 부분요. 여기는 비어 있거나 채워져 있는 것과는 아무 상관이 없지 않나요?"

여기 이 아이는 고대 그리스 철학자 엘레아의 제논Zeno of Elea과 함께 머리를 맞대고 제논의 그 유명한 역설들을 논할 정도로 자신의 능력 이상의 재능을 보여줄 것 같다. 제논의 역설 하나를 살펴보자. 제논은 A라는 지점에서 B라는 지점까지 여행하려면, 우선 A와 B 두 지점의 중간을 지나야 한다고 했다. 그러나 그 중간 지점에 도달하려면 우선 A지점과 그 중간 지점 사이의 중간 지점을 지나야 하며… 또 A지점과 그 중간 지점 사이의 중간 지점 사이의 중간 지점을 지나야 하는 등등 끝이 없다. 사실 이 여정을 시작하려면 무한히 계속되는 많은 수의 지점을 지나야 한다. 제논은 이러한 무한히 계속되는 많은 수의 지점을 지나는 일이 어떤 유한한 시간 동안에

무엇을 원하는가?

는 완성될 수 없는 위업이라고 말한다. 따라서 제논은 첫걸음을 내딛는 것 자체가 불가능하다는 결론에 도달한다. 그래서 나는 물잔에서 공기와 물이 나뉘는 부분이 어떻게 연결될 수 있고, 또 그것이 가능한지, 또는 두 유한한 공간 사이에 무한한 분리 지점이 존재하는지 등에 대해 제논이 라피에게 무슨 말을 할지가 궁금하다. 이러한 의문들은 제논이 제시한 A지점에서 B지점까지 여행하는 것 못지않게 혼란스러운 역설의 상황을 모두 갖추고 있는 듯 보이기 때문이다.

나는 이전까지 많은 아이들과 철학 토론을 해보았으나 철학자 클럽 아이들만큼 이 물잔에서 다양한 관찰을 해내는 아이들은 본 적이 없었다. 이 아이들은 사물을 보는 내 눈을 트이게 해주었다.

그래서 나는 다시 이런 질문을 자신에게 해본다. '어떤 사람이 타고난 재능이 있는 걸까? 타고난 재능이 있다는 것은 무엇을 의미할까?' 소크라테스를 찾아 나선 사명과 관련하여 나는 명백히 말할 수 있다. 내가 만난 가장 재능 있는 아이들은 바로 세자르 차베스 초등학교의 철학자 클럽 아이들이라고. 어쩌면 이 아이들의 읽고 쓰고 셈하는 능력은 보통의 수준에 못 미칠 수도 있지만 네 번째, 추론하는 능력은 견줄 데 없이 뛰어나다.

나는 이 글을 쓰면서도 라피의 모습이 생생하게 떠오른다. 철학적으로 뭔가를 깨닫게 되면 신나서 어쩔 줄 모르며 의자에서 벌떡 일어나는 모습, 또 집중할 때 정신을 주무르듯 손으로 찌푸린 눈살을 문지르는 모습, 토론에 몰두할 때 주먹을 쥐었다 폈다 하며 탁자 쪽으로 몸을 기울이며 웃는 모습, 머릿속에서 넘쳐 나오는 단어와 생각과 개념들이 서로 자리를 차지하려고 겨루는 동안 어떤 말을 해야 할지 생각하는 모습, 생각들을 제자리에 둔 다음 천천히 말할 때 평온해 보이는 라피의 모습까지 모두 떠오른다.

철학자 클럽의 아이들 모두가 내게는 소크라테스를 생각나게 한다. 그중에서도 유난히 라피가 그렇다. 라피는 철학자와 시인과 과학자의 영혼 그리고 지칠 줄 모르는 호기심까지 모두 갖춘 어린 소크라테스다.

어린이와 늙은이

어린아이와 노인은 서로 생각이 잘 통하는 사람들이다. 나는 이들을 어린이와 늙은이라고 부르려고 한다. 이들이 갖는 공통점을 보면 다른 연령층 사람들의 단점이나 우리 사회의 결점을 극명하게 보여주는 일이 많다.

늙은이들은 양로원이나 노인 거주 시설 등으로 밀려나는 일이 너무나 흔하다. 그런 시설 중에는 매우 화려하고 멋지고 다소 정신없는 활동 프로그램을 끊임없이 제공하는 곳도 많다. 그러나 이런 여건들은 그 어느 것도 노인들이 상실한 자립, 가정, 가족, 정체성 등을 보상해 주지 못한다. 늙은이들은 특히 삶을 되돌아보며 사색을 많이 한다. 그러나 이들과 함께 사색을 나누기고 싶어 하는 사람들은 찾아보기 힘들다. 늙은이들은 누군가에게 생각을 말하기를 원하지만 그런 늙은이의 말을 듣고 싶어 하는 사람은 거의 없다. 늙은이는 나이가 들수록 더욱 순수해지고 연약해지며 생각이 깊어진다. 그리고 아이처럼 꾸밈이 없어진다. 그런데 늙은이들이 아이처럼 순수해질수록, 아직 '어르신'이라는 호칭으로 불릴 만하지 못한 어른들은 늙은이들을 아이처럼 다룬다. 때로는 잘난 체하고, 때로는 업신여기며, 때로는 학대하기도 한다.

늙은이와 마찬가지로 어린이도 너무 정직하다. '보통 어른들'은 늙은이를 대하듯 어린이를 대하곤 한다. 함께 있어도 되지만 얌전히 있어야 하는 것이다. 누가 어린이 말에 귀를 기울일 시간이 있을까? 부모들은 생계를 꾸리느라 정신없고 승진을 위해 전속력으로 달리느라 너무 바쁘다.

어린이와 늙은이가 사회의 변두리로 몰리는 일은 너무 흔해서 안타깝다. 그러나 어린이와 늙은이는 이런 사회 내의 특별한 위치 때문에 하나로 결속되기도 한다. 그들은 서로를 필요로 한다. 함께 철학을 하기 위해 서로가 필요하다. 그 많은 어른과 달리 늙은이는 어린이와 '왜?'라는 질문을 계속하며 오래도록 열정적인 대화를 나눌 수 있다.

무엇을 원하는가?

몇 살부터 늙은이가 될까?

이른 봄 뉴저지주의 몽클레어에 있는 한 세미나실에 노인과 어린이 총 36명이 긴 탁자에 앉아 있다. 세미나실은 널찍하고 햇살도 환하게 들어오고 있다. 오후 2시 정각에 브렌다 손더스 선생님이 초등학교 3학년 학생들을 인솔해 도착했다. 이들은 약 100미터 떨어진 초등학교에서부터 걸어왔다. 할아버지와 할머니들은 일찍 도착해 이미 자리를 잡고 있다. 이들은 커피숍이나 노인 거주 시설에서 소크라테스 카페를 열 때 꾸준히 참가해온 사람들이다.

참가한 사람들은 나를 제외하고 어린이 18명, 할아버지와 할머니가 합쳐서 18명이다. 나는 이 두 연령층 사이 어딘가에 위치하지만 분명한 사실은 내가 점점 늙은이가 되어가고 있다는 것이다. 나는 천연스레 사회공학적 방식으로 어린이와 고령자를 교대로 앉도록 자리를 배치했다. 아이들은 이곳에 참가한 할아버지나 할머니들을 한 번도 만난 적이 없다. 그러나 이들은 자리에 앉자마자 서로 이야기를 나누기 시작한다. 레모네이드를 꿀꺽꿀꺽 삼키고 초콜릿 칩 쿠키를 와사삭거리며 오랜만에 만난 친구들처럼 대화를 나눈다.

내가 이 모임을 열기 위해 전국 각지로부터 소크라테스 카페에 참석했던 고령자들을 초대하기 시작했을 때 무슨 일이 있어도 꼭 참석하겠다고 말한 사람들도 있었다. 어떤 사람은 내게 이렇게 말했다. "어린 스승들로부터 배울 기회가 되겠군요."

내가 토론할 질문을 요청하자 헬렌 할머니가 당황한 듯 보인다. 헬렌 할머니는 우선 손부터 들었다가 내린다. 그러고는 손을 다시 올리며 말한다. "질문 있어요."

"말씀하세요." 내가 말한다.

"얼마 전에 누군가에게 대학에서 강의를 듣는다고 하면서 내 나이를 말한 적이 있어요. 그러자 그 사람이 '연세가 그렇게 많지는 않으시군요'라고 하더군요. 그때는 그 사람이 한 말에 별로 신경 쓰지 않았어요. 그런데 지금은 그 사람이 무슨 뜻으로 한 말일까 하는 생각이 들어요. 자신이 무슨 말을 하려고 했는지는 알고 있을지도 모르겠고요. 내 말은, '나이가 그렇게 많다'라는 정도는 얼마나 늙었다는 말일까 궁금해서요."

"누가 이 질문에 답해볼까요?" 내가 묻는다.

티아가 입 안을 쿠키로 채운 채 재빨리 손을 든다. 초등학교 3학년인 티아는 생각이 깊은 아이다. "'나이가 그렇게 많다'라는 말은 대략 100살 정도를 말해요."

"왜 그렇다고 생각하니?" 내가 묻는다.

"90살이면 나이가 그냥 많은 것을 말하고, 100살이면 나이를 '그렇게 많이' 먹은 것을 말하니까요."

"그러니까 넌 나이를 '그렇게 많이' 먹은 것이 '나이를 정말 많이 먹은 것'이라고 생각하는구나. 그렇다면 왜 100살은 나이를 '그렇게 많이' 먹은 것이고, 90살은 그렇지 않은 거니?"

"그냥 100살이라고 하면 '그렇게 많이' 먹은 나이로 들려요." 티아가 해맑은 웃음을 띠며 말한다.

"'그렇게 많이' 먹은 나이로 그냥 들리는구나." 내가 티아의 말을 반복한다. "음, 또 다른 의견이 있는지도 들어보자."

티아의 같은 반 친구 알렉스는 너무 말을 하고 싶었는지 내 말이 떨어지기가 무섭게 입을 연다. "매우 어린 아이라면 10살도 나이를 '그렇게 많이' 먹은 것으로 생각될 거예요. 나이가 40살인 사람이라면, 60살이 나이를 '그렇게 많이' 먹은 것으로 생각될 거고요." 알렉스는 반에서 가장 키가 큰 학생이고 제 나이보다 두 살은 더 많아 보인다. "그러니까 어떤 나이가 '그렇게 많이' 먹은 것으로 생각되는 건, 자신의 나이에 따라 다른 거죠. 제가 10살이면 60살이 된 사람이 나이가 '그렇게 많은' 분으로 보이는 거예요."

"하지만 나이를 먹는다는 것, 늙는다는 것은 뭘까? 그걸 알지 못한다면 네가 생각하는 의미로든 아니면 다른 어떤 의미로든 나이를 '그렇게 많이' 먹었다는 것이 무엇인지 말할 수 없지 않을까?"

이 질문에 알렉스는 잠시 곰곰이 생각한다. "늙는다는 것은 흰머리가 나는 때를 말해요." 알렉스는 마침내 말을 꺼냈으나 그 말이 마음에 들지는 않은 듯 보인다. 옆에 앉은 도로시 할머니를 슬쩍 쳐다본다. 80대인 도로시 할머니는 머리 전체가 백발이다. 알렉스는 당황해서 붉어진 얼굴을 손으로 가린다.

도로시 할머니는 알렉스의 등을 토닥거리고는 이렇게 말한다. "내겐 19살 때 흰머리가 난 자매가 있단다. 그러니까 흰머리가 난다고 늙었다고 할 수는 없지. 그리고 염색을 하는 사람들도 있으니까 흰머리를 늙었다는 기준으로 삼을 수는 없는 거란다."

다음으로 마크 에반스 할아버지가 말을 꺼낸다. "난 나이를 '그렇게 많이' 먹었다는 기준에 대한 답은 '~할 정도로'라는 말이라고 생각하는데…."

"어떻게 말인가요?" 내가 묻는다.

"말하자면 '나는 손주들이 있을 정도로 나이를 많이 먹었다'라고 할 수 있겠지요." 마크 할아버지가 대답한다. 마크 할아버지는 경찰관으로 복무하다가 퇴직한 후 자원봉사로 지역 마약 방지 프로그램의 책임자를 맡고 있다. "난 '~할 정도로'라는 말 외에는 달리 판단할 수 있는 어떤 의미가 있다고는 생각할 수가 없어요. 사실 늙었다거나 젊었다거나 하는 말은 아니지요. 내가 손주들이 있을 정도로 나이를 많이 먹었다는 이런 식의 말 외에는 다른 결론을 내릴 수가 없어요. 그러니까 '~할 정도로'라는 말이 '나이를 많이 먹었다' 앞에 있어야 합니다. 이를테면 '나는 투표를 할 수 있을 정도로 나이를 많이 먹었다', 또는 '나는 법적으로 운전을 해도 될 정도로 나이를 많이 먹었다'라고 말할 수 있지요. 이런 식으로 말을 하면 그 나이에는 어떤 가능성이 열려 있고 닫혀 있는지를 의미하게 될 뿐, 그이상도 그 이하도 아닙니다."

마크 할아버지의 말에 캐런 젱킨스 할머니가 이렇게 말한다. "난 한 번도 그런 식으로 생각해 본 적은 없지만, 마크 할아버지의 말이 맞는 것 같아요. 딸이 있을 정도로 나이를 많이 먹었다고 하거나 손주들이 있을 정도로 나이를 많이 먹었다고 한다면, 이런 말들이 내가 그냥 나이가 든 건지 아니면 많이 늙은 건지를 의미하지는 않아요. 세 살짜리가 세발자전거를 탈 정도로 나이를 많이 먹었다고 할 수 있듯이, 난 딸도 있고 손녀도 있을 정도로 나이를 많이 먹었거나, 내 자서전을 쓰기에 경험이 풍부할 정도로 나이를 많이 먹었다고 말할 수 있어요. 실제로도 난 자서전을 쓰고 있어요. 따라서 '그렇게 많이' 나이를 먹었다는 것은 우리가 할 수 있느냐 없느냐의 측면에서 살펴볼 수 있고 또 우리가 어떤 자격이 있고 없는지, 또는 무엇이 되거나 할 자격이 주어지는지 아닌지의 측면에서 살펴볼 수도 있는 거지요."

"이곳의 어린이들이 지금까지 한 말을 살펴보면 '그렇게 나이를 많이 먹었다'는 것은 그야말로 엄청나게 늙었다는 말이에요." 도로시 할머니가 말한다. "'그렇게 나이를 많이 먹었다'는 것은 정말 극적이면서도 결국에는 우리 모두 직면해야 할 일이지만 사람들이 간절히 기다리는 일은 아니지요. 그러나 나이를 먹는 것을 즐거운 마음으로 기다리는 사람들도 있어요. 이들은 그 시기를 황금기라고 합니다. 난 자신을 뒷방 늙은이라고 생각하지 않아요. 돌아온 청춘을 즐기고 있답니다." 할아버지와 할머니와 아이들 할 것 없이 모두가 웃는다.

도로시 할머니가 말을 계속 이어간다. "나의 배움에 대한 열정은 늙어가는 법이 없답니다. 난 지금도 수업을 듣고 새로운 것을 배우는 일이 너무 좋아요. 사실 나이가 들수록 새로운 것을 더 많이 배우고 경험하고 싶어요. 지금은 볼룸 댄스를 배우고 있을 뿐 아니라, 중국 이민자의 자녀를 돌보기 위한 자원봉사를 하려고 문화센터에서 중국어도 배우고 있어요."

도로시 할머니의 말에 나는 몽테뉴가 소크라테스를 찬양한 글이 떠오른다. "소크라테스의 삶에서 가장 주목할 만한 일은, 그가 노년에 시간을 내 춤과 악기 연주를 배우고 그 시간을 보람 있다고 생각한 사실이다." 몽테뉴는 세상을 떠나기 얼마 전에 도로시 할머니가 간직하는 노년의 삶에 대한 철학을 그대로 반영하는 명언을 남겼다. "내가 살아갈 날이 짧을수록 삶을 더욱 깊고 충만하게 만들어야 한다."

나는 이번에는 바바라 할머니를 쳐다본다. 바바라 할머니는 내가 지역의 한 커피숍에서 여는 소크라테스 카페에서 말하기를 가장 좋아하는 참가자다. 그런데 오늘은 평소와 다르게 조용하다. 바바라 할머니는 아이들이 하는 말에 푹 빠져 있어서 한마디도 하지 않고 있었다. "바바라 할머니, 무슨 생각을 하시는 건가요?" 내가 묻는다.

　"사람들은 대부분 늙는 것은 안 좋다고 생각하기 때문에 자신이 늙었다고 말하는 걸 싫어하는 것 같아요." 바바라 할머니가 한참 후에 대답한다. "늙어가는 일이 좋은 면도 있어요. 예컨대 도로시 할머니는 나이가 많이 들었기 때문에 공경을 받아요. 도로시 할머니는 매우 존경받을 정도로 나이를 많이 먹었다고 할 수 있는 거죠."

　바바라 할머니가 말을 계속 이어간다. "사람들은 나이 많은 사람을 함부로 비판하지도 않아요. 나이가 많은 만큼 아는 것도 많다고 생각하고요. 그래서 그들의 말에 귀를 기울이지요. 그렇지만 난 나이가 많다고 더 많이 알고 있다고는 생각하지 않아요. 아이들로부터도 배울 게 많지요. 난 이미 이곳에서 아이들한테 많이 배웠답니다. 노인에게서 배울 수 없는 것들을 아이들한테서 배울 수 있어요."

　바바라 할머니가 잠시 말을 멈췄다가 단호한 목소리로 다시 말한다. "세월이 흐르면서 나무도 나이가 들고, 가구도 빛이 바래고, 기념품도 닳습니다. 그럴수록 소중해지기도 하고요. 그래서 사람들은 오래된 삼나무 숲을 찾아갑니다. 삼나무는 나이가 들수록 더욱 가치가 있기 때문이지요. 그리고 장신구도 세월이 지날수록 우리에게 더욱 소중해집니다."

"모든 것이 세월이 흐르면서 변하고 나이를 먹습니다. 많은 사람이 시간이 방해물이라고 생각해요. 그런 사람들은 변화를 좋아하지 않지요. 그렇지만 변화는 시간이 그렇듯, 삶의 일부입니다."

역사적인 문헌을 보면 실제로 많은 철학자가 시간과 변화를 하나의 방해물이라고 생각했던 것 같다. 그들은 시간과 변화를 환상에 지나지 않는다고 여겼고, '궁극적인 현실'은 영원하며 변하지 않는다고 믿었다. 예를 들어 피타고라스Pythagoras 같은 소크라테스 이전의 철학자들은 완전성을 영원함과 관련지어 생각했고 변화는 끔찍한 결점이라고 여겼다. 피타고라스는 수학자면서 신비주의자였고 영혼의 불멸과 환생을 믿는 종교 조직의 설립자였다.

그러나 2세기의 로마 황제이자 철학자였던 마르쿠스 아우렐리우스Marcus Aurelius는 죽음을 탄생처럼 자연적인 현상이라고 생각했던 스토아철학을 옹호했다. 아우렐리우스는 시간과 변화는 밀접한 관계가 있으며 "사물이 변화를 겪는 것은 전혀 나쁜 일이 아니다"라고 했다. 아우렐리우스는 "시간과 변화가 보편적 본성에 적합하듯이… 또한 자신의 변화도 그와 똑같은 것으로 보편적 본성에 똑같이 필요하다는 것을 보지 못하는가?"라고 말했다. 월터 카우프만은 한 걸음 더 나아가 시간과 변화는 없어서는 안 될 관계일 뿐만 아니라 예술가와 같다고 주장했다. 그에 따르면, 좋든 나쁘든 시간은 만물을 변화시키고 그 외형까지 변모시킨다. "시간은 흔히 파괴적이다. 늙은 조각가가 돌 한 덩어리에 공을 들이는 것과 같다. 그러나 늙은 얼굴이 젊은 얼굴보다 훨씬 더 표정이 풍부하고, 낡은 담장이나 조각품이 새것보다 훨씬 그윽한 멋이 있다."

그래도 시간은 파괴적인 특성을 띤다. 이런 시간의 특성은 스티븐 킹Stephen King의 《더 그린 마일The Green Mile》에 특히 생생하게 나타나 있다. 이 소설의 화자인 폴 에지컴은 나이가 100세인 노인이다. 손주들의 강요로 요양원으로 들어가게 된 에지컴은 이렇게 말한다. "이곳에서는 시간이 마치 약산성수와 같다. 먼저 기억을 지운 다음, 계속 살아갈 희망도 지운다."

"나이 먹는다는 것과 '그렇게 나이를 많이 먹었다'는 것에 대해 어떻게 생각하니?" 나는 이번에는 베로니카를 쳐다보며 묻는다. 9살인 베로니카는 내성적인 성격이어서 평소에 말을 잘 하지 않는다. 그녀는 하고 싶은 말을 곰곰이 생각하면서 양쪽으로 묶은 머리를 잡아당기고 있다.

마침내 베로니카가 말을 꺼낸다. "때로는 나이 든 사람에게 질문할 때 그 사람이 하는 말만 들어도 저보다 많이 안다는 걸 알 수 있어요. 저는 우리 할머니께 질문을 많이 해요. 학교 일로 조언이나 도움을 청하면서요. 할머니는 경험을 많이 했을 정도로 나이가 많이 드셨으니까요."

"네가 말하는 경험은 무슨 뜻이니?" 내가 묻는다.

"그러니까 우리 할머니가 저보다 많이 배우셨고, 할머니께 아주 많은 일이 있었다는 말이에요. 할머니가 세상에 훨씬 오래 계셨기 때문이에요. 그래서 할머니는 저보다 많이 아시는 거죠. 그래서 제가 친구나 학교 일로 문제가 생기면 그런 비슷한 일들은 우리 할머니가 이미 겪었을 가능성이 있지요. 할머니는 자신의 경험을 토대로 좋은 충고를 해줄 수 있을 정도로 나이를 많이 먹으셨으니까요."

"그러면 넌 늙어가는 것, 그러니까 우리가 사용하고 있는 표현으로는 '그렇게 나이를 많이 먹었다'는 것이 여러 면에서 매우 좋은 일이라고 생각한다는 거지?" 내가 묻는다.

"네, 맞아요." 베로니카가 대답한다.

"나도 그 생각에 동감해요." 바바라 할머니가 말한다. "난 아주 많이 그렇게 생각해요. 나는 삶에서 그 어느 때보다 지금 훨씬 더 많은 것을 즐기고 감사하게 생각할 정도로 나이를 많이 먹었어요."

"예를 들어 어떤 것을 즐기고 감사하게 생각하시나요?"

"여기에서 아이들의 의견을 들어서 감사해요. 아이들의 생각으로부터 배우는 것도 감사하고요. 젊었을 때보다 지금 나이 때에 아이들이 더욱 소중하다고 생각됩니다. 그리고 지식도 더욱 가치가 있다는 생각도 들고요. 난 나이가 들고 나서야 이런 일들이 얼마나 가치가 있는지 깨달을 수 있다고 생각해요. 이렇게 나이를 많이 먹기 전까지는 배움의 가치를 잘 몰랐어요. 난 대학에서 생태학 공부를 시작했는데 이 공부가 환경 운동가로서 내가 자원봉사를 하는 일에 도움이 되었으면 하는 바람입니다. 사실 누가 알겠어요? 내가 박사 학위를 취득하게 될지 말이에요." 박사 학위라는 언급에 바바라 할머니의 말이 농담이 아닐까 하고 쳐다보는 사람들도 있다. 그러나 바바라 할머니의 말은 분명히 매우 진지하다. 할머니는 말을 계속 이어간다. "어떻게 말해야 할지 잘 모르겠지만, 난 배울 때 젊어지는 느낌이 듭니다. 배움을 통해 내 삶과 주변의 세상에 대해 큰 열정을 느낄 수 있어요."

사회학자 윌리엄 A. 새들러William A. Sadler는 자신의 저서 《제3기 인생The Third Age》에서 은퇴하고 난 뒤 대학에 다시 들어가 70대에 박사 학위를 받은 여성을 소개했다. 그녀는 나이가 들어가면서 학자와 사회 활동가로 유명해지고, 인기 있는 연사가 된다. 이 여성은 자신이 '노인층'에 이르렀더라도 여전히 스스로 "많은 측면에서 젊다"고 여기며 이전보다 더 많은 경험과 지혜가 있어 여러 면에서 더 멋진 사람이 되었다고 새들러에게 말했다. 새들러는 이 여성을 "늙었으나 늙지 않고, 젊었으나 젊지 않은" 사람이라 설명하고, 그녀가 스스로 명시하는 '혼란' 덕분에 정해진 나이라는 통념을 받아들이지 않고 점점 나이가 들어가는 것을 점점 젊어지는 것과 결합해 자신만의 정체성을 만들어낼 수 있었다고 말했다. 새들러라면 바바라 할머니뿐 아니라 이곳에 참가한 할아버지와 할머니들을 별 어려움 없이 제대로 표현했을 것이다.

"카렌 할머니?" 내가 말한다. 카렌 젱킨스 할머니는 깊은 생각에 잠긴 듯 보인다.

"아, 난 영화 〈지붕 위의 바이올린Fiddler on the Roof〉에 나오는 '선라이즈, 선셋Sunrise, Sunset'이라는 노래를 생각하고 있었어요." 카렌 할머니가 말한다. "아버지가 자신의 딸이 어느덧 커서 여자가 된 모습을 깨닫고 심경을 토로하며 이 노래를 부르죠. 그전까지는 딸이 그렇게 자랐으리라고는 생각지도 못했던 거예요. 세월이 순식간에 지나가 버렸죠. 나도 상당히 젊었던 시절이 있었는데, 순식간에 늙은이가 되었어요. 어느 순간, 이렇게 나이를 많이 먹어버렸어요. 더 이상 여행을 다닐 수 없을 정도로 나이를 먹었고, 소꿉친구들이 대부분 세상을 떠났을 정도로 나이를 먹은 거죠."

카렌 할머니가 한숨을 쉰다. 그래도 얼굴은 밝은 미소를 띠고 있다. "그래도 난 근본적으로 똑같은 사람이에요. 열다섯 살일 때나 지금이나 마음은 그대로인 거죠. 지식과 경험을 조금 더 얻었을 뿐이에요."

"신체와 정신은 시간이 흐르면서 변합니다." 이번에는 도로시 할머니가 말한다. "신체와 정신이 '나이가 든다'고 할 수 있지요. 그런데 난 나이가 든다는 것과 늙어간다는 것은 똑같은 의미가 아니라고 생각해요. 배움과 삶에 대한 열정을 멈추면 정신은 사용하지 않아서 '점점 늙어갈' 수 있어요. 그런데 이런 일은 젊은 나이에도 일어날 수 있습니다. 분명히 그렇다고 생각해요. 하지만 정신을 끊임없이 풍요롭게 가꾼다면 나이가 들면서 점점 젊어질 수 있습니다."

"정말 멋진 말인 것 같아요." 안나 할머니가 말한다. 활기가 넘치는 이 90대 할머니는 지금까지 말을 하지 않고 있었다. 58년 동안 1학년 아이들을 가르치다가 퇴직한 안나 할머니는 그 후 취미로 그리던 유화에 전업으로 몰두하고 있다. 할머니는 잠시 조용히 생각에 잠기더니 혼자 웃는다. 나는 이 과묵한 할머니가 더 이상 할 말이 없으시나보다 생각한다. 곧 안나 할머니는 우리를 둘러보더니 이렇게 말한다. "우리는 '우아하게 늙어갈' 수 있을 뿐 아니라, 호기심을 늘 키워나간다면 '젊게 늙어갈' 수 있다고 생각합니다."

나는 왜 나를 괴롭히는가?

"나는 무엇을 하고 있을까?"

차를 고속도로 갓길에 세운 채 엔진을 끄고 내 손을 살폈다. 손이 약간 떨리고 있었다. 나는 숨을 깊이 들이쉬었다. 그러나 움직이지는 않았다. 갓길에 차를 계속 세워두고 꼼짝도 하지 않았다.

나는 미지의 세계로 여정을 떠나는 내게 정말 중요한 것은 무엇일까 곰곰이 생각했다.

1996년의 한여름, 나는 더 이상 자신을 계속 나아가게 할 수가 없었다. 그동안 내가 쏟았던 일이 이제는 아무런 의미가 없었다. 개인적인 삶도 산산이 부서졌다. 아내와 나는 우정이라도 지키기를 바란다면 결혼 생활에 마침표를 찍어야 한다는 사실을 받아들이기로 했다.

우리는 둘 다 어떻게 하면 근본적으로 바뀔 수 있을까 오랫동안 고민해 왔다. 나는 내가 하지 않은 일들, 내가 낭비한 시간을 너무 오랜 세월 한탄하며 보냈다. 그리고 이런 질문들이 늘 뇌리에서 떠나질 않았다. '나는 왜 포부를 그토록 쉽게 포기했을까?', '나는 왜 다른 길을 추구하지 못했을까?' 이런 질문으로 자신을 괴롭히며 기운을 소모했다. 시간 낭비였을 뿐인데도 나는 그 굴레에서 벗어나지 못했다. 과거의 늪에 사로잡혀 후회로 한탄하며 시간을 보내는 것은 아주 쉬운 일이었다. 그러나 다시 일어나 앞으로 나아가기는 너무나 어려웠다.

마침내 고통의 여정 끝에 내 소크라테스 감수성이 나타나기 시작했다. 가장 먼저 할 일은 자신에게 질문을 던지는 것이었다. '나는 올바른 질문을 하고 있는가?', '나 자신을 괴롭히던 질문은 새로운 삶을 시작하게 해주는 진취적인 답으로 이끌어줄 질문이었을까?'

아니, 그건 아니었다. 내 질문들은 좋은 결실을 가져올 질문은 아니었다. 과거에 머문 채 자기반성만 하는 질문이었다. 이런 질문들은 지금 당장 내 삶을 근본적으로 바꾸는 데 아무런 도움이 되지 않는다. 나는 새로운 질문, 더 나은 질문을 생각해 내기 시작했다. '나는 직업이나 사명으로 정말 무엇을 하기를 원하는 걸까?', '내가 숭고한 모험가의 삶을 다시 시작한다면, 어떤 사명을 가져야 짧은 인생

을 최대한 값지게 살 수 있을까?', '나는 무엇을 해야 할까?'

나는 예전에 〈롤링 스톤Rolling Stone〉지가 아일랜드 록밴드 U2의 리드 싱어인 보노Bono와 인터뷰한 기사를 읽었던 기억이 났다. 그 기사를 떠올리며 나는 한참 동안 생각에 잠겼다. 인터뷰에서 보노는 이렇게 말했다. "전쟁입니다… 선과 악의 전쟁, 그 전쟁에서 자신의 위치를 찾아야 한다고 생각합니다. 그 자리는 공장의 작업 현장일 수도 있고, 노래를 작곡하는 일이 될 수도 있어요. 자기 자리에 있을 때, 자신이 있어야 할 자리에 있으면 마음속에서 잘 알게 됩니다. 그곳이 자신이 속한 자리라는 것을… 난 세상을 바꿀 수 없지만 내 안의 세상은 바꿀 수 있음을 깨닫게 됩니다."

마찬가지로 월터 카우프만도 자신의 책《이단자의 믿음The Faith of a Heretic》에 이와 비슷한 내용을 담았다. 이 책에서 카우프만은 독일 나치로부터 막 탈출했던 17살이 되던 때에 읽었던 반 고흐의 삶에 관한 책을 언급하고 있다. 그는 고흐가 어떻게 광부들과 함께 갱으로 내려가며 그 비참한 삶을 함께 나누기로 계획했는가를 알려준다. 그러나 에밀 졸라Émile Zola는 고흐에게 그런 행동은 '무모한' 짓이며 광부들에게 전혀 도움이 되지 않는다고 말했다. 졸라는 소설《제르미날Germinal》을 써서 광부의 절망적인 삶을 묘사했다. 이 소설로 광부들의 시련을 더욱 보편적으로 알리게 되어 반 고흐가 했던 일보다 광부에게 훨씬 더 큰 도움을 주었다. 실제로《제르미날》덕분에 광부들의 환경도 어느 정도 향상되었고 인간애에 대한 의식도 조금은 고취되었다. 카우프만은 《제르미날》을 읽은 뒤에 이런 결론을 내렸다. "교육을 받아야만 봉사를 할 수 있는 일이 있다면 대학 교육을 계속 받는 것이 옳은 일이 될 수도 있다."

이렇듯 자신만의 특별한 자리를 찾아내 자신만의 특별한 방식으로 봉사하는 일에 대한 카우프만의 견해는 보노의 생각과 그리 다르지 않다. 더욱이 카우프만이 《셰익스피어에서 실존주의까지From Shakespeare to Existentialism》에서 니체와 독일의 시인 라이너 마리아 릴케Rainer Maria Rilke의 '독특한 경건(peculiar piety)'에 대해 말할 때 보노의 생각에 훨씬 더 가깝다. 릴케의 유명한 시 〈고대 아폴로의 토르소Archaic Torso of Apollo〉는 "그대는 자신의 삶을 바꾸어야 한다"는 경고로 끝을 맺는다. 니체와 릴케는 "그들 각자의 사명에 마음을 열고 준비하겠다는 결심으로⋯ 고정 관념으로 굳어진 모든 것"을 거부했다.

니체는 《비극의 탄생The Birth of Tragedy》에서 소크라테스가 개인적 사명에 마음을 열어 준비되어 있지 않았다면 어떻게 되었을지 궁금해한다. 니체는 자신이 "세계 역사에서 전환점"이 된다고 묘사한 소크라테스가 이성적인 문답에 대한 열정을 키워 그 열정을 "지식에 유용하게" 쏟아붓지 않았다면 인류에게 닥쳤을 "절멸"을 비관적으로 고찰하고 있다.

소크라테스가 숭고한 노력을 하긴 했지만, 나는 그 노력이 세계 역사에서 전환점이 되었는지는 잘 모르겠다. 역사는 인간이 인간에게 가하는 잔혹함이 가장 중요한 특징이 되었고, 니체가 말한 인류의 절멸은 언제 닥칠지 모르는 무시무시한 가능성으로 존재해 왔다. 우리가 심연으로 완전히 떨어질 절멸의 날을 소크라테스가 그저 늦추었던 것일까? 그렇다면 볼테르가 《캉디드Candide》에서 주장했듯이, 사회를 더욱 합리적이고 인간적으로 만들어 "우리의 정원을 가꾸기" 위하여 소크라테스와 그 후 많은 사람이 쏟아부은 노력은 무슨 의미가 있을까?

나는 윌리엄 제임스가 말한 다음 구절을 오랫동안 마음에 새겨두었다.

> 인류가 여러 세대를 이어서 계속 고통을 받고 목숨을 바쳤다면, 그리고 순교자들이 불 속에서 노래했다면… 다른 결실이 아닌 그토록 전례 없이 무미건조한 창조물의 종족이 살아남고… 만족해하고 해로움이 없는 그 생명들은 그런 속도로 이어가도록… 연극의 마지막 막이 끝나기 전에 막을 내리는 것이 나을 것이다. 그렇게 해서 중요하게 시작한 일이 단조롭게 마무리되지 않도록 할 수 있다.

이 구절이 최근에 내 머릿속에 맴돌고 있다. 윤리 분야의 저술가 로런스 쉐임스Laurence Shames는 1980년대 미국을 공동체도 목적도 없는 곳으로 평했다. 성공이 '숭고한 의도'는커녕 업적의 내용과 상관없이 돈에 의해서만 정의되고, 사람들이 "목적이 있을 필요가 없다고 믿기에 이르렀으며", 또한 "도덕적 타락이 극심하고 널리 퍼져 있는 곳"이라고 설명했다.

오히려 이런 평가는 오늘날의 미국에 훨씬 더 적절하다. 사실 미국의 분위기는 사회적 책임에서 더욱 멀어지고 걷잡을 수 없이 개인적인 이익으로 기울었다. 나는 프리랜서 작가로 미국 곳곳을 다니면서 점점 혼란과 고통을 느꼈다. 이웃에 대한 책임감이 사라진 모습과 함께 사람들 사이에 널리 퍼진 극단적인 자기도취와 편협성을 실감했기 때문이다. 우리는 "자신에게 무슨 이익이 되는지를 계산하는" 사회에 그치지 않고, "남에게 해를 끼치는" 사회에 살게 되었다.

비관적인 운명론이나 무기력감이 점점 늘어나는 일도 충격적이었다. 사람들이 말하고 생각하고 행동하는 일이 이제는 중요하지 않으며 그들에게 닥치는 환경을 거의 통제할 수 없다는 생각이 만연하고 있었다. 과거를 보면 그런 고질적인 사회적 성향이 나타나면 흔히 더 뿌리깊은 문제가 있다는 징후였고, 그런 문제가 결국에는 역사의 가장 암울한 시기로 이어지는 일도 있었다. 그러나 그런 집단적 현상을 최악의 목적에 이용한 사람들이 늘 있었던 것처럼, 그런 집단적 현상에 맞서 이기기 위해 분투하는 여러 계층의 사람들도 늘 존재했다.

나는 살아가면서 내 사명을 명확히 하기 위해 자신에게 이렇게 묻곤 했다. '윌리엄 제임스가 주장했듯이 인류의 운명을 더 나아지게 하려고 고통을 겪고 목숨을 바친 숭고한 영혼들의 행동을 겸손하게 발전시키려면 내가 어떻게 해야 할까?', '내가 있어야 할 곳은 어디일까?', '내 사명은 무엇일까?', '나는 어떤 것에 마음이 열려 있을까?'

이런 질문들에 대한 답은 하나의 깨달음으로 다가왔다. 나는 소크라테스를 본받는 철학자가 되기를 바랐다. 그래서 소크라테스식 대화법을 이용한 토론 모임을 열고 싶었다. 우리 자신과 인간 본성을 더 잘 이해하기 위해 함께 탐구하기를 원하는 사람이라면 누구에게든 다가가고 싶었다. 그리고 더욱 비판적이고 창의적이며, 타인에게 더욱 공감할 수 있는 철학적 문답을 나누고 싶어 하는 사람들을 만나고 싶었다. 이 답은 너무 명백해서 나는 곧 왜 이전에는 이런 질문을 할 엄두를 내지 못했는지도 알게 되었다. 내가 정직하게 이 질문의 답을 얻으면 다음 비판적 질문을 해야 할 것을 알았기 때문이다. 다음으로 이어지는 질문은 자신에게 큰 변화를 요구하는 이런 물음이었다. '그동안 정말 많은 시간을 낭비한 것과 상관없이 나는 왜 지금 당장 내 꿈이 가리키는 방향으로 나아가지 않을까?'

문득 이런 생각도 떠올랐다. '시간을 낭비했다고 한탄하며 좌절감에 빠져 살기는 너무 쉬웠다.' 그러나 내 삶을 의미 있다고 생각하는 길에 다시 돌려놓으려면 매우 힘든 변화가 필요했다. 그런 변화를 위해 이런 새로운 질문들이 뒤따랐다. '내 꿈을 실현하기 위해 정확히 무엇을 할 수 있을까? 어떤 방법을 찾아내야 할까? 어떤 희생을 치러야 할까? 난 그렇게 할 각오가 되어 있을까?'

내 삶을 완전히 변화시킬 가능성에 놀라웠던 만큼 나는 그럴 준

무엇을 원하는가?

비도 되어 있었다. 아니, 적어도 그럴 준비가 되어 있다고 생각했다. 그러나 계획을 세우고 실천하기 위해 의사를 표현하는 일과 계획을 행동으로 옮기는 일은 완전히 다르다.

계획을 행동으로 옮기는 일이 바로 내가 지금 하려는 것이었다. 아니, 막 행동으로 옮기기 직전이었다. 차 안에 앉아 골똘히 생각했다. 나는 카페에서 대중들과 철학적 토론을 벌이곤 했던 유럽의 철학자들 이야기를 자주 읽었다. 그리고 전 컬럼비아 대학의 철학 교수 매튜 립먼Matthew Lipman이 폐쇄적 철학에 대해 환멸을 느낀 일에 대해서도 읽은 적이 있었다. 립먼 교수는 뉴저지주의 몽클레어 주립대학에 '어린이를 위한 철학' 프로그램을 개설해 철학에 새 생명을 불어넣으려고 했었다. 립먼 교수의 감탄할 만한 목표는 초등학교 과정에 '어린이들을 위한 철학'을 도입하여 '철학적 문답의 교실 공동체'를 만들려는 일이었다. 그는 자신의 독창적인 저서《사고와 교육Thinking and Education》에서 '과도하게 전문화된 정신'을 '학문적인 삶의 골칫거리'라고 비판했다. 그리고 여러 학문에 대한 사고를 비롯해 학문 간의 사고를 권장하는 철학 유형으로 돌아가야 한다 강조하며 "여러 학문 분야 간에 일어나는 일은 적어도 학문 분야 내에서 일어나는 일만큼 중요하다"라고 주장했다. 유럽의 철학자 카페처럼 립먼 교수는 보수적이고 시대에 뒤떨어졌다고 생각되는 학문을 회복시키려고 했다.

하지만 유럽의 철학자 카페나 립먼 교수의 어린이를 위한 철학

프로그램에서는 철학적 문답에 참여하기 위해 학교에 갈 수 없거나 다니지 않는 사람들, 또는 카페를 방문할 수 없는 사람들이 제외되었다. 그리고 철학적 문답의 방법도 여러 가지를 뒤섞어 사용했거나 설명할 방법도 전혀 없었던 것 같았다. 유럽의 카페 철학자들은 대부분 대담하게 학구적인 입장에 반대하는 듯했다. 특히 마르크 소테Marc Sautet가 대표적이었다. 소르본 대학에서 박사 학위를 받은 니체 전문가인 그는 학계 철학자들이 자연스럽게 갖는 철학의 권리를 내걸고 자기 분야를 고수하고 있다고 주장했다. 또한 소테는 대학에서 생기는 '학문의 폐쇄성'에 격노하며 '카페 필로café philo (철학 카페) 운동'을 촉진하기 시작했다.

나 역시 상아탑의 여러 면에서 비판적인 입장이었으며 학계 철학에 대해서는 특히 그러하다. 그래도 학계 철학은 그에 적절한 역할이 있고 숭고한 사명이 있다고 나는 생각했다. 매튜 립먼이 주장했듯이, 대학은 "구식 프로그램과 갈피를 못 잡는 관료주의와 교육 문제에 무관심한 교수들"로 인해 본래의 사명을 너무나 자주 회피하고, 곳곳에서 들려오는 건설적인 비판에 대체로 묵묵부답이었다.

나는 이런 단점에도 불구하고 대학 교육은 해악이라기보다는 중요한 일이라고 생각한다. 더욱이 지난 세대에 공공대학 교육 제도가 늘어난 덕분에 점점 더 많은 사람이 대학 교육을 받게 되었고, 이제는 많은 사람이 중등교육을 마친 후 대학에 가는 것이 거의 당연한 일이 되었다. 무엇보다 나는 정당한 분투가 이루어지고 창의적이며 엄밀하게 배울 수 있는 대학의 체계를 만들어내는 일이 대학 교육을 포기하는 것보다 훨씬 낫다고 생각한다.

내 바람은 철학적 문답의 소재가 되는 주제의 폭을 넓히고 청중들의 참여를 끌어냄으로써 학문적인 철학을 되살릴 수 있는 지원 활동을 벌이는 일이었다. 더욱이 나는 학계와 이른바 외부 세계를 연결하는 통로를 만들고 싶었다.

초등학교와 중등학교 또한 비판에서 벗어날 수 없다. 데이비드 퍼킨스David Perkins는 "빈약한 지식과 사고는 미국 교육에 대한 경종이 된다"라고 말했다. 퍼킨스는 주요한 아동 교육 센터 중 하나인 하버드 프로젝트 제로Harvard Project Zero의 책임자이며 하버드 교육 대학원 교수이다. 그는 자신의 저서《똑똑한 학교: 모든 아동을 위한 더 좋은 사고와 학습Smart Schools: Better Thinking and Learning for Every Child》에서 미국에는 대체로 "똑똑한 학교가 부족하다"고 말한다. 그가 주장하는 똑똑한 학교는 지식과 열정이 넘치고 깊게 사고하며 "배움을 위해 큰 노력이 필요한 목표"가 있는 학교이다. 퍼킨스에 따르면 결과적으로 미국은 "일관성 있게 잘 실현하는 다른 나라와 효율적으로 경쟁할 수 없다." 그의 비판은 공교육 개혁을 옹호하는 사람들의 생각과 크게 다르지 않다. 그러나 고등교육에 대한 주요 논쟁은 학교나 학교 교육을 없애야 하는지가 중심이 아니라 아이들과 젊은이들이 마땅히 받아야 할 교육의 질이 중심이 되고 있다. 미국의 학교 교육을 비판하는 사람들은 헌신적이고 진보적인 교육자들이 곳곳에 존재한다는 사실을 놓치곤 한다. 이런 진정한 교육자들은 충족해야 할 학문적 수준을 높이고 아이들이 더욱 비판적이고 양심적인 사고를 할 수 있도록 격려하는 교육 과정을 실행하는 데 뚜렷한 영향을 미치고 있다.

고등교육에서처럼 나도 이 나라의 학교에 필요한 중요한 변화를 일으키는 데 내 몫을 다하기를 바랐다. 그러나 나는 아이들과 함께 철학을 하면서 또 다른 교육 과정을 개발해 교사들에게 부담을 주거나 기존의 학교 교육 과정을 대체할 뜻은 없었다. 사실 나는 교육 과정에는 관심이 전혀 없었다. 어른들이 하는 똑같은 방식으로 아이들과 함께 철학을 하고 싶었을 뿐이다.

나는 전통적인 학교 영역의 변두리에서 수업 시간이나 방과 후에 철학자 클럽을 열어 학교의 역할을 보완하기를 바랐다. 학생들에게 읽고 쓰고 셈하는 능력 외에 대단히 중요한 '논리적으로 생각하는 능력'을 불어넣어 주고 싶었다. 그러면서 또한 아이들이 그들의 호기심을 억제하려고 하는 사람들로 인해 기죽지 말고 면밀하고 능숙한 질문자가 되도록 격려받기를 바랐다. 이런 바람이 실현된다면 이 어린이들이 우리가 가장 원하는 희망을 이뤄낼 것이라 확신했다. 우리의 초등, 중등학교와 대학교가 여러 분야에 걸친 독창적이고 비판적인 학습의 시험장으로 발전하기 위해 급격한 변화를 이뤄낼 것이고, 그로 인해 창의적인 통찰력과 합리적인 사고가 촉진될 것이다.

그러나 내 궁극적인 목표는 학교와 대학과 철학 카페를 훨씬 넘어 우리의 '일상'까지 철학을 스며들게 하는 일이다. 나는 우리가 사회를 더욱 참여하기 쉽고 민주적인 곳으로 만들려면 사람들이 그 과정과 자신이 관련이 있다고 느껴야 한다 확신했다. 누구나 말하고 생각하고 행동하는 것이 중요하다는 것을 분명히 알아야 했다. 그래야만 각계각층의 사람들이 지식이나 인간의 탁월성을 상호보완적으로 추구하는 데 참여함으로써 자신들의 세계관을 명확하게 표현하고 각자의 전망을 확대할 수 있다.

나는 몇 시간 전에 짐을 챙겨 집을 나섰다. 나는 뉴저지에서 사업을 시작할 계획이었다. 뉴저지에 있는 새집으로 한 걸음씩 옮길 때마다 다시 돌아갈까 하고 생각했다. 운전하고 있을 때 돌아가고 싶은 마음은 더욱 커졌다. 결국 길가에 차를 세웠다. 더 이상 갈 수 없었다. 그렇다고 돌아갈 수도 없었다.

"난 지금 뭘 하고 있는 걸까?" 두 손으로 자동차 핸들을 꽉 잡은 채 자신에게 물었다.

나는 이 질문을 무의식적으로 주문처럼 되풀이하고 있었다. 망연자실한 상태로 어쩔 줄을 몰랐다. 내가 누구인지, 무엇을 원하는지 모를 정도로 자신이 낯설게 느껴졌다. 나는 가장 필요한 순간에 자신을 포기한 것처럼 느껴졌다.

한 시간쯤 흐른 것 같았다. 내 마음속 어딘가에서 목소리가 들려왔다. 의심의 산더미 밑에 완전히 묻혀 있던 목소리가 이렇게 들렸다. "넌 지금 네 꿈을 향해 가고 있어."

나는 주머니에서 구겨진 종이 한 장을 꺼냈다. 내가 수년 동안 몸에 지니고 다닌 종이였다. 구겨져 닳은 종이의 한 부분에는 괴테의 말이 인쇄되어 있었다. 그 유명한 독일의 낭만주의 시인이자 소설가이며 과학자인 괴테는 19세기 말의 진정한 소크라테스식 질문자였다. 종이 위에는 이렇게 적혀 있었다. "어떤 일에 전념하기 전까지는 망설임이 생긴다. 망설임에는 뒤로 물러날 가망성이 있으며 늘 비효율적이다. 새로운 일을 시작하고 창조하는 모든 일에는 하나의 기본적인 진실이 있다. 이 진실을 알지 못하면 수많은 아이디어와 멋진 계획들이 사라지게 된다. 그 진실은 바로 이러하다. 분명히 어떤 일에 착수하는 순간, 그 결정에서 모든 사건의 흐름이 나온다. 그 흐름은 온갖 종류의 보이지 않는 사건과 만남 그리고 꿈에도 생각지 못했던 물질적 지원으로 지어진다. 할 수 있거나 할 수 있다고 꿈꾸는 그 모든 일을 시작하라. 새로운 일을 시작하는 용기 속에 천재성과 능력, 기적이 모두 숨어 있다. 바로 지금 시작하라."

나는 종이를 다시 접어 주머니에 넣어두었다. 뉴저지에 도착하자마자 메모지를 조수석에 놓고 붉은색 매직펜으로 해야 할 일을 크게 적었다.

(1) 카페, 양로원, 노인복지관, 학교, 탁아소, 지역 문화센터, 교도소, 호스피스 등 사람들이 철학적으로 탐구하기를 바라는 곳이면 어디든 공개 철학 토론회를 시작한다.
(2) 지금 당장 시작한다.

무엇을 원하는가?

처음으로 나는 되돌릴 수 없다는 사실을 깨달았다. 처음으로 두려움과 의심 때문에 내가 뉴저지로 계속 향하는 길이 얼마나 중요한가를 더욱 느끼게 되었다. 그리고 처음으로 나는 '나'를 얼마나 필요로 하는지를 깨달았다. 지금 돌아가는 건 나를 포기하는 일이며, 또 그런 자신을 절대 용서할 수 없으리란 걸 잘 알고 있었다.

마침내 시동을 걸었다. 차가 다시 고속도로를 달리기 시작했다.

나는 앞으로 향했다.

나는 사랑에 빠져버린 걸까?

저녁 7시, 소크라테스 카페가 시작할 시간이 되었지만 한 사람도 보이지 않았다.

이날은 뉴저지주의 몽클레어에서 소크라테스 카페를 처음 시작한 지 2주째 되던 날이었다. 지난 화요일 첫 모임에는 몇몇 사람들이 왔었는데 오늘은 나 혼자 공간을 다 차지한 듯 보인다.

이런 일은 시간이 걸릴 수밖에 없다고 나는 스스로 위로하면서 로뎅의 '생각하는 사람'처럼 그냥 의자에 앉아 있다. 그러나 마음은 편안하지 않다. 내가 시간 낭비를 하고 있지는 않을까? 소크라테스의 정신을 되찾으려는 노력은 어리석은 짓이 아닐까? 이런 의구심과 함께 불평과 부정적인 생각이 점점 올라오기 시작한다. '사람들은 너무 바쁘고 자기 일에만 몰두하며, 답을 안다고 과신하고 있어. 그래서 소크라테스식 문답을 주고받는 모임은 아예 참가할 마음도 없어.' 이렇게 의기소침해 있을 때 누군가가 10주만 지나면 화요일 저녁마다 40명 이상의 사람들이 철학 토론을 위해 이 카페로 몰려들 거라고 그리고 곧 이 일이 언론의 주목을 받을 거라 말했다면 나는 그 사람에게 미쳤냐고 말했을 것이다.

5분쯤 지나자 한 여자가 들어온다. 그녀는 입구에서 잠시 멈추더니 의자에 앉아 있는 나를 쳐다본다. 나 외에는 아무도 없어서 틀림없이 내가 우습게 보일 것이다 (카페 주인들은 마침 주방에 있다). 여자는 당장이라도 발길을 돌려 나갈 것만 같다. 그러나 그러지 않았다. 적어도 아직은 그렇다. "여기가 소크라테스 카페가 열리는 곳인가요?" 여자가 내게 묻는다.

"네, 그렇습니다." 내가 대답한다. "우리 둘뿐인 것 같군요."

여자가 웃는다. 웃으면서 생기는 눈가의 주름이 아주 매력적으로 보인다. 여자는 긴 검은 머리에 선량해 보이는 갈색 눈동자를 하고 있다. 얼굴은 화장을 했더라면 잘못이라 여겼을 정도로 자연미가 흘렀다. 하얀 면 옷에는 아름답고 섬세한 수가 놓여 있다.

여자는 발길을 돌리지 않기로 한다. 의자에서 일어난 나는 여자와 함께 테이블로 가서 앉는다.

"특별히 토론하고 싶은 질문이 있으신가요?" 내가 묻는다.

여자는 잠시 망설이다가 대답한다. "음, 사실 질문이 하나 있어요."

여자는 이번에는 조금 더 오래 망설인다. 테이블 위의 냅킨을 만지작거리는 그녀는 잠시 나란 존재를 까맣게 잊어버린 듯 보인다. 마침내 여자가 고개를 들고 나를 쳐다본다.

"사랑이 뭔가요?" 그녀가 묻는다.

"사랑이 뭐냐고요?" 문득 내 머릿속에 떠오른 생각이 이런 말뿐이라니. 여자는 대답하지 않는다. 우리는 둘 다 어색하게 침묵한 채 앉아 있다.

이윽고 내가 말을 꺼낸다. "소크라테스는 지식의 모든 영역에서 자신이 상대적으로 무지하다 단언했습니다. 하지만 사랑은 예외였어요. 플라톤의 《뤼시스》에서 소크라테스는 이렇게 말합니다. '난 다른 모든 일에 대해서는 쓸모없는 존재일 수 있지만, 사랑하는 자와 사랑받는 자를 쉽게 알아보는 능력은 신으로부터 부여받았다.'"

이번에는 여자가 대답한다. "플라톤의 《향연Symposium》에서는 소크라테스가 이렇게 말해요. '내가 어떻게 사랑이라는 주제에 대해 말하기를 거부할 수 있겠는가? 사랑을 제외하고는 아는 지식이 없기 때문이다.'"

여자가 놀란 내 얼굴을 보고 웃음을 짓는다. "《향연》은 플라톤의 대화편에서 제가 제일 좋아하는 작품이에요." 여자가 말한다. "저는 《향연》을 셰익스피어의 소네트처럼 아름다운 글이라고 생각해요."

나도 웃음을 띠며 이 수수께끼 같은 여자에게 말한다. "저는 사랑에 관해서는 소크라테스와 의견이 완전히 다르다고 시인해야 할 것 같군요. 사실 저는 사랑 외에 다른 주제에 관해 말할 때는 자신감이 넘칩니다. 그러나 오늘 사랑에 관한 대화를 나누어야 한다면 소크

무엇을 원하는가?

라테스가 던진 똑같은 질문을 해보는 것이 현명할 듯합니다. 소크라테스는 '사랑은 무엇인가?'라는 질문을 탐구하려면 사랑의 본질과 가치를 알아내야 한다고 생각했습니다."

"저는 소크라테스가 《향연》에서 사랑, 즉 에로스가 숭고한 것과 세속적인 것을 연결해주고 인간의 삶에 의미를 부여해준다고 말한 부분을 정말 좋아해요. 소크라테스가 사랑은 아름다움을 추구하려는 영혼의 열망이라고 한 말에 동감해요. 이 말을 좋아하는 이유는 사랑을 정적인 방식으로 묘사하지 않았기 때문이에요. 그는 사랑에 숭고한 역할과 목적을 부여하고 있어요."

초기의 그리스인들은 사랑이 주로 성적인 특성을 갖는다고 여겼다. 고대 그리스에서 에로스는 성적인 사랑의 신이었다. 그러다가 플라톤의 영향으로 사랑의 개념이 확대되고 새로 다듬어졌다. 플라톤은 사랑이 인간의 모든 행동과 충동에 스며 있는 '힘'이며, 에로스는 사랑의 다양한 표현을 대표한다고 생각했다. 플라톤의 대화편에서 소크라테스는 사랑은 그 대상인 사람으로 시작해 두 사람 사이의 육체관계로 이어진다고 말했다. 그러나 이런 사랑은 결국 승화되어 사람의 내적 아름다움으로 향하게 된다. 그리고 지금 함께 대화를 나누고 있는 여자가 아주 유창하게 말했듯이, 플라톤은 《향연》에서 이런 에로스의 표현도 인류에 대한 사랑, 모든 진리와 아름다움에 대한 사랑, 미의 완벽한 형태에 대한 사랑 등 실재를 초월하는 숭고한 사랑으로 향하는 길과 같다고 명백하게 말했다. 《향연》의 거의 끝부분에서 디오티마Diotima는 사랑을 미사여구로만 정의할 수 있는 것이 아니라 보고, 느끼고, 상상하며 경험해야 할 일이라고 말한다. 미국의 유명한 과학 및 언어 철학자 찰스 샌더스 퍼스Charles Sanders Peirce는 평생 혼자 있기를 좋아했지만, (디오티마가 미적인 형태와 영원히 결합하는 것이라고 묘사한) 에로스의 숭고한 형태를 경험했다고 확신했다. 퍼스는 자신이 철학적 연구를 시작했을 때, "진정한 에로스에 의해 활력을 얻었다"라고 말했다.

한참 동안 침묵이 흐른 후, 여자가 내게 말한다. "사랑은 감응과 같아요. 사랑은 표현하고 증명하는 일이며, 또한 우리 안에 있으면서 우리를 초월하는 숭고한 곳으로 이어집니다. 그러나 그곳에 도달하기란 굉장히 어려운 일이에요."

"정말 그렇습니다." 이 반응은 나 자신에게 던지는 말이다.

우리는 두 시간 동안 사랑이라는 심오한 개념을 끌어안으려는 대화를 이어간다. 대화를 나누는 내내 나는 몰입하기가 힘들다. 정신을 집중하다가 다시 산만해지기를 반복하는 듯하다. 어느 순간 나는 사랑에 대한 내 반응이 도망가기 일쑤거나 기껏해야 일정한 거리를 두려고 몹시 애쓴다는 말을 하고 있다. 나는 이 여자와 대화를 계속 나누면서 처음으로 내가 사랑을 피하지 못하고 사랑이 나를 포위할 수도 있다는 사실을 알게 된다.

여자는 이름이 서실리아 차파이고, 멕시코 시티에서 왔다. 그리고 이곳 몽클레어에 있는 대학에서 교육학 석사 과정에 재학 중이다. 이미 철학을 전공한 그녀는 언젠가는 나의 사명과 비슷한 일을 하며 철학을 '보통 사람들에게' 돌려주고 싶다고 말한다. 작년에 서 실리아는 멕시코의 치아파스주에서 원주민 아이들을 가르쳤다. 멕 시코 남쪽에 있는 빈곤한 치아파스주는 원주민을 착취하려는 정부 에 대항하여 사파티스타라는 반정부 투쟁단체가 오랫동안 게릴라 전을 벌이고 있었다. 그녀는 석사학위를 받은 후에 혜택받지 못한 아이들을 위해 일생을 바칠 계획이다. 아이들이 비판적이고 창의적 인 사고력을 길러 자신들과 마을의 힘을 키울 수 있도록 도와줄 생 각이다. 그녀는 아이들이 우리의 미래이고 구원이라는 사실을 진심 으로 믿고 있다고 말한다.

우리는 또 한동안 침묵을 지킨다. 나는 서실리아가 찻잔을 만지 작거리는 모습을 지켜보고 있다. 두 시간 전에 주문한 차는 이미 식 어 있다. 그녀가 혼자 웃음 짓는다. 그러더니 내 눈을 똑바로 바라 보며 말한다. "플라톤의《향연》에서 제가 가장 좋아하는 부분은 아 리스토파네스의 연설이에요."

아리스토파네스의 연설은 내가 가장 좋아하는 부분이기도 하다. 잠들기 전에 들려주는 동화에 정신없이 귀 기울이는 아이처럼 나도 서실리아가 하는 말에 넋을 잃고 듣고 있다. "플라톤이 이야기를 하 나 알려줘요. 사람들은 그 이야기를 신화라고 부르지만 전 잘 모르 겠어요. 플라톤은 지금처럼 성별이 두 가지가 아니라 남성, 여성, 그 리고 남성과 여성을 한 몸에 지닌 양성, 이렇게 세 종류였다고 했어요. 이 세 종류의 성은 몸이 둥글고 손과 발이 각각 네 개이며, 머리 하나에 얼굴은 둘이었어요. 인간이 점점 오만해지고 힘이 강해지자 제우스는 이 세 종류의 성을 모두 반으로 잘라버렸어요. 그때부터 반쪽들은 다른 반쪽을 볼 때마다 서로 끌어안으려고 몸을 던지고 다시 하나가 되기를 간절히 바랐던 거지요."

그때 그녀가 다시 말을 꺼낸다. "잠깐만요. 이 부분을 책에 있는 그대로 읽어볼게요. 정말 아름다워요." 그러고는 가방에서 책장 모서리가 잔뜩 접히고 닳은 플라톤의 대화편을 꺼낸다. 그녀는 재빨리 책장을 넘기고는 읽어 내려간다. "그래서 누구나 자기 자신의 반쪽, 진짜 반쪽을 만난다면… 이들은 사랑과 우정과 친밀감으로 감탄에 빠져 있습니다. 그리고 잠시도 반쪽으로부터 눈을 떼지 않습니다. 이들은 떨어지지 않고 평생 함께 있으려고 합니다."

아리스토파네스의 연설은 계속 이어지지만 서실리아는 여기까지만 읽는다. 그러고는 책을 덮어 다시 가방에 넣는다. 다시 고개를 든 그녀는 웃음을 지으며 나를 바라본다. 나는 그 모습이 이상할 정도로 혼란스럽고 신비롭다고밖에 설명할 수 없다.

바로 이 순간이다. 긴 대화를 나누는 동안 문득 서실리아에게 묻고 싶은 말이 떠오른다. "사랑에 빠지면 당신은 그걸 어떻게 알죠?"

그러나 나는 묻지 않는다. 이때는 그랬다. 이 질문을 꺼내기까지 2년이라는 세월을 기다렸다.

그리고 우리는 지금 하나가 되었다.

대체 모두 무슨 말인가?

나는 반성하며 캐묻는 삶에 따라 행동하는 사람들
가운데 한 사람이고, 과거에도 항상 그렇게 해왔네.

- 소크라테스 -

잃어버린 철학을 찾아서

"예전에 그랬던 만큼 우리가 철학적 사유를 할까요?"

70대 후반의 활달한 퍼트리샤 할머니가 내가 앉기도 전에 질문을 던진다. 늘 그렇듯이 우리는 별 장식 없이 밋밋한 붉은 벽돌 건물의 회의실에 모여 있다. 그 건물은 뉴저지 북부에 있는 저소득층을 위한 노인 거주 시설이다. 한 달에 한 번 정도 금요일 오후에 건물 회의실에서 소크라테스 카페를 열고 있다. 이곳에 거주하는 사람들은 생각이 다양하고 논쟁하기 좋아하며, 소크라테스의 정신에 고취되어 있다. 이들은 서로를 자극하고 격려하며 때로는 당황하게 만들 때도 있다. 그래도 우리는 서로를 대단히 아낀다. 회의실은 자연광이 많이 들어오는 쾌적한 곳이다. 모인 사람들은 둥근 테이블

주변에 둘러앉아 있다. 무늬 식탁보로 덮인 테이블 위에는 꽃병이 있다. 모두 커피를 마시며 쿠키를 먹는다. 우리는 마치 카페에 온 것 같다.

"무슨 뜻인가요?" 내가 의자에 앉은 후 퍼트리샤 할머니에게 묻는다. 이 의자는 참석자 한 명이 내가 사용할 수 있도록 집에서 가져온 것이다.

"옛날 사람들만큼 우리가 철학적 사유를 많이 하는지 궁금하네요." 할머니가 쾌활한 목소리로 말한다. "예를 들어, 독립 선언문을 쓴 사람들은 철학적 사유를 많이 한 것 같았어요. 그런데 요즈음 정치가들은 철학적 사유를 전혀 안 해요. 이제는 철학적 사유를 하는 사람이 거의 없는 것 같아요. 그게 아니더라도 제대로 하는 사람은 없어요."

"그 질문에 답하기 전에 우선 '철학적 사유'가 무슨 뜻인지 파악해야겠군요." 내가 말한다. "윌리엄 제임스는 철학적 사유를 상식의 비평과 같다고 생각했습니다. 그의 생각은 이런 의미일 겁니다. '우리가 매일 사용하고 명확하게 쓴다고 생각하는 개념들, 즉 우리가 잘 알고 있고 의견이 일치한다고 생각하는 개념들을 면밀히 살펴야 한다. 그 개념들이 우리의 생각대로 명확하고 합리적인지, 아니면 그 이상의 의미가 있는지를 살펴보아야 한다.'"

이 말에 아무도 대답을 하지 않는다. 그래서 내 말이 명확하게 전

달되지 않은 걸까 하는 걱정이 들기 시작한다. 그러나 이때 퍼트리샤 할머니가 나를 구해준다. "윌리엄 제임스의 철학적 사유에 대한 정의를 사용해 오늘 내가 제의한 질문에 답해보는 게 어떨까요?" 그녀가 제안한다. "독립 선언문에서 사용된 개념들을 몇 가지 살펴보고 그 개념들이 미국 건국의 아버지들이 생각한 대로 명확하고 합리적으로 사용되었는지 확인해 봅시다."

"훌륭한 생각입니다." 나는 이렇게 말하면서 다른 참가자들이 대부분 고개를 끄덕이며 동의하는 모습을 확인한다. "독립 선언문에 있는 이 문장을 한번 살펴볼까요? '우리는 모든 인간이 평등하게 창조되었다는 자명한 진리를 믿는다.' 이 구절을 구성하기 위해 올바른 철학적 사유를 많이 했다고 생각하시나요?"

재니스 할머니는 형형색색의 꽃무늬 옷을 입고 깃털 모자를 쓰고 있다. 다른 사람이 이 모자를 쓴다면 지나치게 꾸민 듯 보일 것이다. 재니스 할머니는 말할 때 자리에서 일어나는 습관이 있다. 오늘도 테이블을 손으로 짚고 서서 말한다. "이 문장을 쓸 때 얼마나 철학적 사유를 많이 했는지는 잘 모르겠어요. 그러나 철학적 사유를 했더라도 올바르게 하지는 않았어요. 모든 인간이 평등하게 창조되었다는 말은 사실이 아니기 때문이에요. 우리는 모두 서로 다른 공간을 차지하고, 각각 다른 경험을 하고, 다른 재능을 갖고 있어요. 그 누구도 행복할 기회가 똑같이 생기지는 않아요. 그리고 똑같이 건강하지도 않고, 동등한 기회를 누리지도 못해요. 따라서 우리가 모두 평등하게 창조되었다면 우리는 한 어머니의 배에서 똑같이 태어

대체 모두 무슨 말인가?

나야 하겠죠. 하지만 우리는 모두 평등하게 창조되지 않았어요."

쇠약하지만 활기가 넘치는 할머니가 재니스 할머니와 같은 테이블에 진지한 표정으로 앉아 있다. 그 할머니가 말을 꺼낸다. "나는 재니스가 말한 대로 우리는 모두 평등하게 창조되지 않았다고 생각해요. 영양이 부족한 어머니한테서 태어나는 아이들이 있는가 하면, 담배나 마약을 하는 부모에게서 태어나는 아이들도 있어요. 그리고 태어날 때부터 마약에 중독된 아이들도 있고, 또 임신 합병증 때문에 태어나기도 전에 심각한 손상을 입는 아이들도 있고요."

옷을 산뜻하게 입은 할아버지가 양쪽 끝이 위로 굽어 올라간 콧수염을 손으로 비틀어 당기며 말한다. "난 '모든 인간이 평등하게 창조되었다'라는 문장이 썩 좋지 않다고 생각합니다. 이 말의 진짜 의미는 부유한 백인 남자들만 평등하게 창조되었다는 겁니다. 그 외의 사람들은 어떤 권리도 갖고 있지 않았어요. 그러니까 독립 선언문을 작성할 때 식민지 출신의 사람들도 포함되어야 하는 진정성이 없었기 때문에 '평등'의 개념에 대한 철학적 사유에서 노예 제도 같은 심한 불평등을 허용했던 거지요. 당시 건국의 아버지들은 평등 속에 담긴 의미의 주인이었으니 평등한 사람들과 평등하지 못한 사람들의 주인이기도 했던 겁니다."

그때 퍼트리샤 할머니가 말을 꺼낸다. "이제는 건국의 아버지들이 내가 생각했던 만큼 철학적 사유를 잘 했는지 의심스러워지기 시작하네요. 다른 사람들의 의견을 들을수록 난 오늘날의 사람들처럼 당시의 사람들도 철학적 사유를 제대로 하지 못했다는 생각이 들어요."

"음, 성급하게 결론을 내리지는 않도록 합시다." 내가 말한다. "당시의 시대 상황에 맞게 독립 선언문을 살펴보아야 한다고 생각합니다. 그 당시에 건국의 아버지들이 쓴 독립 선언문은 놀라울 정도로 진보적이며 대단한 용기가 필요한 문서였다는 사실에는 모두 동의하시리라 생각합니다."

모든 인간이 평등하다는 관점은 독립 선언문에서 처음 등장한 개념이 아니었다. 근대 정치 철학의 토대를 마련한 영국의 유물론자이자 경험론자인 토머스 홉스Thomas Hobbes는 1651년에 출간된 유명한 책《리바이어던Leviathan》에서 '자연 상태의 개인은 평등하다'는 철학을 전개했다. 이 철학은 자연적으로 모든 인간은 신체적, 정신적 능력에서 평등하다는 의미를 담고 있다. 사람들이 모든 면에서 똑같이 정신적, 신체적 능력을 갖추는 것은 아니지만 한 영역에서 부족한 점은 다른 영역에서 보충된다고 홉스는 주장했다.

이런 관점은 뒤이어 등장하는 도덕이나 정치 철학에 엄청난 영향을 미쳤다. 스피노자는 1670년에 출간된《신학 정치론Tractatus Theologico-Politicus》에서 "모든 인간은 자연 상태에 있듯이 평등을 계속 유지하기" 때문에 민주주의가 "개인의 자유와 가장 자연스럽게 잘 조화되는 정부의 모든 형태"라고 말했다. 영국 경험론 철학의 창시자인 존 로크John Locke는 1690년에《통치론Two Treatises of Government》에서 자신의 정치 이론을 제시하면서 "인간은 자연 상태에서 모두 자유롭고 평등하며 독립된 존재"라고 주장했다.

　스위스 태생의 프랑스 사상가 장 자크 루소Jean-Jacques Rousseau는 1762년에 출간된《사회계약론The Social Contract》에서 이런 로크의 정치 이론들을 반영했다.《사회계약론》은 정치 철학뿐 아니라 교육 이론과 낭만주의 운동에도 엄청난 영향을 미쳤다. 루소는 이 책의 첫 구절에서 "인간은 자유로운 존재로 태어났다"라고 말하면서 모든 인간이 평등하다는 사실을 암시한다. 책이 출간되고 얼마 지나지 않아 매사추세츠주의 헌법 입안자들은 주 헌법에 루소의 말을 채택하여 그가 암시한 의미를 다음과 같이 분명하게 나타냈다. "모든 인간은 자유롭고 평등하게 태어났고, 자연적이고 기본적이며 절대적인 특정한 권리를 갖고 있다."

　독립 선언문은 인간의 자유와 평등의 상태를 '자명한' 진리로 받아들이면서 평등의 철학을 더욱 명확하게 드러내고 있다. 평등에 대해 철학적 사유를 하는 문제와 별개로, 평등이라는 개념을 국가의 초석으로 만드는 것은 대단히 진보적이고 용기 있는 일이었다. 말과 행동이 반드시 일치하는 것은 아니었더라도 건국의 아버지들이 이뤄낸 일은 대단한 성과였다. 미국 독립 선언문을 기초한 토머스 제퍼슨Thomas Jefferson은 사형제도를 신뢰한 노예 소유자였지만, 그의 말은 미래 세대가 독립 선언문의 정신을 따르려고 분투하는 데 필요한 공격 수단이 되었다.

　"제가 독립 선언문에서 인용했던 구절의 뒷부분을 보면, 건국의 아버지들은 모든 사람이 '창조주로부터 양도할 수 없는 특정한 권리, 특히 생명, 자유, 행복 추구의 권리 등을 부여받았다'라는 구절을 자명한 사실로 받아들이고 있습니다." 내가 소크라테스 카페 참가자들에게 말한다. "이런 구절의 개념들이 늘 일관성 있게 적용되는 것은 아니더라도 인권이라는 측면에서는 엄청난 진보가 아니었을까요?"

재니스 할머니가 다시 일어나 조금은 언짢은 듯한 표정으로 말한다. "이 구절은 좀 교묘하게 철학적 사유를 내세우고 있는 것 같아요. 우리가 모두 평등하게 행복을 추구할 권리가 있지만, 누구에게든 행복을 얻을 수 있는 보장은 없다는 의미인 거죠. 독립 선언문에 나온 구절대로 우리가 모두 평등하게 창조되었다면 우리 중 한 명이 행복하면 나머지도 다 행복해야 할 텐데요. 그러나 실제로 그렇지 않죠."

"행복이 그리 중요할까 하는 생각까지 들기 시작하네요." 퍼트리샤 할머니가 말한다. 할머니는 그런 생각이 드는 것이 놀라운 듯 보인다. "행복보다 더 중요한 일들이 있어요. 먼저 나와 내 가족을 위해 먹을 것이 충분히 있어야 하고요. 그다음으로 건강해야 하고요. 이런 것들이 행복보다 더 중요하다는 생각이 드네요."

"난 행복이 중요하다고 생각해요." 구부정하고 주름살이 많은 할아버지가 말한다. 이 할아버지는 지금까지 자기 생각에 열중한 듯 한마디도 하지 않고 있었다. "그렇지만 중요한 것은 나의 행복을 추구하면서 다른 사람의 권리를 나쁜 방식으로 침해해서는 안 된다는 점입니다."

"'나쁜 방식'으로 다른 사람의 권리를 침해하지 않으려면 어떻게 해야 할까요?" 내가 묻는다.

"우리가 나쁜 충동을 억제할 수 있도록 법률로 제정되어 있지요." 할아버지가 대답한다. "난 이것이 건국의 아버지들이 헌법에 넣은, 우리의 자유에 필요한 제약이었다고 생각합니다. 그러니까 건국의 아버지들은 이 구절을 생각해 낼 때 철학적 사유를 잘 했다는 생각이 들어요."

이 할아버지가 말하는 자유는 아무런 제약 없이 원하는 일을 하는 자유로, 홉스가 《리바이어던》에서 칭했던 "자연적 자유(natural liberty)"다. 건국의 아버지들과 마찬가지로 홉스에게 이러한 자유는 통제해야 하는 일이다. 아무런 방해 없이 무엇이든 원하는 대로 할 수 있는 자연 상태는 모든 사람이 다른 모든 사람과 겨루게 되는 끊임없는 투쟁의 상태라고 홉스는 믿었다. 그는 "공통의 권력이 없는 곳에는 법이 없으며, 법이 없는 곳에는 불의도 없다"라고 말하며 이러한 자유는 "시민적 자유(civil liberty)"로 대체되어야 하는 부정적 자유라고 믿었다. 홉스에게 시민적 자유는 자연의 상태를 떠나 민주국가를 형성할 때 얻을 수 있는 자유의 형태를 말한다. 홉스는 종교적인 삶의 독립을 옹호하여 영국 국교로부터 이단자로 여겨졌다. 그는 사회계약만이 인간을 "만인의 만인에 대한 투쟁"에서 보호할 수 있으며, 자연 상태에서 인간의 삶은 "고약하고 고독하고 야만적이며 짧다"라고 믿었다.

이윽고 또 다른 참가자가 말을 꺼낸다. "난 단순히 어떤 충동에 따라 행동하는 능력을 제한하는 법과 독재자 같은 정부를 초래할 정도로 자유를 너무 제한하는 법을 어떻게 구분할 수 있는지 궁금합니다."

그때 노인 거주 시설 프로그램의 관리자로 일하는 젊고 쾌활한 레이첼이 말한다. "저는 비인간적이라고 생각하기 때문에 고기를 먹지 않아요. 그렇지만 고기를 먹는 사람들의 권리를 존중합니다. 그런 문제에 독재자가 되어서 다른 사람들에게 저처럼 행동하라고 강요하고 싶지 않습니다."

내가 말한다. "음… 비인간적이라고 생각하기 때문에 도덕적으로 육식을 반대한다면, 솔직히 사람들이 육식을 즐기는 것이 신경 쓰이지 않나요?"

"아뇨, 전 신경 쓰이지 않아요." 레이첼이 머뭇거리며 답한다.

"그렇다면 자동차가 달리는 동안 안전띠를 매야 한다는 법에 대해서는 어떻게 생각하세요?" 내가 묻는다.

"안전띠를 매느냐 안 매느냐의 문제도 각 개인이 결정할 수 있어야 한다고 생각해요." 레이첼이 대답한다.

그때 85세가 된 헬레나 할머니가 양손을 허리에 대고 레이첼을 바라보며 말한다. "정말 그런가요?" 헬레나 할머니는 시민운동에

대체 모두 무슨 말인가?

적극적으로 참여한 적이 있었다.

레이첼은 이제는 확신하지 않는 듯하다. "그렇게 생각합니다." 그 녀는 망설이다가 말한다.

헬레나 할머니는 레이첼에게 손가락을 까딱거리며 말한다. "안전 띠를 매지 않으면 자신의 생명을 큰 위험에 빠뜨리게 됩니다. 자신 의 목숨을 위협하는 거예요. 또 우리처럼 당신에게 의존하는 사람 들을 책임질 생각이 없다는 거고요. 운전할 때 안전띠를 매지 않는 다면 자신이 위험에 처해도 좋다는 말이며, 또 내게 의지하는 사람 들이 위험에 처해도 좋다는 말과 같아요. 이런 태도가 당신이 생명 에 대해 생각하는 건가요?"

레이첼은 잠시 생각에 잠긴다. "저는 지금까지 한 번도 그렇게 생 각해 본 적이 없어요. 할머니 말씀이 옳다고 생각해요." 그러고는 정 감이 어린 목소리로 말한다. "너무 걱정하지 마세요! 저는 늘 안전 띠를 매니까요."

헬레나 할머니가 레이첼을 향해 걸어가더니 그녀를 끌어안는다. "레이첼이 우리를 얼마나 사랑하는지 잘 알아요." 할머니가 레이첼 의 등을 두드리며 말한다.

"우리가 철학적 사유를 하면 어떤 일이 생길까요?" 내가 마침내 던지고 싶은 질문을 한다. "독립 선언문을 만든 사람들이 해낸 일 가운데 철학적 사유에 해당하는 일로 무엇이 있을까요?"

"서로 생각을 주고받았어요." 길고 아름다운 백발을 한 클라라 할머니가 쾌활하게 말한다. 클라라 할머니는 수십 년 전에 카스트로 정권을 피해 쿠바에서 미국으로 이주해 왔다. "생각을 주고받았을 뿐 아니라 어떤 의견 일치에 도달했을 때 그 생각을 적용하기도 했지요."

"독립 선언문을 쓰는 데 우리의 도움이 있었다면 더 좋지 않았을까 하는 생각이 들어요." 헬레나 할머니가 말한다. 모두가 동의한다는 반응을 보인다.

그때 재니스 할머니가 말한다. "독립 선언문을 쓰는 데 소크라테스가 필요했을 것 같은데요."

"왜 소크라테스인가요?" 내가 묻는다.

"소크라테스는 독립 선언문에 사용된 핵심 개념을 훨씬 더 깊이 검토했을 테니까요. 그러면 건국의 아버지들이 생각했던 대로 개념들이, 윌리엄 제임스가 말했듯 정말 '명확하고 합리적인지' 아니면 '그 이상을 의미하는지'를 알 수 있었을 겁니다."

퍼트리샤 할머니가 말한다. "소크라테스에 대해서는 잘 모르지만, 확실히 우리가 필요했던 거죠!"

대체 모두 무슨 말인가?

플라톤, 소크라테스의 증인이 되다

존 허먼 랜달 주니어는 《철학은 어떻게 과거를 이용하는가?How Philosophy Uses Its Past》에서 철학적 사유를 하는 것이 "인간 문화, 과학, 예술, 종교, 도덕적 삶 그리고 사회적, 정치적 활동 등 모든 위대한 일과 관련된 근본적인 신념의 특징을 나타내고 비평하는 것"과 같다고 생각했다. 그는 특히 "과거로부터 물려받은 지식과 지혜"를 세밀하게 살펴보고 따지는 것을 철학적 사유의 목적이라고 여겼다.

그 시대에 통용된 지혜를 플라톤만큼 광범위하고 철저하게 살펴보고 비평하는 과업을 이뤄낸 사람은 없었다.

30년 동안 이어졌던 펠로폰네소스 전쟁에서 도시 국가 아테네가 패배하고 얼마 지나지 않은 혼란기에 플라톤은 대화편을 저술했다. 전쟁이 일어나기 전에 아테네는 문화적 부흥과 엄청난 번영을 누렸으나 이제는 그 높았던 문화적 자부심이 완전히 사라지는 듯 보였다. 이러한 분위기 속에서, 스무 살가량 되었던 플라톤이 소크라테스를 만났다고 알려져 있다. 플라톤은 새로 만난 스승의 뛰어난 도덕적 성품과 지적 탐구에 대한 열정에 매료되었고 곧이어 소크라테스를 본받아 평생을 철학에 전념하기로 다짐했다고 전해진다.

과두정치 시기가 지난 후 아테네에서 민주주의가 회복되었지만, 소크라테스는 물러서지 않고 단호하게 질문을 던짐으로써 반감을 품은 고위층의 적들을 많이 만들었다. 소크라테스가 이단으로 몰려 유죄 판결을 받고 사형에 처해지게 되자, 플라톤은 아테네의 권력자들에게 깊은 환멸을 느꼈는데, 이런 모습은 이후 그의 저서에 잘 나타난다.

랜달은 플라톤을 이렇게 평한다. "아테네 번영기의 문제와 주요 인물들, 무비판적인 자신감을 냉철하고 의심스러운 시각, 즉 영국인들이 제국 시대를 호황기로 여긴 시각으로 바라보았고, 또한 독자들에게 그런 시각으로 보게 했다."

더욱이 플라톤은 소크라테스의 죽음에 매우 자극 받아 후대를 위해 소크라테스의 증인이 되는 일을 의무로 생각했다. 그렇게 해서 소크라테스는 서양철학뿐 아니라 인간이 추구하는 열망의 여러 면

에서도 본보기가 되었다. 월터 카우프만의 말에 따르면, 플라톤의
대화편은 소크라테스의 모습을 생생하게 그려내 "게으른 지식인과
도덕적인 상상의 안전지대"를 물리치고, 우리에게 "혼란을 참지 못
하는 태도"를 가르치며 "사유하고자 하는 열정"을 불어넣는다.

플라톤의 대화편은 언제나 우리 자신의 관점을 되돌아보게 해준
다. 이를 읽으면서 아무런 자극을 받지 못하거나 변화를 거부하기
란 불가능한 일이다.

책임질 각오로 너 자신을 알라

소크라테스 카페를 연 지 이제 수개월이 지났다. 그 후 나는 철학 담소의 장소를 뉴저지주의 몽클레어에 있는 한 카페로 옮겼다. 카페는 다양한 인종이 살아가는 이 작은 도시의 오래된 도심에서 사람들의 왕래가 빈번한 거리에 있고 크기는 큰 안방만 하다. 나는 각 계각층의 사람이 쉽게 찾아올 수 있는 이곳으로 장소를 정했다. 이 카페에 들어오면 바깥세상은 사라진 느낌이 든다. 책장에는 고객들이 읽을 수 있도록 책과 잡지가 가득 꽂혀 있고, 벽은 포스트모던 그림들로 꾸며져 있다. 클래식 기타 음악이 스피커에서 흘러나온다. 그야말로 밤늦게까지 철학적 대화를 나눌 완벽한 장소다. 이제부터는 이곳에서 매주 50명 정도의 사람들이 모여 소크라테스 카페를

대체 모두 무슨 말인가?

연다.

오늘 저녁에 열린 토론이 막 끝났다. 오늘 대화의 질문은 '자신을 안다는 것을 어떻게 알까?'였다.

"위기를 통해서만 진정으로 자신을 알 수 있습니다." 짐 테일러가 대화가 끝나갈 즈음에 말한다. 잘나가는 홍보 회사의 사장인 짐은 대화 중에 이와 똑같은 요점을 세 번이나 말했다. 그런데 말할 때마다 점점 더 설득력이 없어 보인다.

"일상적인 삶을 사는 사람들은 자신을 알 수 없는 걸까요?" 내가 짐에게 묻는다. "더 낫지는 않더라도, 위기를 통해서만이 아니라 평범하거나 일상적인 환경에서도 자신을 알 수 있지 않을까요?"

짐은 늘 그렇듯 진지한 얼굴에 잘 어울리는 넥타이를 매고 있다. 그는 완벽해 보이는데도 계속 넥타이를 만지작거린다. 시간을 벌며 생각에 잠길 때 하는 행동인 듯 보인다. 마침내 말을 꺼낸다. "전 그렇게 생각하지 않습니다. 내가 누구인지, 뭘 하는 사람인지, 무엇을 할 수 있고 또 할 수 없는지는 위기에 처했을 때만 알 수 있다고 생각합니다. 위기 속에서 자신을 시험해 볼 수 있기 때문입니다."

"그렇지만 위기 상황이 아니더라도 자신을 시험할 수 있지 않을까요?" 나는 짐을 조금 몰아붙인다. "날마다 일상적인 삶을 어떻게 살아가느냐가 내가 누구인지를 가늠할 가장 좋은 척도가 되고, 또 그 나름대로 자신을 시험해 볼 수 있지 않을까요?"

"위기를 통해서도, 일상적인 삶을 통해서도 자신을 알 수 있는 것 같군요." 짐이 결론을 내린다. "저는 자신의 여러 면을 위기를 통해 알 수 있다고 생각합니다. 하지만 또한 내가 일상을 대하고 살아가는 방식을 통해 자신을 깨닫게 된다는 점에도 동의합니다. 다만 우리는 대부분 위기에 처하지 않고는 우리가 누구인지 깊이 살피지도, 아니 별로 생각해 보지도 않는 것 같습니다."

"그럴 수 있지요." 내가 말한다. "그런데 우리 토론이 성급하게 나아가는 것 같습니다. 우선 위기가 무엇인지 살펴야 할 것 같군요. 저는 일상적인 삶을 사는 것이 일종의 위기, 장기적인 위기라는 생각이 듭니다. 그래서 두 가지로 나누어 토론해야 할지도 모르겠습니다. 적어도 우리 자신을 아는 것은 우리가 지금 살거나 겪는 위기가 어떤 종류인지를 파악하는 일과 어느 정도는 같다는 생각이 듭니다."

나는 짐과 대화를 나누고서야 내가 위기라는 개념을 이런 식으로 생각하고 있었다는 것을 알게 된다.

그때 마사가 묻는다. "소크라테스가 '너 자신을 알라'라고 말했을 때 그는 자신이 누구인지, 앎이 무엇인지 알았다고 생각하시나요?" 마사는 금테 안경을 콧등 위로 쉴 새 없이 올리고 있다. 나는 마사가 우리의 토론 주제에 답을 제의하리라고는 전혀 생각하지 못했다. 그런데 오늘 밤에 마사는 도발적인 질문의 형태로 답을 건넨다.

리키가 말한다. "소크라테스가 이런 용어를 분명하게 정의한 적이 있는지 잘 모르겠지만, 제 생각에는 그도 우리처럼 다른 사람들과 대화를 나누면서 자신을 알게 된 것 같아요." 시인인 그녀는 오

255   대체 모두 무슨 말인가?

늘 대화가 자신과 맞지 않는다고 판단한 것처럼 지금까지는 생각에 잠겨 있었다.

리키가 말을 계속 잇는다. "저는 자신이란 정의될 수 있는 것이 아니라 오직 드러내 보일 수만 있다고 생각해요. 우리 자신이란 우리가 말하고 행동하는 것이에요. 그리고 우리 자신이란 하나의 관점이고 접근이며 성향입니다. 또 정체된 것이 아닌 진행 중인 작품이라고 생각해요."

나는 토론이 끝나갈 무렵에 우리가 자아란 무엇인지를 정확하게 정의했다고 말하기를 바랐다. 그러나 우리는 그 정의를 내리지 못했고 불확실한 답만 몇 가지 알아냈다. 사람들은 자신을 전보다 잘 모르겠다고 생각하거나, 또는 자신을 아예 모르겠다고 느끼며 토론을 끝낸 것 같다. 토론을 마친 후, 페인트공인 팀이 나를 찾아와 이렇게 말한다. "저는 자아란 것이 있는지조차 의구심이 들기 시작합니다."

팀의 말에 나는 이렇게 응한다. "플라톤의 《고르기아스Gorgias》를 보면 소크라테스가 이런 말을 합니다. '내가 연주하는 리라나 부르는 노래가 음이 안 맞고 시끄러워 사람들이 내게 동의하지 않는 편이 나라는 존재가 나 자신과 맞지 않거나 모순되는 것보다는 나을 것이다.' 여기서 소크라테스가 말한 '존재'라는 것은 그가 자아와 관련되어 있고 이 자아가 환영이나 공상이 아니라고 스스로 확신한 것으로 보입니다. 저는 이 말에서 소크라테스가 원하면 다른 사람들을 피할 수 있었지만, 자아로부터는 피할 수 없었다는 점을 알게 되었습니다."

팀은 이 말에 조금도 만족스럽지 않은 듯 보인다. "전 소크라테스가 그렇게 느끼고 싶었던 것이 아닐까 하는 생각이 듭니다. 자아로부터 피할 수 없다는 생각이 너무 고통스러웠을 테니까요." 팀은 이렇게 말하고는 카페를 떠난다. 이런저런 생각들로 혼란스러운 듯 보인다.

나는 매우 큰 키의 젊은이가 내 뒤에 서서 팀과의 대화를 듣고 있었다는 사실을 알아차렸다. 이 젊은이는 날카롭고 각진 용모에 창백한 안색을 하고 있지만 그의 푸른 눈동자는 생기가 넘친다.

지금은 밤 10시 30분이다. 평소답지 않게 나는 이곳에 더 머무르며 사람들과 대화를 나누고 싶지 않다. 오늘따라 왠지 녹초가 된 느낌이다. 젊은이는 나와 대화하기를 바라는 것 같다. 나는 불편한 표정을 애써 감추려고 한다. 그는 아무 말도 하지 않고 내 손을 잡고 흔들기 시작한다. 이 젊은이는 토론할 때 한마디도 하지 않은 참가자였다. "이런 토론을 대학에서 했다면 저는 이미 철학 박사가 되었을 겁니다."

내가 물어보지도 않았는데 이 젊은이는 자신이 지난달까지 미국 중서부의 한 대학에서 철학 박사 과정을 밟고 있는 학생이었다고 하면서 자기 이야기를 시작한다. "그때는 논문을 거의 끝내고 있었습니다. 그런데 이제는 논문이 쓸모없는 종잇조각 같은 느낌입니다. 그래서 이것을 쓰레기통에 던져버릴 생각입니다." 그는 먼

대체 모두 무슨 말인가?

곳을 응시하다 나를 처다보며 말한다. "오늘 토론이 자아에 대한 주제라는 사실이 제겐 정말 모순된 일이었습니다. 제 논문의 주제가 실제 자아와 상상 속 자아의 차이를 밝혀내는 것이었기 때문입니다. 제 논문은 알쏭달쏭한 학술 용어로 쓰여 있었습니다. 지도 교수님은 그 논문을 좋아했을 테지만 전 논문을 쓰는 동안 자신이 정말 싫었습니다. 그러다 전 진정한 자아를 찾게 되었습니다. 학계의 철학 교수가 되는 것은 제가 바라는 게 아니라는 사실을 깨달은 거죠. 사실 철학 교수는 대부분 진정한 철학자가 아니라는 결론을 내리게 되었습니다. 이들은 스스로 철학자라고 착각하지만 실은 철학자가 아닌 거죠. 저는 철학을 가장하는 행동이 범죄라는 생각까지 듭니다."

나는 논문을 쓰레기통에 버리려는 결심을 바꾸라고 해야 할지 고민하며 말할 기회를 엿본다. 그러나 말할 틈도 없이 그가 먼저 말을 꺼낸다. "저는 오래전부터 논문을 쓰레기통에 던져버릴 생각을 해왔습니다. 그런데 오늘 저녁에 토론에 참여하면서 그 생각을 완전히 실행하기로 다짐했어요. 전 소크라테스처럼 되기를 바랍니다."

"무슨 뜻인가요?" 소크라테스는 논문을 쓴 적도, 어떤 글을 발표한 적도 없다는 사실을 곰곰이 생각해 보면서 그에게 묻는다. 소크라테스는 학술 논문을 내는 데 전념하는 현학자가 되려는 노력은 전혀 하지 않았기 때문이다.

"학자들이 이해할 수 없는 전문 용어로 글을 쓰는 것만이 문제가 아닙니다." 그가 대답한다. "최악은 제가 알고 있는 학자들 대부분이 용기 없는 순응주의자라는 사실입니다. 이런 사실은 학문에 대한 모욕인 거죠. 이들은 전례 없이 직업의 안정성과 완전한 자율성이 보장되는 특전을 누립니다. 소크라테스의 엄격성을 따르는 본보기가 되려면 대학교수가 되어야 한다고 생각할 수도 있습니다. 하지만 오히려 그들은 소크라테스에 완전히 반대되는 학자들로서 사소한 주제에 대해 장황하고 두꺼운 책을 저술합니다. 그리고 당대에 널리 인정받는 지혜에는 좀처럼 도전하지 않습니다."

"그렇지만 학계에 남으면서 '소크라테스처럼' 될 수는 없을까요?" 내가 묻는다. "세상에서 가장 쉬운 일이 마음에 안 들면 그냥 버리는 것이라고 할 수도 있습니다. 하지만 학계가 어떤 방향으로 가야 한다는 이상을 품고 있다면, 정말 소크라테스 같은 스승이 되고 싶다면, 학계에 남아 선한 싸움을 해볼 수 있지 않을까요?"

이 말에 그는 말을 잇지 못한다. "잘 모르겠습니다만…."

"오랫동안 쌓아온 결실을 왜 버리려고 합니까?" 내가 그에게 말한다. "왜 논문을 버리려고 하는지는 이해할 수 있습니다. 하지만 모든 걸 날려버리기보다는 다시 시작해 보면 어떨까요? 소크라테스가 자부심을 느낄 만한 논문을 쓰면 어떨까요? 그냥 그만두는 것보다 훨씬 용기가 필요한 일일 수 있습니다."

나는 그에게 내가 사람들에게 철학을 전하기 위해 노력할 뿐만 아니라 창의적인 방법으로 학계를 활용하고 있다는 점에 대해 말한다. 그런 일을 통해 나는 소크라테스를 닮아가며 더욱 능숙한 철학

대체 모두 무슨 말인가?

적 질문자가 될 수 있다.(사실 나는 인문학, 자연과학, 교육학 이 세 분야에서 석사 과정을 밟을 계획이다.)

그는 내 말에 멈칫하는 듯 보인다. 한참 지난 후에 이렇게 말한다. "생각할 문제가 정말 많은 것 같습니다." 그는 작별 인사도 없이 돌아서서 밖으로 나간다.

나는 그가 어떤 사람이 되었는지는 잘 모르겠다. 그는 이날 저녁에 친구를 만나려고 시내로 나왔다가 토론에 참여하게 되었다고 했다. 그리고 다시는 소크라테스 카페에 나타나지 않았다. 나는 종종 그를 떠올린다. 나처럼 그도 결코 자신이 아닌 모습을 이날 저녁에 처음 발견함으로써 자신이 누구인지를 깨닫게 된 것 같다.

교과서 밖의 살아 있는 철학

나는 열두 살 때 독학으로 철학책을 읽기 시작했다. 이때 플라톤의 대화편으로 소크라테스를 처음 접하게 되었다. 소크라테스는 내 삶에서 가장 중요한 존재는 아니었지만, 그의 삶에선 언제든 스스로 더 나은 존재가 될 수 있다고 생각한 사람인 것 같았다. 그는 늘 '더 크고' 값진 존재가 되고 '더욱 탁월한' 인간이 되기 위해 자기 한계를 뛰어넘으려 노력하는 듯했다. 나는 소크라테스를 처음 발견한 뒤 '소크라테스처럼 되겠다'는 다짐을 무작정 했다. 그러나 나는 이 다짐을 어떻게 행동으로 옮겨야 하는지 전혀 고려해 보지 않았다.

나는 대학을 다니면서 많은 철학 과목을 수강했다. 그러나 그때마다 끝없는 실망만 반복했을 뿐이다. 교수들은 소크라테스와 그의

대체 모두 무슨 말인가?

지지자들이 열정적인 대화를 나누었던 것과 달리 학생들을 함께 대화를 나누며 진리를 탐구할 대상으로 여기지 않았다. 교수들은 철학을 전문가들만이 권위를 갖고 논할 수 있는 박물관의 전시품처럼 다루려고 했다. 그들은 이해하기 어려운 학술 용어를 사용해 학생들에게 위압감을 주곤 했다. 이에 당혹감을 경험한 학생들은 졸업 학점을 충족시키기 위해 다시는 철학 과목을 수강하지 않아야겠다고 다짐했다.

킹스 칼리지 런던에서 박사 학위를 받은 캐나다의 소설가이자 평론가인 존 랠스턴 솔John Ralston Saul은 《볼테르의 사생아들: 서구 이성의 독재Voltaire's Bastards: The Dictatorship of Reason in the West》라는 날카로운 비평서로 유명하다. 그는 이 책에서 오늘날 학자들의 '가장 성공적인 발견들' 중 하나는 비전문가들이 이해할 수 없는 전문 용어를 개발해 자신들의 영역을 쉽게 방어하는 거라고 했다.

> 사실 철학은 거의 코미디와 같다. 소크라테스, 데카르트, 베이컨, 로크, 볼테르는 전문 용어로 글을 쓰지 않았다… 그들은 각각 자기 시대의 일반 독자를 위해 글을 썼다. 그들이 사용한 언어는 명확하고 유창한 데다 대체로 감동적이며 재미있다… 즉 대학 수준의 교육을 받지 않은 사람이라도 베이컨이나 데카르트, 볼테르나 로크의 책을 선택해 쉽고 재미있게 읽을 수 있다. 그러나 대학 교육을 받은 사람들도 뛰어난 현대 지식인들이 이 사상가들의 글을 풀이한 해설서를 읽는 데는 애를 먹었다. 그

렇다면 왜 명확한 원전을 모호하게 바꿔놓은 현대의 해설서를 읽느라 애를 쓰는 걸까? 그 이유는 오늘날의 대학들이 이런 해설서를 원전을 이해할 수 있는 전문가의 길로 이용하기 때문이다. 이렇게 함으로써 과거의 철학자들은 전문가의 설명과 보호가 필요한 아마추어로 취급되고 있다.

오늘날 학계의 엘리트층은 기회가 있을 때마다 '소크라테스 전통'을 계승하고 있다고 과대 선전을 하고 있지만 솔은 '그들이 가르치는 방식'이 소크라테스의 방식과 정반대라고 하면서 이렇게 말한다. "이 아테네인의 경우에는 모든 답에 질문이 이어졌다. 그러나 오늘날 학계 엘리트층의 경우에는 모든 질문에 답이 이어진다."

솔의 비평은 나를 비롯하여 대부분의 대학생이 경험한 학계의 철학에 대해 많이 반영하는 듯하다. 그러나 내가 아는 사람 중에는 단연코 소크라테스식 방법으로 가르친 교수들 덕분에 평생 철학에 대한 열정으로 살아가는 이들도 많다. 내 경험을 토대로 보면, 솔은 학계의 철학 문제를 지나치게 일반화했다는 생각이 든다.

내가 다니던 대학의 정부론 학과에도 위대한 정치 철학자들에 대해 단순하지 않은 언어를 사용하면서도 이해하기 쉽게 설명한 교수들이 많았다. 이 열정적이고 총명한 교수들은 철학을 삶에 의미와 활기를 불어넣는 학문으로 다루었다. 그들은 무엇보다 학생들과 대화를 나눌 때 소크라테스식 방법을 이용했다. 그 교수들은 학생들에게 '하나의 정답'을 요구하기보다는 우리 스스로 올바른 답들을

대체 모두 무슨 말인가?

찾아낼 수 있도록 도와주려고 했다. 그리고 설득력 있고 논리적이 며 충분히 입증된 근거로 자신의 견해를 내세우는 것은 우리 자신 에게 달려 있음을 깨우쳐주었다. 학문의 주류에서 벗어나 활동한 19세기 독일의 위대한 철학자이자 산문작가인 아르투어 쇼펜하우 어Arthur Schopenhauer가 "철학자들 가운데 철학 교수는 거의 없었으 며, 철학 교수들 가운데 철학자는 그보다 더욱 적었다"라고 내린 평 가는 분명 옳았다.

대학을 졸업하고 저널리스트로 여러 해를 보내면서 나는 혼자 철 학 서적을 매우 열심히 읽었다. 그중에서도 가장 흥미로운 '발견'은 월터 카우프만이었다. 대부분의 학계 철학자들과 달리 카우프만은 우연히 대학에서 철학을 가르치며 생계를 유지한 철학자였다. 그는 어린아이처럼 질문하기를 좋아하는 열정을 잃지 않았으며 평생 그 런 마음을 품고 길렀다. 카우프만은 니체의 많은 서적을 독일어에 서 영어로 정교하게 번역한 일로 학자들에게 잘 알려져 있다. 또 그 는 매우 독창적인 철학 서적들을 펴냈고, 그런 과정에서 사람들의 삶에 중심이 되는 문제를 다루며 자신만의 폭넓은 철학 체계를 이 뤄냈다. 카우프만은 비판적이고 열정적이며 소크라테스식으로 작 문했다.

카우프만은 《이단자의 믿음》에서 다음과 같이 깨달음을 주는 글 을 썼다.

살면서 무엇을 해야 할지 모르고 시간을 낭비하는 사람들에게 영원한 생명에 대한 희망을 주도록 하자… 치열하게 삶을 살아간다면 잠자는 시간이 행복으로 다가온다. 열정적으로 삶을 즐긴다면 죽음의 시간이 축복으로 다가온다… 나는 영원히 견딜 수 있는 삶을 바라지는 않는다. 사랑과 열정과 고통과 창조의 삶을 바란다… 하룻밤 잠을 잘 자격이 있는 사람이라면 죽을 자격도 있다. 왜 나는 다시 깨어나기를 원해야 할까? 내가 깨어 있는 시간에 못했던 일을 하기 위해서일까? 우리는 모두 많은 시간을 잘 사용하지 못하고 있다… 삶을 망치고 형편없이 만들어놓는 이유는 죽음이 내게서 멀리 있고 무관한 일이라고 생각되기 때문이다… 그러나 죽음과 만나기로 되어 있다면 더 나은 삶을 살 수 있게 된다… 죽음을 생각하고 말하는 것은 끔찍한 일이 아니다. 정직함을 업신여기는 자들은 그 기쁨을 알지 못한다.

이 글을 처음 읽었던 서른 살에 나는 삶의 대부분을 터무니없이 낭비한다고 느꼈다. 카우프만의 글을 읽고 나는 그동안 삶을 짧고 소중한 것이 아니라 견딜 수 없을 정도로 길고 의미 없는 세월이라고 생각했음을 깨달았다. 또 의미를 찾는 노력을 포기하며 내 삶을 그토록 따분한 허송세월로 내팽개친 것이 얼마나 용서할 수 없는 일이었는지를 깨닫게 되었다. 내가 카우프만의 글을 읽고 충격을 받아 바로 무기력에서 벗어났다고 할 수 없다. 그러나 이 현대 철학

대체 모두 무슨 말인가?

자의 글을 읽고 나는 눈물을 흘릴 뻔했으며 그의 말들을 잊을 수 없었다. 카우프만은 나의 나태한 사고방식이나 삶의 방식을 부끄럽게 느끼게 했을 뿐 아니라 내게 극적인 삶의 변화를 이루도록 격려하는 신비한 능력이 있었다. 물론 생각을 실천으로 옮기는 데는 수년이 걸려야 했다.

카우프만에게 철학은 비현실적이고 헛된 학문이 아니었다. 그에게는 철학이 개인에 관한 문제로서, 한 인간 존재라는 구성물 속에 엮어 넣은 중요한 것이었다. 카우프만은 어쩔 수 없이 부모를 따라 독일의 나치 정권을 피해 미국으로 이주했고 24세에 하버드 대학에서 박사 학위를 받았다. 그는 나치 강제 수용소에서 사랑하는 사람들이 처형되거나 죽어가는 슬픔을 감당해야 했다.

카우프만은 보통 시민들이 권력에 의문을 품기를 얼마나 주저하는가를 독일에서 직접 경험했다. 더욱이 높은 교육 수준과 예술적, 과학적 성취를 자랑하는 사회에서조차 조국을 심연으로 침몰하도록 몰고 가는 권력에 침묵하는 것을 목격했다. 카우프만에게 소크라테스 정신을 되찾는 일은 일시적인 바람이 아니었다. 또 그의 직업을 느긋하게 즐기도록 해줄 흥미로운 프로젝트도 아니었다. 그 일은 사명이었다.

카우프만의 모든 저서를 철저히 읽어보니 그가 소크라테스 정신을 되살리지 못하면 인류 문명의 미래가 없어질 수 있다고 믿은 것이 이해된다. 카우프만을 통해 나는 앞으로 어떤 광인이 넋을 빼놓는 정치 선전으로 사람들을 잘못 인도하여 그들로 하여금 비인간적이고 비이성적인 행동을 저지르도록 속이는 날이 온다고 믿는다. 이때 인류가 굴복하지 않으려면 '대중'이 소크라테스를 추구하는 일이 제2의 천성이 되어야 한다는 확신이 들었다.

카우프만이 사망한 다음 날에 〈뉴욕 타임스〉지에 실린 짧은 사망 기사에는 그가 니체의 글을 번역했다는 사실과 프린스턴 대학의 철학과에서 회의가 있을 때마다 성가신 질문을 많이 하기로 유명했다는 내용 외에는 다른 게 거의 없었다.

카우프만의 솔직한 성격은 학계 철학에서 출세하는 데 분명 걸림돌이 되었을 것이다. 그는 오늘날의 학계 철학자들 사이에 학식을 뽐내려는 욕구가 만연해 있는 사실을 한탄했다. 카우프만은 이런 철학적 현학을 "비교적 창의적이지 못한 사람을 한없이 창의적으로 보이게 하려는 태도"라고 불렀다.

그는 임마누엘 칸트, 토마스 아퀴나스Thomas Aquinas, 게오르크 빌헬름 프리드리히 헤겔Georg Wilhelm Friedrich Hegel 같은 창의적인 천재들에 대해 비평을 하기도 했다. 토마스 아퀴나스는 아리스토텔레스의 철학과 기독교 교리를 결합해 정통 가톨릭 철학을 창시한 인물로 유명하다. 독일의 철학자 헤겔이 완성한 형이상학의 관념론 체계는 여전히 철학에 큰 영향을 미치고 있다. 카우프만은 이런 위대한 철학자들도 현학으로 가득한 전문 용어라는 버팀목에 의존했고, "이로 인해 그들의 천재성은 폄하되었다"라고 주장했다. 더욱이 카우프만은 "현학을 본보기로 삼는 오늘날의 학자들은 천재성을 보이지도 않는다"라고 지적했다. 그는 모든 철학자가 똑같은 일을 해야 한다고 주장하지는 않았다. 또 모든 철학자가 "당대의 자칭 비평가" 역할을 해야 한다고 말하지도 않았다. 그가 주장한 것은 모든 철학자가 소크라테스처럼 성가신 잔소리꾼의 역할을 포기한다면 철학은 곤경에 처하게 된다는 사실이다. "누구든 지목을 받아야만 비판을 한다면 수치스러운 일이 될 것이다… 마치 누군가가 지명을 받아야 잔소리꾼이 되는 것과 같다." 카우프만은 이런 사실을 학계의 철학을 괴롭히는 핵심적인 문제로 여겼다. 그는 또 이런 말을 했다. "다음과 같은 결론을 내리고 싶다. 중요한 것은 철학을 혁신하는 것이 아니라 또다시 혁신하는 일이다."

카우프만보다 좀 더 부드러운 표현을 사용한 존 듀이는 철학의 '회복'이 절실히 필요하다고 말했다. 듀이는 "오늘날의 철학 분야에서는 철학이 이 시대의 심각한 문제를 적절하게 다룰 수 있다고 자신하는 사람은 별로 많지 않다"라고 했다. 또 그는 지식을 얻기 위해 적극적인 탐구가 얼마나 중요한가를 매우 강조했고, 철학의 주제는 철학이 아니라 "인간의 문제"라는 말을 즐겨 사용했다. 존 듀이가 살았던 20세기 전반의 철학자들 가운데는 "실질적인 내용을 훼손시켜 형식에 관심을 기울이는" 사람들이 많았고, 오늘날에는 그런 사람들이 더욱 널리 퍼져 있다. 듀이는 철학을 이해하기 쉽게 만들기보다 오히려 더 어려운 연구 주제로 만드는 철학자들을 비난했다. 그러면서 이런 순수 형식의 세계로 철학자들이 "후퇴"하는 일은 "현대의 삶을 나타내고 망치는 혼란과 불안이 어느 정도인가를 보여주는 징후"라고 했다.

학계 철학자들 가운데는 소크라테스식 정신을 따르며 카우프만과 듀이의 비평에 공감하는 '명백한 예외들'도 있다. 컬럼비아 대학의 철학 교수였던 형이상학의 권위자 유스투스 버츨러Justus Buchler는 《본성과 판단Nature and Judgment》에서 동료들에게 다음과 같은 비평을 했다. "허영심에 들뜨거나 인내할 줄 모르거나, 또는 상상력이 부족해 철학자들은 동료들이 주장하는 이론 체계의 의도를 알아내고 명확히 표현하기보다는 서로 비난하기를 더 좋아한다. 그자체로 아무런 흠이 없는 분법에 사로잡혀 의미의 발견을 저지하고, 정확하게 문자 그대로의 표현에 집착해 혼란을 초래했다."

이와 마찬가지로 노벨상 수상자인 버트런드 러셀Bertrand Russell도 비슷한 주장을 펼쳤다. 영국의 철학자이면서 논리학자, 수학자인 버트런드 러셀은 《기억 속의 초상화Portraits from Memory》에서 "사소하고 흥미롭지 못한 일에 몰두하는" 철학자들을 통렬하게 비판했다. "어리석은 사람들이 어리석은 말을 할 때 무엇을 의미하는가를 끝없이 토론하는 것은 재미있을 수 있으나 중요한 일은 아니다"라고 말했다. 러셀은 이런 철학자들을 보면 어떤 가게 주인이 생각난다며 이렇게 이야기했다. "언젠가 내가 그 가게 주인에게 윈체스터로 가는 지름길을 물어본 적이 있었다. 그러자 그는 가게에 딸린방 안의 사람에게 큰 소리로 말했다. '이 신사분이 윈체스터로 가는 지름길을 알고 싶다고 하네.' 그러자 누군가가 '윈체스터라고?' 하며 되묻는 목소리가 들렸다. '그렇다네', '윈체스터 가는 길?', '그래', '지름길?', '그래', '모르겠는데.' 그 사람은 질문의 본질을 분명히 이해하려고 했으나 그 질문에 답을 하는 데는 전혀 관심이 없었다." 러셀은 "이런 사례가 바로 진리를 진지하게 추구하는 사람들에게 현대 철학이 하는 행태이다. 젊은이들이 다른 학문에 관심을 돌리는 것이 과연 놀라운 일일까?"라고 말했다.

월터 카우프만은 철학의 "두 부분으로 된 전통"에 관한 글을 썼다. 한 부분은 '실존주의 철학자'들이 전형적으로 보여준다. 이들은 소크라테스처럼 철학을 다시 현실로 되돌리려고 노력하고 삶, 도덕적 정념, 철학이 살아남아야 한다는 확고한 신념에서 생겨나는 질문들에 열정적인 관심을 기울였다. 또 다른 부분은 '분석 철학자'들이 전형적으로 보여준다. 이들은 "도덕적 정념, 전통, 견해 등이 아무리 고상하더라도 분석되지 않은 개념이나 확실치 않은 논거 또는 혼란을 정당화할 수는 없다"라고 확신했다. 카우프만에 따르면 모든 위대한 철학자들에게 철학은 "한 부분으로 기울다가 다른 부분으로 기우는 이런 끊임없는 두 가지 경향 사이의 긴장을 유지하면서 존재했다." 그러나 "실존주의 철학자와 분석 철학자 모두 소크라테스의 반쪽에 해당할 뿐이다."

나는 카우프만이 실존주의 철학자나 분석 철학자가 기본적으로 "소크라테스의 반쪽"에 해당한다고 설명한 경우는 과장이라고 생각한다. 나는 오랜 세월에 걸쳐 많은 철학자가 자신만의 철학 이론에 소크라테스식 방법을 받아들였다고 생각한다. 그러나 각계각층의 남녀노소 모두의 삶에 생기 넘치고 의미 있는 철학을 전하기 위해 노력하지 않은 철학자라면, 자신의 삶을 희생시킨 소크라테스 정신을 받아들이지 않았을 것이다.

카우프만은 소크라테스 철학 또는 내가 말하는 "소크라테스식 경향"의 부활을 예상했다. 그는 30년 전에 "소크라테스의 위업이 정말로 되풀이되고 철학이 학계의 틀을 벗어나는 미래가 있다면, 분석과 실존주의 사이의 긴장 속에서 사고하는 철학자들이 필요할 것이다"라고 말했다. 수년 전에 카우프만의 이 구절을 처음 읽었을 때 나는 이런 생각을 했던 기억이 난다. '누가 됐건 하던 일을 그만두고 소크라테스식 대화를 다시 되살리는 일에 도전할 수 있을까? 그럴 수 있다면 어디서부터 시작해야 할까?'

현대 물리학을 자연의 형이상학에 통합하려 했던 영국의 수학자이자 철학자인 알프레드 노스 화이트헤드Alfred North Whitehead는 철학의 역사가 플라톤의 철학에 주석을 달아온 정도에 불과하다고 말했다. 그러나 나는 철학의 역사를 플라톤의 철학을 잘못 해석하고 타락시키는 일이 너무나 흔했던 역사라고 말하고 싶다.

오늘날의 수많은 학계 철학자뿐 아니라 이른바 역사적 성인 목록에 들어간 많은 철학자가 플라톤의 대화편 곳곳에서 흔히 찾아볼 수 있는 소크라테스식 경향을 버리거나 간과해 왔다. 그들은 플라톤의 저작물 여기저기에서 유리한 지식을 편리한 대로 뽑아내(기껏

대체 모두 무슨 말인가?

해야 신비에 가까운 경향을 보이는) 각자의 견해에 맞게 고쳐 썼다.

내가 만난 몇몇 철학자들 가운데 존 허먼 랜달 주니어는 오랜 동료인 유스투스 버츨러와 함께 소크라테스 전통을 받아들여 놀라운 방식으로 활용한 학자다. 그리스 인문주의와 기독교 윤리의 해석자일 뿐 아니라 철학사와 서구의 지적 전통을 연구해 온 랜달은 "대화의 소크라테스를 창출하고 그 과정에서 소크라테스 문답법이라는 철학의 전통을 만들어낸 인물은… 바로 플라톤이었다"라고 주장했다. 또 플라톤이 "소크라테스의 모든 면을 확인하고 소크라테스를 객관적으로 살펴봤다는 것"을 짐작할 수 있다고 덧붙였다. 랜달은 이런 위업을 이룬 플라톤이 소크라테스보다 '더 위대한 인물'이라고까지 주장했다. 그러나 나는 두 사람 가운데 누가 '더 위대한 인물'인지를 판단하는 것은 무의미하다고 생각한다. 소크라테스는 자신이 창안한 방법을 자신의 제자가 글을 통해 후세에 전한 사실을 가장 좋아하지 않았을까.

랜달은 과거와 현재의 가득 넘치는 전망을 우리가 스스로 경험할 때 '세상에 대한 우리의 창의적인 관점'이 풍부해진다고 주장했다.

생각을 실천하는 일보다 시로 표현하는 일이 더 많다. 이런 시각은 인간의 활동과 이상적인 일에 대해 세상 속 인간 경험이 갖는 영속성을 다른 견지에서 바라보는 관점이다. 세상의 보편적인 구조뿐 아니라, 세상 속에서 인간이 시도한 다양한 경험의 보편적인 구조를 탐구하려고 할 때, 최대한 여러 시각으로 살펴보는 일은 자유롭게 상상력을 발휘하는 것이다.

"최대한 다양한 시각으로 살펴봐야 한다"는 랜달의 권고는 소크라테스가 그랬듯이 시장터를 오가는 대중들에게 철학을 되찾아주는 일만큼 충분한 명분이 있다. 랜달이나 나는 책과 학문 없이는 살 수 없는 사람들이다. 그러나 다른 사람들의 경험에 대해 읽는 것만으로는 얻을 수 없는 것들이 있다. 소크라테스가 그랬듯이 때로는 논쟁에 뛰어들어 매우 비범한 "보통 사람"과 정면으로 대화를 나눌 필요가 있다. 버틀러와 랜달은 철학적 삶이 정신이나 상아탑 속 세계에 갇혀 있어서는 안 된다고 믿었다. 그들은 전례 없이 일반인들과 철학적 담론을 벌였다. 라디오 등을 통해서 일반 청중이나 철학을 하지 않는 전문가들과도 공개적으로 철학 토론을 열었다. 버틀러는 컬럼비아 대학의 현대 문명에 관한 일반 교육 프로그램에서 지적·도덕적인 지도자로 인정받았다. 널리 호평을 받은 이 교육 프로그램은 학문 간에 인위적으로 세워진 경계를 과감히 허물고 대중의 관심에 다가가려고 애썼다.

랜달은 자신의 신념을 지키기 위해 경력을 희생할 각오로 활동한 바 있다. 1933년에 그는 "세계를 또 다른 전쟁으로 휩쓸려고 위협하는 경제 민족주의와 개인주의가 만연하고 있다"라고 고발하면서 교수 성명서에 서명했다.

2년 후, 랜달과 미국 교사 연합(American Federation of Teachers)의 간부들은 좌익의 선동에 항의하는 의미로 사임했다. 이들은 좌익이 정치적 목적을 이루기 위해 노동조합을 정치 세력으로 바꾸려 선동한다고 생각한 것이다. 또 랜달은 1940년에 교육자들을 이끌고 버트런드 러셀의 뉴욕시립대학교 교수 임명을 금지한 뉴욕시에 항의했다. 뉴욕시가 러셀의 교수 임명을 금지한 이유는 그가 종교와 도덕성에 대해 '급진적' 사상을 갖고 있다고 여겼기 때문이다.

랜달과 버즐러는 철학적 문답을 사람들의 삶의 일부로 통합시키고 상아탑과 '현실 세계' 사이의 가교 역할을 위해 노력한 '행동하는 학자들'이었다. 약 40년이 흐른 후 대학이 더 이상 다양한 철학적 사고를 받아들이지 않는다고 느낀 버즐러는 결국 컬럼비아를 떠났다. 그는 스토니브룩의 뉴욕주립대학교로 향했고, 그곳에서 다양한 철학적 관점을 연구하는 (지금은 없어진) 대학원 과정을 개설했다.

월터 카우프만, 버즐러와 랜달의 중요한 업적은 최신 철학사전이나 백과사전에서도 찾아볼 수 없다. 그들은 방법이 '이단적'이었다는 이유로 매우 중요한 성과를 이뤄냈음에도 다른 동료 학자들로부터 소외당하고 지금까지도 정당한 평가를 받지 못하고 있다.

최상의 세계로

나는 중서부 외진 곳에 있는 한 대학가의 작은 카페로 들어갔다. 이곳에선 소크라테스 카페가 처음 열린다. 그런데도 카페에 사람들이 빽빽하게 서 있는 모습을 보고 나는 놀라움을 감추지 못한다. 긴 카운터를 따라 늘어선 회전의자뿐 아니라 판매대 안쪽 접이식 의자까지 빈자리 없이 사람들이 앉아 있다. 그것도 모자라 사람들은 계속해서 이 작은 카페 안으로 들어서고 있다.

나는 한 철학 교수로부터 소크라테스 카페를 열도록 초대받았다. 이 교수는 유스투스 버틀러의 제자였으며, 그 스승의 격려에 힘입어 철학 박사 학위를 받았다. 그는 40년 동안 철학을 가르치며 "기진맥진해졌다"는 감동적인 편지를 내게 보냈다. 교수는 "철학이 세상에 변화를 가져오고 문화 발달에 영향을 미칠 것이라는 희망"을 품고 철학 분야에 뛰어들었다고 했다. 그는 나처럼 소크라테스를 추구하며 철학을 시작했지만, 소크라테스처럼 "젊은이를 타락시키는 위험한 인물"을 학문의 세계에서 발견하지 못했다고 했다. "내가 아는 철학자들 가운데 누구도 이 나라에서" 젊은이들에게 비판적 사고를 가르쳐 타락시킨 혐의(소크라테스가 받았던 혐의)가 있거나 "어떤 이유로든" 재판을 받은 이가 없다고 그는 편지에 썼다. 교수는 이러한 사실을 "학계 철학이(최소한) 철저히 무시되고 있거나 만연하는 자본주의 세계관과 너무 잘 맞아서 거의 보이지 않는 증거"라고 말했다.

교수는 가르침이 세상에 어떤 변화를 가져올 수 있을까를 알아내려고 온 정신을 기울일수록 용기를 점점 잃게 된다고 했다. 그리고 철학 교수로서 자신의 경력이 더욱 의미 없다고 여겨지는 이유는 학계 철학자들이 세상으로부터 더 이상 인정받지 못하고, 동료 철학자들도 서로 인정하지 않기 때문이라고 말했다. 그는 저명한 주립 또는 공립 대학교 대부분이 철학과를 폐지할 수도 있다는 두려움마저 든다고 말했다. "우리 학교만 해도 그런 상황으로 가고 있습니다. 철학과는 대학 행정부로부터 비판을 받고 있으며 그들은 철학과 전체를 완전히 없애버리기를 바랍니다. 소크라테스가 캠퍼스의 공간을 차지할 가치가 없다고 여기기 때문입니다."

교수는 학문의 영역 밖에서 철학에 대한 희망을 찾았다. 그 희망이란 제대로 키운다면 발전의 기회가 될 소크라테스식 담화였다.

그는 편지의 끝에 이렇게 적었다. "당신이 창안한 철학 카페는 사람들로부터 환영받을 멋진 발상입니다."

나는 교수에게 답장할 때 언젠가 그가 사는 곳에서 소크라테스 카페를 시작하도록 돕겠다는 말을 무심코 적었다. 그런데 얼마 지나지 않아 교수의 또 다른 편지를 받은 나는 적잖이 놀랐다. 교수는 내가 소크라테스 카페를 시작할 수 있다면 그 모임을 열 수 있는 장소를 기꺼이 책임지겠다고 했다. 나는 곧 그 제의를 받아들였다.

그 후 두 달이 흘러, 나는 지금 그 교수의 고향에 새로 문을 연 카페에 있다. 가까운 곳에는 그가 학생들을 가르치는 대학이 있다. 소크라테스 카페의 참가자들 가운데는 이 대학의 철학 교수들도 있었다. 모두 여섯 명으로 거의 전원이 참석한 듯 보인다. 철학과의 전성기에는 철학 교수들이 스물에서 스물다섯 명 정도 되었다고 했다. 여섯 명의 교수들은 한 명을 제외하고 모두 중년을 넘었다. 토론이 시작되기 전 한 교수가 대학에서는 철학 교수가 은퇴하더라도 더 이상 새로운 교수를 고용하지 않으며, 그런 상황이 철학과를 더욱 사양길로 이끈다고 내게 불만을 토로한다.

평소처럼 소크라테스 카페를 시작하면서 나는 참가자들에게 토론을 벌일 질문을 요청한다. 무릎에 교과서를 가득 쌓은 한 대학생이 질문한다. "주관적인 세계만 있을까요? 아니면 궁극적 실재의 세계 같은 것이 존재할까요?"

나는 이 문제를 우리가 제대로 다룰 수 있을까 하는 생각이 든다.

대체 모두 무슨 말인가?

두어 시간 동안 어떻게 이 어려운 문제를 풀어가야 할까?

철학이라는 학문이 생긴 이후 철학자들은 세계란 무엇인가에 대해 알아내려고 무척 애써왔다. 토머스 홉스는 《리바이어던》에서 "세계는 만물의 전체 덩어리"라고 했다. 그러나 그는 '만물'이 무엇을 의미하는지 분명히 밝힌 적은 없다.

칸트는 두 개의 세계가 존재한다고 믿은 철학자에 속한다. 칸트는 그 두 세계를 현상적 세계(phenomenal world)와 본체적 세계(noumenal world)로 구분했다. 칸트에 따르면 현상적 세계는 감각으로 인식할 수 있고 정신으로 해석할 수 있는 세계고, 본체적 세계는 시간과 공간 그리고 원인과 결과의 세계 뒤편에 존재하는 알 수 없는 세계다. 이와 대조적으로 비트겐슈타인은 《논리 철학 논고》에서 "알 수 없는 세계에 대해 논하는 일은 터무니없는 짓"이라고 단언했다. 비트겐슈타인에게 세계란 우리의 세계를 형성하고 그 한계를 정하는 논리적 구조체를 포함하는 '사실들의 총체'다. 사실은 근본적으로 알 수 있는 것이라 해도, 알 수 없고 알지 못하는 것들에 대해 말해서는 안 되기 때문에 이른바 알 수 없는 것에 대해 우리는 "침묵해야 한다"고 비트겐슈타인은 말했다.

"세계란 무엇인가요?" 나는 호기심을 갖고 큰 소리로 말한다. 사람들에게 던지는 질문이 아니라 나 자신에게 던지는 질문이다. "세계란 정말 무엇일까요?"

화려한 운동복을 입은 여자가 내가 이 질문을 할 때 막 자리에 앉고 있었다. 그녀가 대답한다. "세상은 내가 만드는 것이라는 상투적인 말이 있는데, 저는 이 말에 많은 진리가 담겨 있다고 생각해요. 가톨릭 신자, 힌두교 신자, 무신론자, 플라톤주의자, 회의론자, 뉴에이지 추종자, 구도자, 이교도, 신비주의자 그리고 여기에 있는 다양한 사람들까지, 우리는 모두 어떤 의미에서 각자의 세계에 살고 있어요. 기독교 신자는 이 세상이 속세를 초월한 존재로 향하는 발판일 뿐이라고 확신할 겁니다. 동시에 신이 언제나 자신과 함께한다고 생각합니다. 그 외에도 현세에 존재하는 것이든 내세에 존재하는 것이든 속세를 초월한 것들에 대해 확신하는 사람들도 있을 테지요. 그러나 내가 그런 믿음이 없다면 우리가 공유하는 세계가 어떤 것이든 그런 사람들과 많은 점에서 극명하게 차이가 날 겁니다."

빡빡머리의 젊은 남자가 무관심하다는 표정으로 의기양양하게 말한다. "하나의 세계만 있는 것이 아니라 세계들이 있을 뿐입니다. 우리는 모두 자신만의 세계에서 살고 있습니다. 우리의 세계는 각각 하나의 섬처럼 존재하는 거죠."

"우리는 지금 서로 의사소통을 하고 있습니다." 내가 그의 말을 지적하며 말한다. "지금 서로 대화를 나누는 자체가 어느 정도는 우리가 세계를 공유하고 있다는 의미 같은데요."

"대화는 아무 의미가 없습니다." 그는 덤덤한 표정으로 대꾸한다. "우리는 서로를 전혀 이해할 수 없으니까요."

"그렇다면 당신과 나는 지금 대화를 나누고 있는 것이 아니군요.

대체 모두 무슨 말인가?

지금 서로를 이해하지 못하고 있다는 말이지요? 그렇다면 우리는 지금 서로에게 이해할 수 없는 헛소리만 내뱉고 있는 건가요?"

그는 아무런 말도 없이 내 얼굴을 뚫어지게 쳐다볼 뿐이다. 동의한다고 고개를 끄덕이지도, 반대한다고 고개를 가로젓지도 않는다. 그저 나를 바라보기만 하고는 곧 일어나 우리들의 세계에서 재빨리 사라진다.

한 교수가 말을 꺼낸다. "무(無)에서 생겨난 관점(a view from nowhere)이 있는 세계 같은 것은 없을까요? 아리스토텔레스가 꽤 확신하며 그런 세계가 존재한다는 것을 보여줬다고 생각하는데요."

세계에 대한 질문을 처음 제기한 학생은 이 주제를 논할 준비를 해온 듯하다. "아리스토텔레스는 '무에서 생겨난 관점'을 조금도 지지하지 않았어요." 그녀가 확고하게 말한다. "아리스토텔레스는 우리가 그런 관점에 대해 말할 때마다 우리 자신과 관련하여 말한다고 했습니다." 그녀는 생각을 정리하려는 듯 잠시 말을 멈춘다. "아리스토텔레스는 아무 데도 아닌 곳, 즉 우주 전체 같은 곳이 존재한다고 생각은 했으나 '무에서 생겨난 관점' 같은 것이 있다고는 생각하지 않았어요."

내가 아리스토텔레스를 언급한 교수를 흘깃 쳐다보니 교수는 이 학생을 부러움과 감탄, 적대감이 뒤섞인 눈길로 바라보고 있다.

그때 또 다른 학생이 대화에 끼어든다. "'무에서 생겨난 관점'이 인간이 제시한 관점이라면, 그건 '무에서 생겨난 관점'이 전혀 아님니다. 그 관점은 사실 어딘가로부터 나온 관점이 됩니다."

이목구비가 또렷하고 우아한 옷차림의 중년 여자가 갑자기 일어나 말한다. "'무에서 생겨난 관점'이 있는지 알려면 먼저 이런 질문에 답해야 합니다. 나무가 땅에 쓰러졌는데 아무도 그 소리를 듣지 못했다면 그 나무는 소리를 낸 걸까요, 아닐까요?" 그녀는 자신의 말에 아주 만족스럽다는 표정으로 자리에 앉는다.

물리학을 전공한다고 밝힌 한 학생이 진지하게 대답한다. "사람에게 들리지 않는 곳에서 쓰러진 나무가 소리를 내고 안 내고는 전혀 상관이 없습니다. 그 사건이 일어났거나 일어나지 않았을 거라고 인정하는 데 사람이 어느 시점에 어떤 방식으로든 근처에 있었는지는 문제 되지 않습니다."

물리학을 전공한 학생이 계속 말을 잇는다. "나무가 땅에 쓰러진 사실은 어느 시점에 누군가가 증거에 따라 알아내거나 추측할 수 있습니다. 어떤 사람이 문제의 나무가 땅에 쓰러졌다고 결론을 내린다면, 그는 나무가 땅에 쓰러지며 부딪치는 소리를 냈을 거라고 추측하는 게 타당합니다. 그리고 그런 추측을 하려면 나무가 땅에 쓰러질 때 내는 소리를 직접 들었거나, 아니면 나무가 땅에 쓰러질 때 언제나 또는 대체로 소리를 낸다는 명백한 증거가 있어야 합니다. 쓰러졌다고 추정되는 나무와 쓰러질 때 나는 소리는 어떻게든 확인되고 입증될 수 있습니다. 한 가지 방법으로는 나무가 쓰러질 때 무슨 일이 일어나는지를 재현해 보고, 실제 사례나 물적 증거로부터 밝혀낸 내용을 근거로 추정하는 일입니다. 여기서 실제 사례나 물

대체 모두 무슨 말인가?

적 증거란 우리가 익숙하게 알고 있으며 나무가 땅에 쓰러진 일과 비슷하거나 똑같은 사건을 말합니다. 이처럼 이치에 맞게 추측하고 타당한 결론을 끌어내려면 관련 지식을 충분히 갖춰야 합니다."

나는 나무에 관한 질문을 제기했던 중년 여자를 처다보며 이 학생의 말에 응할 말이 있는지 확인한다. 여자는 없다는 의미로 고개를 젓는다.

그때 또 다른 교수가 일부 참가자들이 사실상 상대주의적 관점을 제시하고 있다고 비난한다. "일부 참가자들이 보편적 실재는 전혀 없다고 암시하는 것 같습니다. 그러나 수학적 상징을 생각해 보면 어떤가요? 이는 보편적 실재가 있으며, 따라서 '무에서 생겨난 관점'을 전형적으로 보여주는 핵심 증거입니다."

내가 말을 꺼낸다. "그렇지만 이른바 이런 보편적인 실재도 인간과 관련하여 존재하지 않을까요? 그러니까 보편적인 실재를 깊이 생각하고, 창조하고, 존재한다고 '상상하는' 인간과 관련하여 존재하는 건 아닐까요? 그러하다면 '아무 데도 아닌 곳'은 사실 '어떤 곳', 구체적으로 말하면 우리의 마음, 우리 자신이 아닐까요?"

교수는 내 말을 들으려 하지 않는다. "인간과 독립적으로 존재하는 보편적인 실재가 있다는 사실을 받아들이기를 원하지 않는군요." 그가 나를 무시하듯 말한다.

한 학생이 무슨 말을 하려는 순간, 또 다른 교수가 비웃는 듯한 미소를 띠며 농담을 한다. "만일 교수가 땅에 쓰러지면, 그 소리를 들는 사람이 있을까요?"

아무도 웃지 않는다. 그래도 학생들은 나와 교수들에게 이의를 제기하기 위해 용기를 발휘한다. 한 학생이 로버트슨 데이비스^{Robertson Davies}의 《맨티코어^{The Manticore}》를 막 읽었다면서 의견을 말한다. "데이비스는 이 책에서 '다른 곳으로부터의 관점'에 대해 말했습니다. 아마도 우리가 할 수 있는 최고의 선택은 우리 자신의 관점 외에 다른 곳에서 생겨난 관점들을 받아들이려는 노력일 겁니다. 그리고 이런 노력이 우리의 세계관을 넓히는 길이 될 겁니다. 그런데 '무에서 생겨난 관점'을 논하는 일은 우리에게 쓸모없다는 생각이 듭니다. 그 개념을 이리저리 살펴보는 일은 재미있을지 모르지만, 결국에는 느닷없는 관섬일 뿐이니까요."

이 학생에게 내가 묻는다. "그렇지만 '무에서 생겨난 관점'도 여기서 특정 사람들이 제시한 특정 관점으로서 '다른 곳에서 생겨난 관점'이라 할 수 있지 않을까요? 그런 점에서 '무에서 생겨난 관점'은 최대한 철저히 깊이 생각하고 탐구할 가치가 충분히 있지 않을까요? 자신이 동의할 수 없는 결론에 이르더라도 말입니다."

나는 말을 계속 잇는다. "더욱이 '무에서 생겨난 관점'은 그야말로 '궁극적인 객관성'을 띤 관점이 아닐까요? 우리가 결코 획득할 수는 없으나 점점 더 다가가고자 노력해야 하는 관점이 아닐까요?"

학생은 아무런 대답이 없다. 이 질문을 곰곰이 생각하고는 있지만 어떤 대답도 하지 않는다. 몇몇 교수들은 그들이 지지하는 관점을 내가 '방어'한 듯 보이자 만족스러워하는 것 같다. 내 말이 끝났

대체 모두 무슨 말인가?

을 때 누군가 "바로 그렇소"라고 중얼거리는 소리도 언뜻 들린다. 소크라테스의 방법을 추구하면서 나는 어떤 특정 관점도 방어하지 않는다. 모든 견해를 여러 관점에서 다양한 각도로 살펴보기를 고집하며 설득력 있는 반대 의견이나 대안이 있는지를 깊이 살펴야 한다고 강조한다.

마침내 나는 소크라테스 카페가 열릴 때마다 늘 참가하는 '침묵을 지키는 참가자들'에게 반응을 청하기 시작한다. 그들은 토론에 강한 관심을 보이며 귀를 기울이지만 반드시 말을 해야겠다고 생각하지 않고 요청하지 않는 한 말하기도 꺼린다. 내가 뭔가 하고 싶은 말이 있느냐고 물으면 이들은 거의 예외없이 날카로운 견해를 제시하곤 한다. 나와 함께 카운터 앞에 앉아 있던 한 학생이 말한다. "저는 세계란 물리적으로 보고 느끼고 만질 수 있는 무언가여야 한다고 생각합니다. '무에서 생겨난 관점'은 제게 아무런 의미가 없습니다. '무에서 생겨난 관점'을 진지하게 생각해 보았으나, 저한테는 그저 공허하고 중요하지 않은 것 같습니다. 점점 더 객관적으로 다가갈 수 있는 관점이라고 말할 수도 있지만, 저는 교수님이 그런 의미로 말씀하시진 않은 것 같습니다." 학생은 '무에서 생겨난 관점'을 수학적 상징으로 언급한 교수 쪽으로 고개를 끄덕인다. "저는 교수님께서 그런 관점을 하늘에서 생겨난 관점, 그러니까 신의 시각 같은 관점으로 여긴다고 생각합니다."

나는 카운터 한쪽 끝에 조심스럽게 앉은 여자에게 하고 싶은 말이 없냐고 물어보았다. 그 말에 기뻐하면서도 당황스러운 듯 보이는 여자는 한참을 생각하더니 말을 시작한다. "토론을 시작하고 얼마 지나지 않아서 어떤 사람이 하나의 세계가 있는 것이 아니라 세계들이 있을 뿐이라고 한 말은 거의 맞는 말이라고 생각해요. 어떤 의미에서 우리 각자는 하나의 섬이라는 생각이 듭니다. 예를 들어 시를 공부하는 학생이 있고, 게임 이론을 공부하는 학생이 있고, 원자물리학을 공부하는 학생이 있으며, 또 문화 인류학을 공부하는 학생이 있다고 할 때, 각 학생은 자신이 관심 있는 지식의 섬을 공부하고 다른 지식의 섬에 대해서는 거의 관심을 보이지 않지요. 학생들은 모두 자신의 섬이 가장 가치 있다고 확신을 해요. 그리고 다른 학생의 섬에 대해 이해한다고 해도 제대로 알지는 못합니다."

"그러나 시인 존 던John Donne은 '그 누구도 섬이 아니다'라고 했는데 사실 그 말이 맞아요. 사람들과 그들의 지식 영역은 서로에게 섬이 아니에요. 사람들이 그렇게 생각하고 싶더라도 말입니다. 사람들의 섬은 끊임없이 교차하고 있는 거죠. 사람들은 이 세계가 어떻게 지금의 모습이 되었고, 또 왜 그렇게 되었는지에 대해 자신들만의 방식으로 탐구합니다. 그래서 사람들은 보기에는 추구하는 것이 다른 것 같아도 공동의 목표를 추구하고 있는 거지요."

우리는 여자의 말에 진지하게 귀를 기울인다. 여자는 언제 침묵하고만 있었냐는 듯 이제는 말하기를 주저하지 않는다. "물론 사람들은 고립된 상태로 학문을 추구할 수 있어요. 그러나 그렇게 하면 우리는 각자 세상에 존재하는 수많은 관점 중에 하나에만 전념하게

대체 모두 무슨 말인가?

됩니다. 그리고 사실은 각자 자신의 전문 분야를 통해 자신의 세계를 통합하려고 애쓰고 있어요. 물리학자나 시인, 인류학자, 경제학자, 신학자 그 누구든 자신의 전문 분야의 언어와 신화를 사용해 세계의 큰 그림을 그려냄으로써 통합된 시각을 갖추려고 노력합니다."

"그 말에 전적으로 동의합니다." 한 종교학과 교수가 그녀의 말에 동감을 표한다. 한데 모여 있는 다른 철학과 교수들과 달리 혼자 떨어져 앉은 이 교수는 지금까지 멍한 표정을 짓고 있었다.

"여자분이 말씀하신 세계의 관점은 우리가 살아가는 세계에 대해 어떤 의미인 걸까요?" 내가 종교학과 교수에게 묻는다.

"우리가 우리의 세계를 통해 세계를 전체로 인식할 힘을 얻을 수 있다는 말입니다." 교수가 대답한다. "우리가 세상의 통합된 시각을 제시하려고 시도하는 수단과 방법이 정말 많은 것을 보면, 세계에 얼마나 다양한 면이 존재하는지를 알게 됩니다. 윌리엄 제임스가 오래전에 말했듯이 우리는 의문의 여지 없이 다원적인 세계에 살고 있습니다."

제임스는 《종교적 경험의 다양성The Varieties of Religious Experiences》과 《다원적 우주A Pluralistic Universe》에서 사람들이 지지하는 다양한 개인적, 문화적, 종교적 접근법을 축소하려는 것은 지적으로 부정직하며 극단적으로 단순화하는 일이라고 주장했다. 제임스는 오히려 "세상에 실재하는 이상한 특징들"을 통해 우리의 세계가 열려 있고 다원적이며 계속 발전한다는 사실을 명확히 알 수 있다고 확신했다.

교수가 말을 잇는다. "여자분이 아주 유창하게 하신 말씀은 제임스뿐 아니라, 프랑스 가톨릭 철학자이자 급진적 신학자인 에티엔느 질송Etienne Gilson의 생각과 완전히 일치합니다. 제임스처럼 질송도 우리의 세계는 늘 새롭고 창조적이며 다양한 관점으로 끝없이 탐구해야 할 곳이라고 주장했습니다."

이때까지 아무런 말도 하지 않던 한 학생이 말을 꺼낸다. "더욱이 그 말은 세계를 탐구하는 데 다양한 방식과 수단이 있을 뿐 아니라, 종교적, 철학적, 과학적, 시적 지성 등 여러 형태의 지성이 존재한다는 의미라고 생각합니다."

하버드의 교육심리학 교수인 하워드 가드너Howard Gardner는 자신의 유명한 다중 지능 이론(theory of multiple intelligences)에서 지능을 7가지 유형으로 구분했다. 그 7가지 유형은 언어 지능, 논리수학 지능, 신체운동 지능, 공간 지능, 음악 지능, 대인관계 지능, 자기성찰 지능으로 구분된다. 흥미로우면서도 획기적인 이 이론은 널리 받아들여진다. 그런데 나는 가드너 교수가 지능의 여러 유형을 밝혔다고만 생각하지 않는다. 그는 지능이 표현될 수 있는 방식을 정확히 보여줬다고 생각한다. 지능은 철학적, 미학적, 과학적, 직관적 등 다양한 방식으로 표현될 수 있다고 그는 말했다.

그때 또 다른 참가자가 말을 꺼낸다. "이곳의 많은 참가자들의 주장을 토대로 보면, 우리의 세계는 내부에 무한한 세계, 말하자면 각자의 세계를 포함하고 있는 것 같습니다. 우리는 모두 세계에 대해 조금이라도 다른 관점을 갖고 있기 때문입니다."

뛰어난 이성주의 철학자 고트프리트 빌헬름 라이프니츠Gottfried Wilhelm Leibniz는 뉴턴과 함께 미적분법을 창시하고 근대 수리논리학의 기초를 세운 인물로 유명하다. 라이프니츠는 존재 가능한 세계는 무한하고, 신이 실재 세계를 창조하기 전에 이 모든 가능한 세계를 고려했다고 주장했다. 또 가능한 세계 중에서 최상의 세계가 바로 그 실재 세계라고 강조했다. 라이프니츠는 우리 세계 안에 존재하고 발생하는 모든 것이 궁극적으로 선하며, 그 이유는 신이 창조할 수 있었던 그 어떤 것보다 가장 나은 우주를 창조했기 때문이라고 이성적으로 믿었다.

그는 이 세상의 악의 존재가 완전한 전체 세상에 속하는 하나의 구성 요소라고 설명했다. 하지만 볼테르는 이 세상에 존재하는 악을 그렇게 쉽게 설명할 수 없다 여겼고, 자신의 유명한 풍자 소설 《캉디드》에서 팡글로스 박사라는 인물을 통해 라이프니츠를 비판했다. 볼테르는 어떤 행위나 일어난 일이 아무리 악하더라도 "모든 가능한 세계 중에 최상의 세계 안에 있는 최상을 위해 모든 것이 존재한다"라는 팡글로스 박사의 관점을 비웃었다. 그러면서 볼테르는 이 세상의 악을 물리치기 위해 구체적인 행동을 취해야 한다고 주장하면서, "우리는 우리의 정원을 가꿔야 한다"라고 말했다.

침묵을 지키던 참가자들이 잇따라 대화에 끼어든다. 더 많은 참가자들이 편안하고 자신감 있게 대화에 참여할수록 우리의 생각은 더욱 다양하고 풍부해진다. 누가 용감한 사색가인지 아닌지 역시 더욱 분명해진다.

토론이 이제 막 불붙기 시작했는데 한 교수가 일어나 이렇게 말한다. "밤이 늦었으니 이제 그만하도록 합시다. 와주셔서 감사합니다." 지금 토론을 마치고 싶냐고 묻는 사람은 아무도 없었다. 그런데 그 교수는 "수업 끝났어요"라고 말하며 수업을 마쳐야 할 때라도 된 듯했다.

의외의 질문을 기다리며

　우리는 심연으로 뛰어들었지만 그 풍부한 질문 가운데 빙산의 일각조차 제대로 탐색하지 못했다. 우리는 '궁극적 실재(ultimate reality)'('실재' 자체도)가 무엇인지 설명하려는 시도는커녕 객관적 실재와 주관적 실재도 구분하지 못했다. 더욱이 우리는 존재하거나 존재할 수 없는 다양한 세계에 대해 그 기준을 분명하게 밝혀내려는 시도조차 못했지만, 토론이 갑자기 끝나버리는 그런 일에 대해 좌절할 필요는 없다. 나는 앞으로도 소크라테스 카페에서 서로 다른 세계와 현실에 관한 여러 질문을 던지고 탐구할 기회가 있으리라 확신한다. 이런 토론은 의외의 질문으로 불붙기 때문이다.

'실재'에 관한 의외의 질문

"왜 무엇일까요?"

나는 캘리포니아 해변이 내려다보이는 한 북 카페에 와 있다. 동굴처럼 생긴 이곳에서 소크라테스 카페가 열리고 있다. 내가 참가자들에게 어떤 질문을 주제로 토론할지 의견을 요청했을 때 한 사람이 "왜 무엇일까요?"라는 질문을 내놓은 것이다. 30명 정도 되는 사람들이 이상한 질문이라는 듯 그를 쳐다본다. 나도 특이한 질문이라는 생각으로 그를 쳐다보았던 것 같다.

나는 무슨 말인지 알고 싶다. 아니, 알아야겠다. 그래서 그 질문을 선택하기로 한다. "도대체 무슨 말인가요?" 내가 그에게 질문한다.

"저는 공학을 전공하는 학생입니다." 그의 발음에 강한 러시아 억양이 섞여 있다. 예의 바른 이 젊은이는 머리가 거의 벗겨졌음에도 20대 초반으로 보인다. "저는 다양한 '무엇'에 대해 공부하고 있습니다. 아원자 입자, 전자기장, 고분자, 원자 간의 결합 부분 등 그런 종류입니다. 그리고 이러한 '무엇'이 왜 존재하는지, 존재할 능력이 있을지에 대해 궁금해하곤 합니다. 그러다가 문득 '무엇'이 먼저 존재하지 않고서는 '왜'가 있을 수 없다는 생각이 떠올랐습니다."

그는 잠깐 숨을 고른다. "그래서 왜 무엇일까요?"

한 여자가 좀 기막히다는 표정을 지으며 말한다. "이건 정신적 자위행위일 뿐이에요."

"왜 그렇게 생각하시죠?" 내가 묻는다.

"말이 안 되니까요." 여자가 말한다. "저는 학생이 그냥 말장난하고 있다는 생각이 들어요. 그런 질문에 관한 철학적인 토론은 불가능하다는 겁니다."

"하지만 이 학생은 자신의 질문이 무엇을 의미하는지 방금 설명했습니다." 내가 말한다. "'무엇'이 무슨 의미인지도 설명했으며, 또이미 자신의 관점에서 '무엇이 무엇일까?'라는 질문에 대한 답도 내놓았습니다. 이 학생은 이제 '왜 무엇일까?'라는 질문의 답을 찾을 수 있도록 우리에게 도움을 받고 싶은 겁니다."

"전 학생이 되는대로 생각을 막 내뱉는 것 같아요." 여자가 말한다. "자신이 무슨 질문을 하는지도 모른다는 생각이 들어요."

라울은 소크라테스 카페에 매번 참가하며, 지금까지 우리가 토론한 질문마다 열린 마음으로 열정을 쏟아온 사람이다. 그랬던 라울이 이 여자의 편을 든다. "'왜 무엇일까?'라는 질문 자체를 할 수가 없습니다." 라울이 단호하게 말한다.

"그런 질문 자체를 할 수가 없다고요?" 내가 묻는다. "그 말은 좀… 독재적으로 들리는군요. 우리 중에 누구도 그런 질문을 해서는 안 되는 건가요?"

라울은 물러설 마음이 없는 듯 말한다. "전 소크라테스도 '왜 무엇일까?' 같은 질문은 절대 논하지 않았을 것이라고 확신합니다."

이 말에 몇몇 사람들이 공학도를 편든다. "음, 소크라테스도 모든 것을 토론할 수는 없었을 겁니다." 한 남자가 말을 꺼낸다. 그는 구레나룻과 머리 모양이 자신이 입은 티셔츠에 새겨진 엘비스 프레슬리와 닮았다. "하지만 소크라테스는 자신과 정직하게 대화하기를 원하는 사람의 질문이 무엇이든 거절하지 않았을 겁니다. 소크라테스는 '왜 무엇일까?'라는 질문뿐 아니라, '무엇이 무엇일까?', '인간은 무엇인가?', '모든 것이 물질적이거나 정신적으로 무엇의 형태로 존재하는가?' 등의 질문으로도 대화를 나누었으리라 생각합니다."

"그 말이 맞아요." 라울 옆에 앉아 있는 여자가 말한다. 라울의 친구인 그녀는 늘 라울과 함께 이 모임에 참가하지만 말은 거의 하지 않는다. "이 젊은이의 질문을 토론하는 것이 어떨까요? 우리가 한번 파헤쳐 보죠. 선입견은 잠시 제쳐두고요."

"왜 무엇일까… 왜 무엇일까…." 공학도가 내키지 않는 듯 혼잣말로 중얼거린다.

그때 내 아내 서실리아가 공학도 쪽으로 고개를 끄덕이며 말한

대체 모두 무슨 말인가?

다. "저도 학생이 처음 이 질문을 했을 때, 말이 안 된다고 생각했어요. 그렇지만 제 모국어로 '왜 무엇일까?'는 '¿Porqué es que?'라는 생각이 들었고, 이 질문의 첫 단어 Porqué(왜)에 qué(무엇)가 포함되어 있다는 사실을 깨달았어요. 그러니까 스페인어에서는 '왜?'라고 이유를 물을 때 질문의 주어, 즉 '무엇'을 동시에 묻는 것이 됩니다. 이유를 물으면서 동시에 그것 자체에 대해서도 묻는 것이 되죠. 제 모국어에서는 '왜'와 '무엇'이 떼어놓을 수 없는 관계에 있는 겁니다."

이 토론의 질문 주제에 불만을 품고 있던 한 남자가 조금은 멍한 표정으로 서실리아를 바라본다. 마침내 그가 말한다. "그 말을 듣고 제 생각은 180도로 바뀌었습니다. 언어의 벽을 깨고 더 자유롭게 그 질문을 탐색할 정도로 상상력을 발휘하지 못했던 것 같네요." 그는 조금 무안한 표정으로 자신의 편견을 인정했지만 동시에 기분이 들떠 있는 듯 보인다.

공학도가 그에게 말한다. "제 질문에 이의를 제기한 것을 기쁘게 생각합니다. 내가 질문하려는 것이 무엇인지를 나는 정말 알고 있을까 하는 생각이 들었으니까요. 내 질문에 의문을 품으니 명백히 답하려고 애써도 찾을 수 없던 답을 생각해 낼 수 있습니다."

그러자 남자가 "저는 마침내 '무엇 속의 본질'을 받아들일 준비가 되어 있습니다"라며 멋쩍은 웃음을 짓는다.

내가 참가자 모두에게 말한다. "'무엇 속의 본질'을 너무 급하게 받아들이기 전에, 이 '무엇'이 무엇이고, 무엇이 될 수 있는지를 주의 깊게 살펴보도록 합시다." 내 시선은 공학도를 향한다. "학생이 조금 전에 무엇을 아원자 입자, 전자기장, 고분자, 원자 간의 결합 부분 등이라고 했는데, 그렇다면 '무엇'으로서의 자격에 부합하려면 이것이 물질적 실체여야 한다는 말인가요?"

공학도는 고개를 끄덕인다. "바로 그렇습니다. 존재하는 모든 것은 기본 입자로 이루어진 물질적 실체입니다."

이 공학도의 견해에 동의할 철학자나 과학자는 많을 것이다. 그런데 다름 아닌, 플라톤의 제자이며 알렉산더 대왕의 스승이었던 아리스토텔레스는 기본 입자설을 입증할 수 있는 가설이 아니라 희망적 사고에 가까운 독단적 이론이라고 여기며 거부했다. 아리스토텔레스는《자연학Physics》에서 "실체는 으뜸인 것으로 그 안에서 원리와 원인과 원소를 구별할 수 있다"라고 말했다. 아리스토텔레스에 따르면 실체는 단순한 물질이 아니라 정신적이든 물질적이든, 유형이든 무형이든 모든 것의 근원이다. 그는 또한 실체는 속성과 힘과 형상을 떼어놓고 이해하거나 밝혀낼 수 없으므로, 더 이상 축소할 수 없는 기본 입자가 될 수 없다고 주장했다.

아리스토텔레스와 플라톤은 서양철학에서 가장 영향력이 큰 철학자들이었지만, 아리스토텔레스의 뒤를 잇는 사람들은 대부분 그의 이런 견해를 이상하다고 여기며 받아들이지 않았다. 그러나 신의 존재에 대한 반대론을 내세워 유명해진 18세기 영국 경험주의 철학자 데이비드 흄David Hume은 아리스토텔레스 사상을 발판으로 실체에 대한 개념을 만들어냈다. 흄은 《인성론A Treatise of Human Nature》에서 "우리는 특정한 속성의 개념들과는 완전히 다른, 외부적 실체에 대해서는 전혀 알 수 없다"라고 말했다. 그리고 이 의미는 정신이 특정한 대상에 갖는 "특정한 인식과는 완전히 다른 정신에 대해서도 우리가 전혀 알지 못한다는 뜻이다"라고 말했다. 흄은 이 두 '가설들'을 토대로 본성에는 물리적, 사회적, 심리적, 심미적 차원 등 많은 차원이 있으며, 각 차원은 만물이라는 큰 체계 안에서 정당하게 '필수적'이고 '근본적인' 것으로 존재한다는 원리를 제시했다. 이러한 차원들은 별개로 존재하는 것이 아니라 서로 겹치고 하나로 결합하며 끊임없이 서로에게 영향을 미친다.

아리스토텔레스가 '천체(heavenly bodies)'와 같은 어떤 실체는 절대 바뀔 수 없고 그래서 완전하다고 생각한 것은 당대의 일반적인 우주론을 받아들였기 때문이다. 그렇더라도 아리스토텔레스는 어떤 종류의 실체도 간단하게 생각할 수 없다는 흄의 견해와 일치했다. 이러한 철학적 관점에서 보면 실체 또는 '무엇'은 모든 면에서 하는 무엇, 할 수 있는 무엇, 할 가능성이 있는 무엇, 행해질 가능성이 있는 무엇 때문에 실체가 된다. 이는 구성하고 있는 무엇 때문에 실체가 되는 것과 같다. 실체의 사실성, 영향력, 힘, 잠재력, 역사는 실체의 '궁극적'이거나 '근본적인' 구성에서 핵심적인 부분에 해당한다. 흄은 실체의 이런 다양한 구성 요소가 모두 똑같이 필수적이고 궁극적이며 근본적이라고 믿었다. 이 구성 요소 중에 하나라도 분리한다면 실체는 있는 그대로 존재하지 못하고 바로잡을 수 없을 만큼 왜곡될 것이다.

"'무엇'이란 게 좋을 수 있을까요?" 내가 공학도에게 묻는다.

그의 얼굴에 만족하는 듯한 표정은 사라지고 없다. "무슨 말씀인가요?"

"'무엇'이 좋을 수 있을까요? 예를 들어 내가 햄버거를 먹는다고 합시다. 내가 '이거 맛이 좋구나'라고 말하면, 햄버거를 '무엇'이 '좋다'라고 표현한 겁니다. 또 내가 물에 빠진 사람을 구해준다면 내 행동을 '좋은 행위'라고 표현할 수 있습니다. 이런 예가 '무엇'이 좋다는 것이 아닐까요?"

공학도가 당황한 듯 보인다. 이때 라울이 그를 도와주려고 이렇게 말한다. "그 행동 자체는 '무엇'이 맞습니다. 햄버거 자체가 '무엇'인 거지요. 그러나 '좋음'은 '무엇'이 아닙니다. 좋음이란 물질적 실체의 속성일 뿐입니다."

"속성일 뿐이라고요?" 내가 말한다. "속성은 '무엇'이 아닙니까? 햄버거의 속성이나 물에 빠진 사람을 구하는 행위의 속성도 '무엇'이 아닌가요?"

그때 이 토론을 정신적 자위행위라고 말한 여자가 말한다. "'좋음'도 확실히 '무엇'이 맞습니다." 여자가 공학도를 쳐다보며 말을 잇는다. "학생은 유물론자 같아요. 하지만 물질적이지 않은 것들도 '무엇'이 맞습니다. 속성도 이 세상의 모든 것이 그러하듯 '무엇'이 될 수 있습니다. 존재하는 모든 것이 '무엇'인 거죠. 사실 속성

대체 모두 무슨 말인가?

은 '무엇'이 '무엇'이 되도록 만드는 '무엇'인 겁니다. 모든 '무엇'은 속성이 있고, 모든 속성은 '무엇'이 있는 거지요."

여자는 생각을 정리하려고 잠시 말을 멈추다가 다시 말을 꺼낸다. "내가 학생을 보면서 '학생은 참 잘생겼어요'라고 말한다면, 내가 학생이 '무엇'이라고 말하는 것과 마찬가지로 '잘생김'도 '무엇'이라고 말하고 있는 거죠. '잘생김'이라는 속성이 무엇이 아니라면, 나는 그렇게 말할 수 없을 테지요. '잘생김'은 학생을 묘사하는 낱말입니다. 이 낱말은 하나의 실체이고 '무엇'이며, 의사소통이라는 특수한 목적을 위해 사용된 거죠. 따라서 '좋음'이나 '잘생김' 같은 우리가 공유하는 낱말들도 '무엇'이라 할 수 있습니다. 저는 영어 교사입니다. 사람들에게 낱말을 제대로 사용하는 법을 가르치죠. 우리가 사용하는 모든 낱말 하나하나가 '무엇'입니다. 낱말들을 능숙하게 사용하면 문학 작품이나 편지 같은 여러 저작물을 만들 수 있지요. 화학물질을 사용해 물건을 만드는 것과 마찬가지입니다."

"그리고 또 우리가 낱말들을 통해 '무엇'에 대해 말하거나 밝혀낼 수 있지 않습니까?" 내가 묻는다.

여자가 나를 의아하게 쳐다본다.

그때 공학도가 나를 쳐다보며 말을 꺼낸다. "제 생각에, 지금 하신 말씀은 낱말들이 세상을 구성하는 실체를 어떤 식으로든 가리키거나 묘사할 때 우리가 사용하는 무엇이라는 말인 것 같습니다. 그러나 전 여전히 낱말들을 '무엇'과 똑같은 수준이라고 생각하지 않습니다. '무엇'은 실체이고 세상을 구성하는 것입니다. 그리고 낱말은 실체를 구성하는 '무엇'을 이해하기 위해 우리가 사용하는 도구에 속합니다."

다른 사람이 끼어들기도 전에 그는 말한다. "하지만 어떤 점에서는 낱말도 '무엇'이 될 것 같습니다. 그렇지 않으면 낱말이 무엇이고 어떤 역할을 하는지 기술할 수 없을 테니까요."

공학도가 영어 교사라는 여자를 쳐다보며 말한다. "선생님께서는 낱말과 속성이 물질적이지 않다고 생각하시는 듯한데요, 전 지금 제가 어떤 점에서 잘못 생각하고 있었는지를 깨달았습니다. 햄버거나 고분자물질처럼 구체적인 것들만 실재적, 물질적이라고 말한 부분이 틀렸던 겁니다. 낱말도 실재적이고 물질적인 것이지요. 만일 어떤 낱말이 종이에 적혀 있다면, 그 낱말이 무언가로 이루어져 있어서 가능한 겁니다. 낱말이 적혀 있는 종이가 '무엇'이듯이 말입니다. 그리고 사고할 때 어떤 낱말이 머릿속에 떠오른다면, 우리 정신이 뇌라는 구체적인 실체로 이루어져 있어서 가능한 일입니다." 그가 한참 동안 침묵한다. 그러다가 영어 교사를 다시 쳐다보며 말을 이어간다. "제 생각에 선생님께서는 물질적인 것과 비물질적인 것을 구별하시고, 또 이 두 가지가 서로 완전히 다른 종류의 '무엇'이라고 말씀하시는 듯합니다. 그런데 제가 말하려는 것은 '비물질적인 것은 없다'는 사실입니다. 물질적인 것과 전혀 다르게 보이더라도 말입니다."

"그렇다면 낱말은 실재 세계에서 '어딘가의' 무엇을 가리키려고

대체 모두 무슨 말인가?

사용하는, 분명히 표현된 생각으로서 '무엇'이라는 말인가요?" 내가 묻는다.

"그런 말이라 할 수 있습니다." 공학도가 대답한다. 그의 견해는 F. H. 브래들리 F. H. Bradley의 생각과 놀라울 정도로 비슷하다. 영국의 유명한 이상주의 철학자였던 브래들리는 자신의 매우 영향력 있는 저서 《현상과 실재 Appearance and Reality》에서 실재는 '무엇(what)'과 '그것(that)'이 결합한 것이라고 말한다. 다시 말해 우리의 생각인 '무엇'이 '그것'이라는 실체 또는 실재의 물체에 보편적으로 존재하거나 형태를 부여하는 것이다.

그때 갑자기 터져나온 큰 웃음소리에 모두가 깜짝 놀라 한곳을 응시한다. 라울이다. 그가 공학도를 쳐다보며 말한다. "처음에 이 질문이 제기되었을 때, 당혹스러웠던 이유는 질문의 형태 때문이었습니다. 저는 무슨 말인지 전혀 이해할 수가 없었어요. 어린아이라면 '왜 아무것도 없지 않고 무언가가 있을까?' 아니면 '왜 무엇이 있을까?'라고 질문했을 겁니다."

"하이데거 Heidegger에 따르면 인간은 존재 자체에 의문을 품고, '왜 아무것도 없지 않고 무언가가 있는가'를 묻는 유일한 존재입니다." 내가 말한다. "하이데거의 말이 옳다는 증거인 것 같군요."

"존재!" 라울이 너무 큰 소리로 말해 모두 깜짝 놀란다. "바로 이 말입니다." 라울이 다시 공학도를 쳐다보며 묻는다. "무엇은 존재하는 모든 것일까요? 다시 말해, 무엇만이 존재하는 것일까요?"

이번에는 공학도가 재빨리 반응한다. "네, 물론입니다."

"전 동의하지 않아요." 서실리아가 말한다. "아직 존재하지 않는 것들은 어떤가요? 철학자라면 '되어가는 상태'에 있다고 말할지도 모를 어떤 것도 '무엇'이 되지 않을까요?"

"죄송하지만 무슨 말씀인지 이해 못하겠어요." 공학도가 말한다. 일부 다른 사람들의 표정으로 미루어 보면, 그가 이들을 대신해서 말한 듯하다.

"그러니까 저는 언젠가 노인이 될 가능성이 있습니다." 서실리아가 말한다. "제가 충분히 오래 산다면 언젠가는 노인이 될 겁니다. 그래서 제가 말하려는 것은, 내 속에 있는 이런 가능성, 내가 될 가능성이 있는 사람은 아직 내가 되지는 않았지만 지금 이 순간 내가 누구인가로서의 '무엇'과 마찬가지로 '무엇'이라는 거지요."

그때 한 할머니가 서실리아에게 말한다. "난 여기 있는 사람들이 앞으로 될 가능성이 있는 노인입니다." 생기 넘치는 큰 눈을 가진 할머니는 고개를 돌려 둘러보면서 라틴어로 말한다. "Sum quod eris, quod es, ante fui, pro me, pregor, ora! (나는 당신이 될 무엇이고, 당신은 이미 내가 지나온 무엇이니, 내 영혼을 위해 기도해 주세요!)"

"정말 아름다운 말이네요. 그렇지만 제 생각은 좀 다릅니다." 공학도가 말한다. "저는 가능성이 '무엇'이라고 생각하지 않습니다. 가능성은 실현되기 전까지는… 아무것도 아닙니다."

"하지만 가능성이 실현되면 그 가능성이 오랫동안 자신의 내부에 존재했다는 사실을 깨닫게 됩니다." 서실리아가 말한다. "저는

대체 모두 무슨 말인가?

어렸을 때 늘 무용가가 되는 꿈을 꾸었습니다. 그리고 10대가 되었을 때, 마사 그레이엄 현대무용학교Martha Graham School of Contemporary Dance에서 무용 수업을 받기 시작했어요. 그 후로 지금까지 춤을 추었습니다. 저는 지금 무용가입니다. 또 다른 많은 것들이기도 하고요. 그리고 더 많은 것들이 될 가능성도 있습니다. 저는 잠재적인 무용가가 되는 것, 말하자면 무용가가 될 가능성이 있는 것이 실제로 무용가가 될 때까지는 아무것도 아니라는 말에 동의할 수 없습니다. 어떤 것이 되어가는 것은 이미 존재가 된 것으로서의 '무엇'과 마찬가지입니다."

"저도 그 말에 동감이에요." 영어 교사가 서실리아의 의견에 공감하며 말한다. "예를 들어 도토리는 도토리나무가 될 가능성이 있어요. 도토리가 심겨 잘 가꾸어지면 도토리나무로 자라난다는 사실을 우리는 경험으로 알 수 있어요." 영어 교사가 공학도에게 고개를 끄덕이고는 말을 계속 이어간다. "그러니까 그건 하나의 도토리일 뿐이고, 다른 무언가가 되기까지는 그 이상을 말할 수 없어요. 그러나 도토리가 실제로 도토리나무가 되지 못하더라도 환경이 적합하면 도토리가 나무로 자랄 가능성이 있다고 말할 수 있어요. 저는 서실리아가 잠재력도 '무엇'이라고 말한 것에 동의합니다."

"그렇다면 변화도 '무엇'이라 할 수 있을까요?" 내가 묻는다.

"네, 물론입니다." 영어 교사가 대답한다. "변화는 과정이고, 그 과정이 바로 '무엇'인 거죠."

"그렇다면 변화는 실재적인 과정이고, 실재적인 어떤 것이 '무엇'

이 되는군요." 내가 말한다.

영어 교사가 잠시 머뭇거리다가 말을 꺼낸다. "맞아요, 바로 그렇습니다."

"하지만 도토리는 환경이 적합하면 도토리나무로만 자랄 수밖에 없겠죠." 내가 말한다. "서실리아가 환경이 적합하면 언젠가는 노인이 되는 것과 같지요. 이런 일은 분명히 통제하거나 조작할 수 없습니다. 적어도 아직은 말입니다. 그렇지만 그녀는 무용가가 될 가능성이 있다고 해도, 무용가가 되지 않기로 선택할 수 있습니다."

"어느 쪽이든 거기에는 잠재력이 있는 거죠." 영어 교사가 말한다. "어떤 종류의 잠재력은 타고나거나 본능적이어서 우리가 통제할 수 없는 것들이지요. 그러나 적어도 인간이 관심을 쏟고 선택할 수 있는 그런 종류의 잠재력도 있습니다."

"그래서 어느 쪽으로든 잠재력은 실재한다는 말인가요?" 내가 묻는다.

"네, 바로 그렇습니다." 영어 교사가 대답한다. "내가 잠재력을 발견하고 발휘하든 안 하든, 잠재력은 실재합니다. 물론 발휘하고 싶지 않은 잠재력도 많이 있지만요. 예를 들어, 다른 모든 이들처럼 저도 타인에게 해를 끼칠 잠재력이 있습니다. 그렇지만 우리는 자신의 가치관으로 그런 잠재력은 실현해서는 안 된다는 걸 알고 있지요."

잠시 대화가 중단되었으나 즐거운 침묵이 흐른다.

대체 모두 무슨 말인가?

다시 내가 질문을 던진다. "유니콘은 '무엇'이 될 수 있을까요?"

"그렇기도 하고 그렇지 않기도 합니다." 토론이 시작한 후 가장 늦게 도착한 남자가 말한다. "유니콘이 말이나 기린처럼 실제로 존재하지는 않지요. 그렇지만 우리의 상상 속에 존재하고, 그림이나 책속에도 존재합니다. 유니콘은 상상에만 존재하는 '무엇'인 겁니다."

"그 말에는 동의하지 않습니다." 공학도가 단호하게 말한다. "상상이 실제로 존재한다는 점은 동의합니다. 상상은 실재하는 인간 정신의 일부분이니까요. 그리고 유니콘을 그린 그림이나 유니콘에 관한 책도 실제로 존재한다는 것에 동의합니다. 그림이나 책은 실재하기 때문에 모두 '무엇'이 될 수 있지요. 그렇지만 그 속에 들어 있는 유니콘이나 유니콘 자체는 실재하지 않습니다. 그래서 '무엇'이 아닙니다. 실재하는 유니콘 같은 것은 없기 때문이지요." 공학도는 웃으며 덧붙여 말한다. "적어도 저는 그렇다고 생각해요." 그러고는 또 한숨을 푹 내쉬며 말한다. "그런데 이제는 무엇이 실재하는 '무엇'이고 아닌지에 대한 제 가정들에 의구심이 생기기 시작합니다."

공학도는 함박웃음을 지어 보이지만, 이런저런 생각으로 이마에는 깊게 주름이 잡혀 있다. 그러고는 마침내 말을 꺼낸다. "'무엇'이 무엇인지에 대해 내가 뭘 알고 있는지 더 고민해야 할 것 같습니다."

'무엇'이 무엇인가?

이 질문은 공학도만 고민하는 문제가 아니다. 소크라테스도 몹시 혼란스러워했던 문제였다.

플라톤의 대화편 《파이돈》은 실체나 '무엇'이 존재하게 되는 원인과 존재하다가 사라지는 원인, 그리고 '무엇'이 무엇으로 구성되어 있는지를 중심으로 전개된다. 소크라테스 시대보다 훨씬 오래전부터 철학자를 비롯한 많은 사람들이 더 이상 쪼갤 수 없는 '실체의 성배(Holy Grail of Substances)', 즉 궁극적인 무엇(Ultimate What) 또는 원소 중의 원소(Simplest of Simples)를 찾아내려고 노력했다.

실제로 오늘날 많은 우주학자들은 이미 알려진 모든 속성의 하위

대체 모두 무슨 말인가?

단계를 살펴보고 더 이상 나눌 수 없는 형태의 물질 자체를 발견했다고 주장한다. 그들은 그 물질을 '끈(string)'이라고 부른다. 진동하는 고리 모양의 일차원 끈과 이런 진동하는 끈의 결합으로 가장 미시적 차원에 있는 단일체를 모두 설명할 수 있다고 주장한다. 또 그들에 따르면, 이런 발견으로 일반 상대성 이론과 양자역학 이론 사이의 메울 수 없다고 여겨졌던 틈이 채워짐으로써 물리학 세계의 모든 이론을 통합할 수 있다고 한다.

컬럼비아 대학의 물리학자 브라이언 그린Brian Greene은 '끈 이론(string theory)'을 궁극적인 기본 물질 이론으로 열렬히 지지한다. 그린은 《엘러건트 유니버스The Elegant Universe》에서 "가장 미시적 차원에 있는 모든 것이 끈의 결합으로 이루어진다는 원리에서 비롯된 끈 이론은 모든 힘과 모든 물질을 포함하는 단일 설명 체계를 제공한다"라고 했다. 그린을 비롯한 동료 우주학자들은 관찰되는 모든 것이 이 작은 일차원의 고리로 나누어질 수 있으며, 이런 고리가 우주 생성의 기반이 되는 모든 근본적인 특징을 설명할 수 있는 체계를 제공한다고 주장한다. 그린은 끈 이론이 "흔들리지 않는 일관성으로 버팀목이 되어 우리에게 우주가 이해할 수 있는 곳이라는 확신을 줄 것"이라고 믿는다. 또 그는 끈 이론이 "물리학에서 가장 깊이 있는 이론", 즉 "우주를 가장 미시적 차원에서 궁극적으로 설명하는, 모든 것의 이론(theory of everything, T.O.E)이 될 가능성이 있다"고 극찬한다.

그러나 '궁극적인 무엇'을 밝혀내려는 이 최근의 시도가 그린이 주장하듯 정말 '획기적인 도약'이 될 수 있을까? 또 이것이 '획기적인 전환점'이 되어 모든 과학 지식의 통합이라는 목적지로 우리를 안내한다는 근거 있는 희망을 줄 수 있을까? 아니면 새 가죽 부대에 오래된 포도주를 붓는 격에 불과할 뿐, 전혀 새로울 것이 없는 걸까? 기원전 6세기 환원주의자였던 데모크리토스Democritus와 레우키포스Leucippus는 우주가 빈 공간을 떠다니는 기본 입자로 이루어져 있다고 믿었다. 그 뒤로 데카르트, 뉴턴, 라이프니츠, 로크 등이 가장 간단한 물질은 '근본적'이고 '궁극적'이며 '절대적'이라고 주장했다.

이와 대조적으로 컬럼비아 대학의 철학자 유스투스 버츨러는 기본 입자 같은 것은 없다고 믿었다. 버츨러에 따르면, 모든 것은 복합체('complex'가 아닌 'a complex')다. 그는《자연 복합체의 형이상학Metaphysics of Natural Complexes》에서 "무엇이든 자연 복합체다"라고 말했다. 또한 "어떤 것도 다른 것보다 더 실재적이고, 더 자연적이고, 더 진실하며, 더 궁극적이지 않다"라고 주장했다. 다시 말해 우리가 어떤 식으로든 개념화하고 명확하게 표현한 무엇이든지 (인간 상상의 산물로 여겨지든 실재하는 대상이든) 그것은 그것만의 독특한 방식으로 자연 복합체이고, 다른 모든 자연 복합체와 동등한 위치에 있다는 말이다. 버츨러는 쿼크, 진공, 반물질, 유니콘, 불을 뿜는 용, 교향곡 등에 상관없이 모든 것이 자연 복합체이며 각각은 고유의

대체 모두 무슨 말인가?

온전함과 뚜렷한 기능과 특징과 능력이 있으며, 어떤 식으로든 그리고 어느 정도까지 서로 다를 수 있다고 주장한다.

버츨러는 흔히 물질적 실체에만 관련된 '것(thing)'이나 '실재물(entity)'이라는 모호한 개념을 대체하려고 할 때 주로 '자연 복합체'라는 용어를 사용했다. 버츨러는 어떤 자연 복합체도 다른 것들보다 더 실재하거나 덜 실재하지 않다고 생각했다. 하지만 나는 버츨러가 본질적으로 실재하고, 상상이 풍부하게 실재하고, 정신적으로 실재하고, 도덕적으로 실재하고, 형언할 수 없게 실재한다는 등 여러 종류의 '실재한다'가 있다는 점에 주목했더라면 그의 이론이 더 단단한 토대 위에 있지 않았을까 하는 생각이 든다. 더욱이 이런 모든 종류의 '실재한다' 자체가 어떤 형식으로든 서로 정보를 주고받고 설명하며 밀접한 관련이 있는 자연 복합체이다.

버츨러가 '모든 것이 자연 복합체다'라고 말하는 것은 "관계, 구조, 과정, 사회, 인간 개인, 인간의 산물, 신체, 대화의 단어와 내용, 견해, 속성, 모순, 의미, 가능성, 신화, 법, 의무, 감정, 환상, 논증, 꿈" 등 모든 것을 의미한다. 이 말은 모든 자연 복합체가 물리적 우주를 구별하고 발견할 때 똑같은 용도와 가치를 갖는다는 의미가 아니다. 어떤 경우에도 더 이상 나눌 수 없는 기본 입자 같은 것이 없다는 의미다. 다시 말해 태양 위나 아래, 또는 태양을 통해 존재하는 모든 자연 복합체는 다양하고 역동적인 특성과 기능으로 이루어져 있다는 것이다.

이 원리를 세밀하게 적용해 보면 끈 이론을 주장하는 우주학자들이 궁극적인 물질이라고 부르는 가장 미시적인 차원의 끈도 하나의 복합체다. 독특하면서도 서로 뒤얽힌 특성과 성질과 힘으로 이루어진 이 복합체는 우리가 우주라고 부르는 자연 복합체보다 더 간단하지도 단순화할 수도 없는 고유한 통일성을 갖는다.

펜실베이니아 주립 대학의 우주학자인 리 스몰린Lee Smolin은 끈이론에 반대하는 견해를 내세운다. 우리가 살고 있는 우주는 결코 바뀔 수 없는 고정된 기본 입자로 이루어지기는커녕 "두 사람의 관찰자가 결코 같은 일을 경험할 수 없고, 어느 순간도 되풀이되지 않는다"라고 주장한다. 오랫동안 궁극적인 것을 찾고, 오랫동안 최종 목적지가 있다고 생각해온 신념은 "큰 부담"이 되어 "우리를 너무 오랫동안 짓눌러"왔다고 한 스몰린의 말에 버틀러도 동의할 것이다.

버틀러가 제시한 형이상학에 대한 새로운 접근법에 대해 스몰린은 "가볍게 지식을 탐구할 수 있는 새로운 길이 열렸다"고 말했다. 그에 따르면 이런 지식 탐구는 "우주가 하나의 관계망이고, 한때 절대적이라고 생각된 것도 점점 바뀌고 재검토될 수 있으며, 세계에 대한 완전한 진리는 어떤 하나의 관점으로 파악할 수 있는 것이 아니라 서로 다른 몇 가지나 여러 관점을 전체적으로 볼 때 이해할 수 있고, 이것이 우주가 끊임없이 새롭게 탄생한다는 사실을 설명해준다"는 근본적인 철학에 바탕을 두고 있다.

우리는 스몰린이나 버틀러, 그린과 다른 관점이 있을 수 있다. 그러나 이 우주가 어떻게 지금의 모습이 되었는지에 대해 근본적으로 다른 관점들을 고려하면서, 우리는 다음과 같은 질문을 더 의미 있고 유익하게 다룰 수 있다.

기본 입자는 무엇인가? 절대적인 것은 무엇인가? 근본적인 것은 무엇인가? 어떤 우주 이론이 현재의 증거를 가장 잘 통합할 수 있을까? 우리는 어떤 이론으로 우주가 무엇이고 무엇이 될 수 있는지, 또 우리가 누구이고 어떤 존재가 될 수 있는지에 대한 가능성을 잘 추측할 수 있을까? 어떤 종류의 우주가 그야말로 더 훌륭할까? 기본 입자로 이루어진 우주일까, 아니면 끊임없이 변화하는 복합체로 이루어진 우주일까?

결국 우리는 모두 철학자다

과학이 발전하면서 장이론(field theory)이 통합되었다. 그러나 이 이론이 과연 모든 지식을 통합하기 위한 '최종 안식처'로서 궁극적 기반의 역할을 할 수 있을까?

과학 지식에는 여러 종류가 있다는 사실을 사람들은 대수롭지 않게 여기곤 한다. 또한 과학 지식 외에 다양한 지식이 있다는 사실도, 과학적 탐구 외에 타당하고 유익한 탐구가 많다는 사실도 모두 지나치기 쉽다. 그런 유익한 탐구 가운데는 종교적 탐구, 심리적 탐구, 미적 탐구, 인문학적 탐구, 철학적 탐구 등이 있고, 이런 탐구 영역들 사이에는 경계선이 명확하지도 않다. 탐구에는 한정된 과학적 방법 같은 것이 없다. 더 정확히 말하면, 과학적 탐구를 비롯한 여러 종류의 탐구는 각각 또다시 다양한 형식으로 탐색이 이루어진다.

이런 사실을 인식한 존 허먼 랜달 주니어는 다음과 같은 질문을 던진다. "예술과 과학과 인문학이 모두 공통으로 추구할 만한 탐구 활동이 있을까? 우리가 그런 탐구 활동을 알아냈을까?" 이런 질문에 그는 스스로 이런 답을 제시한다. "일관성 있고 적절한 세계관을 추구하기 위한 질문을 던질 때, 우리가 어떤 전문 지식을 갖고 있든 우리는 모두 결국 인문주의자이며 철학자이다."

그저 '일관성 있고 적절한' 세계관을 추구하려고 시도하기 때문에 "우리가 모두 인문주의자이며 철학자인지"는 나 또한 확신할 수 없다. 권력을 추구하는 한 미치광이가 인종이나 민족의 말살을 요구하는 '일관성 있고 적절한' 세계관을 위해 질문을 조작할 수도 있다. 종말론 지도자가 추종자들로 하여금 집단 자살을 하도록 선동하기 위하여 '일관성 있고 적절한' 종말론적 철학에 어울릴 답으로 이끄는 질문만 할 수도 있다. 이런 사람들은 철학자도 인문주의자도 아니다.

'일관성 있고 적절한' 세계관은 분명히 많아 보일 수 있지만, 그런 세계관 중에는 사람들에게 전혀 도움이 되지 않고 비인간적이기까지 한 경우도 많다.

그렇다면 우리는 어떤 세계관을 추구하도록 노력해야 할까?

프랑스의 작가 앙드레 지드André Gide는 세계관의 가치 기준으로 일관성과 타당성을 살펴봐야 할 뿐만 아니라 "무엇보다도… 사람들의 마음에 새로운 발견이나 증거를 찾으려는 열망을 주는지… 새로운 전망을 열고 장벽을 허물어뜨리는지… 어떤 수단을 갖추는지"도 살펴보아야 한다고 강조했다. 비인간적이고 편협한 세계관은 이런 목적을 전혀 이루지 못한다.

대체 모두 무슨 말인가?

5

왜 이유를 묻는가?

무지를 아는 것이 곧 앎의 시작이다.

- 소크라테스 -

질문이란 무엇인가?

오랫동안 우리는 질문을 수없이 사용하며 누군가를 귀찮게 했다. 우리가 질문을 두려워한 것은 아니다. 오히려 우리는 질문의 영향력과 잠재력이 얼마나 대단한 것인지를 조금이나마 깨닫게 되었을 뿐이다. 그리고 이제는 그런 질문을 어떻게 이용해야 하는지 아주 조금 알게 된 것 같다.

질문을 하나 떠올려보자. '그 물잔은 절반이 비어 있는 걸까, 절반이 차 있는 걸까?'

이 질문은 뭔가 잘못되어 있다. 질문은 두 가지 답 가운데 하나만 선택하도록 요구하는 듯하다. 이 질문은 우리 사회의 전반적인 문제를 고스란히 보여주고 있다. 우리는 너무 자주 '이것이냐, 저것이냐'라는 식으로 사고하도록 강요받는다. 예컨대 '저 사람은 선한가, 악한가?'. '저 아이는 재능을 타고났을까, 아닐까?' 같은 질문을 받는다. 우리는 한 아이가 여러 영역에서 재능을 타고났으나, 또 다른 영역에서는 그렇지 않다는 사실을 간과한다. 또 한 사람이 여러 면에서 선하지만, 다른 면에서는 악할 수 있다는 사실을 생각해 보려 하지 않는다.

우리는 이제 이렇게 질문해야 한다. 이 질문을 이렇게 묻는 것이 가장 좋은 방식일까? 아니면 더 유익한 답을 이끌어내기 위해 다른 방식으로 질문할 수는 없을까?

우리는 케케묵은 질문 방식을 새롭게 바꿀 참신한 철학자 세대가 필요하다. 그런 세대는 영국의 철학자이자 고전학자인 길버트 라일 Gilbert Ryle이 주장했듯이 "인류에게 완전히 새로운 기운을 불어넣을" 수 있을 것이다.

세자르 차베스 초등학교의 철학자 클럽과 소크라테스 카페 모임을 진행했을 때, 나는 어린 참가자들에게 토론할 주제를 위한 질문을 요청했다. 아이들은 기대되는 질문들을 많이 생각해냈다. 이를테면 선한 거짓말이 있을까? 나이가 무엇일까? 참을성은 무엇일까? 등등. 이 아이들은 질문을 생각해 내는 것을 무척 좋아한다.

그때 라피가 말했다. "우리는 돌아가면서 계속 질문만 쏟아내고 있어요. 이렇게만 해도 정말 많이 배우겠어요." 라피의 말이 옳았다.

그러자 제니퍼가 물었다. "질문이란 게 뭘까요?"

정말 놀라운 질문이 아닌가! 철학적으로 굉장히 가치 있는 질문이었다.

"질문은 답을 찾으려고 하는 거예요." 철학자 클럽의 필라가 대답했다.

"우리는 왜 질문부터 하는 걸까?" 내가 물었다.

"궁금하니까요." 윌슨이 대답했다.

"지식을 얻고 싶어서요." 아르투로가 대답했다.

"호기심 때문에요." 마리아가 대답했다.

"이해할 수 없는 무언가를 관찰했으니까요." 에두아르도가 대답했다.

"질문 없는 삶은 어떨까?" 내가 물었다.

"따분할 거예요." 에스테파니아가 말했다.

"아무것도 아니에요." 제니퍼가 말했다.

"불가능해요." 라피가 말했다.

로사는 이런 대답을 듣고 당황한 표정을 지었다. "친구들이 대답한 말에 대해 어떻게 생각하니?" 내가 로사에게 물었다.

"글쎄요, 다 맞는 말 같아요." 로사는 그렇게 말하지만 다른 생각을 하는 듯 보였다. 로사는 곧 이런 말을 꺼냈다. "하지만 '호기심이 많으면 고양이를 죽일 수 있다'라는 속담이 있잖아요?"

"과연 호기심이 지나칠 수 있는 걸까?" 내가 큰소리로 물었다.

내 호기심이 지나치다고?

나는 대답을 기다리는 동안 자신에게 물었다. 어떤 상황에서는 호기심이 지나칠 수 있지 않을까?

나는 당연히 그렇지 않으리라 믿고 싶다. 오랫동안 사상가들은 호기심이 지나칠 수 있는가의 문제를 다뤄왔다. 다시 말해 알고 싶은 열망에 어떤 한계를 두는 것이 지혜로운지, 아니면 적어도 신중하다고 할 수 있는지에 대해 깊이 연구해 왔다.

현대의 수필가이면서 문학 비평가인 조지 스타이너George Steiner 는 《푸른 수염의 성In Bluebead's Castle》에서 우리의 문명은 "'기꺼이 하려는 마음'이 특징을 이루는데, 이런 마음은 재빠르게 생각의 위험을 없애려는 것이 아니라 생각 자체를 참지 않으려는 바람"이라고 말했다. 스타이너는 일부 사람들의 끊임없는 호기심이 인류의 몰락을 초래할 수도 있지만 그렇더라도 우리는 계속 탐구해야 한다고 확신한다. "자멸의 가능성을 예측하고, 미지의 세계에 대한 논쟁을 잘 활용한다면 매우 의미 있는 일이 될 것이다"라고 그는 말했다.

스타이너는 우리에게 "어떤 방식의 탐구는 혼란스러운 문제의 초점을 맞출 수 있게 해주기 때문에 (스타이너 자신이 이렇게 표현하지는 않았지만) 여러 면에서 아주 중요하다"고 확신했다. 또 그는 "그런 작은 시도에서 희망을 발견할 수 있다"라고 말했다. 나는 혼란스러운 문제의 초점을 맞출 필요가 있다는 점에는 동의하지만, 그것만으로는 충분하다고 생각하지 않는다. 일단 초점을 맞추었다면 우리가 다음으로 어떤 길을 선택할지 결정하는 것이 진정 위대한 시도라고 생각한다.

오늘날 우리가 살아가는 시대는 소크라테스가 살던 시대의 아테네인들의 삶과 비슷하다. 이와 관련하여 고대 그리스를 연구하는 학자 E. R. 도즈는 "오늘날은 합리주의를 최선으로 여기는 시대로서 이전에는 상상도 하지 못한 과학 발전으로 어느 때보다 개방된 사회가 펼쳐질 가능성을 마주하고 있다"라고 설명했다. 그런데 고대 그리스인들처럼 우리도 "그런 가능성으로부터 움츠러드는 증세"를 분명히 겪고 있다. 도즈가 확신하듯이 이런 상황에서 인간 본성을 고찰하는 사람이 할 수 있는 최선은 "한때 문명화된 민족이 더욱 개방된 사회로 가려고 말에 올랐다가 그곳으로 향하기를 거부하고 말았다"는 사실을 사람들에게 일깨우는 일이 될 것이다. 도즈에 따르면 또다시 더 개방된 사회로 가려고 말에 오를 기회가 생기면, 먼저 고대 아테네의 몰락을 깊이 살펴 다음 질문에 대한 답을 찾아내야 한다. "더욱 개방된 사회로 가기를 거부한 것은 말이었을까, 아니면 말에 올라탄 사람이었을까?" 그 질문에 도즈는 직관적으로 말을 선택한다. "여기서 말이 가리키는 의미는, 우리의 행동과 생각의 많은 부분을 지배하는 인간 본성의 비이성적인 요소다"라고 그는 말했다.

오늘날의 사회는 고대 아테네가 향하던 길과 놀라울 정도로 비슷한 길을 따르고 있다. 그러면서 우리는 고대 아테네인들이 맞닥뜨린 똑같은 벼랑으로 다가가고 있는 듯하다. 우리는 그곳을 뛰어넘거나 뒤로 물러나거나 선택을 해야 한다. 스타이너처럼 도즈도 우리가 이런 문제를 아테네 시대보다 더 잘 해결할 것이라 기대하는 것 같다. 우리는 이전보다 더 많은 수단을 통해 인간 본성을 더 잘 통찰할 수 있고, 인간 본성의 비이성적인 측면을 파악하고 극복할 수 있기 때문이다. 도즈의 주장에 따르면 이런 점에서 향상된 우리의 능력은 희망을 제시하는 듯 보인다. "우리의 능력을 지혜롭게 사용한다면 결국 말을 더 잘 이해할 수 있게 된다. 그렇게 되면 말이 공포를 극복할 수 있도록 더 잘 훈련할 수 있다. 말이 공포를 극복하게 되면 말을 탄 사람은 언젠가 벼랑을 뛰어넘을 결심을 하고, 또 그 일을 성공적으로 이뤄낼 것이다."

　그리고 무엇보다 나는 우리가 벼랑을 뛰어넘을 마음을 단련시키기 위한 가장 유익한 방법은 바로 소크라테스식 문답법이라고 생각한다. 우리는 소크라테스식 문답법으로 혼란스러운 문제의 초점을 찾고 그 문제를 해결할 수 있다. 그렇다고 한 번에 모든 문제가 해결되는 것은 아니다. 혼란스러운 문제는 늘 새로 나타나기 때문이다. 그러나 어떤 면에서 우리는 지식을 더 많이 쌓고 공감 능력과 통찰력을 키울 수 있다. 또한 소크라테스의 말을 빌리자면 도덕성까지도 기를 수 있다.

　나는 우리가 어떤 곤경에 처해 있으며, 극복해야 할 문제가 무엇인지를 통찰력 있게 잘 표현한 이 시대의 철학자로 수잔 랭거 Suzanne Langer만 한 인물은 없다고 생각한다. 코네티컷 대학에서 오랫동안 철학 교수로 재직한 수잔 랭거는 예술의 의미와 인지적 중요성을 설명하려는 기본적인 상징주의 이론을 발전시켰다. 수잔 랭거는 《철학의 개요 Philosophical Sketches》에서 다음과 같이 말했다.

　　이 시대에 인간이 상실한 정신적 균형을 회복하는 것은 정신의학적이거나 종교적 또는 교육학적 문제가 아니다. 오직 철학적 문제다… 오늘날 우리가 필요한 것은… 철학에 열성적으로 몰두하는 활기찬 사상가들 세대다… 필요하다고 여기는 특별한 기술이나 지식은 무엇이든 배울 준비가 되어 있으며,

지루한 주제나 단계적인 절차를 회피하지 않고 과학자처럼 충분히 교육을 받은 세대다. 그리고 이들은 끔찍한 질문들과 씨름하고 우리의 생각과 삶을 교란하는 모든 오해와 관념과 끝까지 싸우는 사람들이다.

요컨대, 우리는 소크라테스식 방법과 정신에 푹 빠진 새로운 철학자 세대가 필요하다. 그러나 나는 랭거가 왜 이 철학자 세대가 다루어야 할 질문들을 '끔찍하다'라고 표현했는지 이해되지 않는다. 어떤 질문도 그 자체로 끔찍해야 할 이유는 없다고 나는 생각한다. 한번은 헌신적인 남편이자 다섯 아이의 아버지인 남자가 세차하던 중에 폭력배에게 살해당한 기사를 읽은 적이 있다. 기자는 그 남자의 자녀들이 "'우리 아빠는 좋은 사람이에요, 그런데 왜 우리 아빠를 죽였어요? 우리 아빠는 지금 어디에 있어요?' 같은 '끔찍한' 질문을 던졌다"라고 기사를 썼다.

이 비극적인 사건은 그 자체로는 끔찍한 일이지만, 아이들이 던진 질문은 그렇지 않다. 그러므로 우리에게 필요한 것은 의미 있는 방식으로 다뤄져야 할 중요한 질문들을 '끔찍하다'라고 잘못 받아들이게 하는 편견과 끝까지 맞설 철학자들이라고 생각한다.

"과연 호기심이 지나칠 수 있는 걸까?" 나는 다시 철학자 클럽의 아이들에게 질문한다. 나는 호기심 가득한 지혜로운 얼굴들을 보면서 언젠가 역사가들이 찬사를 남길 새로운 철학자 세대와 대화를 하고 있다는 상상을 해본다. 그런 시기는 이미 무르익었다. 수잔 랭거는 '철학자의 위대한 시대'는 늘 "빠른 문화적 성장이나 새로운 경험의 시대에 뒤이어 나타났다"고 강조했다. 우리는 지금 이 두 시대의 분위기를 절실히 경험하고 있다. 이와는 반대의 증거도 많이 있지만, 나는 랭거의 주장대로 결국에는 선이 이길 것이며 새로운 철학자 세대가 "인간 정신의 전망을 넓히고, 세상이 나아갈 전반적인 방향을 제시하며, 우리의 본성과 서로에 대한 생각이 새로이 발전하게 해줄 것"이라고 믿는다.

호기심이 지나칠 수 있는 걸까?

"어쩌면 우리가 답하려고 노력해서는 안 될 질문 같아요." 한참을 생각한 카르멘이 마침내 대답했다. 그러나 재빨리 덧붙여 말했다. "그렇지만 어쩔 수 없어요. 누군가가 내게 질문하거나 내 스스로 질문이 떠오르면, 난 그 답을 찾기 위해 노력해야 할 것 같아요. 나는 지나치게 호기심이 많거든요."

지나치게 호기심이 많다.

나는 소크라테스를 떠올려본다. 플라톤의 대화편《소크라테스의 변명》에서 소크라테스는 자신을 괴롭힌 사람들에게 이렇게 말했다. "내가 꼭 하려는 것은 젊거나 나이가 들었거나 상관없이 여러분 모두가 처음으로 자신의 영혼에 큰 관심을 쏟도록 설득하는 일입니다."

소크라테스는 질문하지 않고 사느니 차라리 죽는 것이 낫다고 할 만큼 질문을 즐겼다. 그는 질문의 큰 영향력을 잘 알고 있었다. 그리고 질문이 희망을 안겨주는 만큼 위험을 유발할 수 있다는 사실도 알고 있었다. 질문은 잘못 이용되면 파멸을 초래할 수도 있지만, 올바르게 이용되면 일종의 구제 수단이 될 수 있음을 소크라테스는 잘 알고 있었다. 그러나 소크라테스는 아무런 장담도 못 한다는 사실, 아무리 선의의 질문이라도 예측하지 못한 결과(결과가 좋거나 나쁘거나, 아니면 둘 다)를 가져올 수 있다는 사실도 알고 있었다.

무엇보다 소크라테스는 질문 자체를 없애버리려는 의도의 위험성을 잘 알고 있었다. 소크라테스를 괴롭힌 사람들은 소크라테스식 질문이 체제를 전복시킨다고 생각했다. 그들의 생각이 옳았다. 그들이 소크라테스식 대화에 깊이 빠졌더라면, 자신들의 삶을 영광스러운 사회 대변동에 바쳤을 것이다. 그랬다면 고대 아테네 문명은 몰락으로 이어지지 않고 훨씬 더 선하고 유익한 길로 발전해 나갔을 것이다.

소크라테스를 괴롭힌 사람들은 자신들이 이미 권위 있는 답을 갖추고 있는 질문을 선호했다. 그들은 진리를 알고 있다고 생각하며 스스로를 속였고, 자신들을 모든 것을 다 아는 현자가 아니라고 여기는 사람들을 그냥 내버려두지 않았다. 소크라테스는 그들이 지닌 '벌거벗은 임금님'의 지혜가 한계에 다다랐음을 분명히 밝혔다. 이러한 거짓 선지자들과 달리, 소크라테스는 평화롭지 않은데 "평화로운 세상이도다!"라고 외치는 거짓 행동을 하지 않았다.

지나치게 호기심이 많다고? 소크라테스는 그저 질문을 위한 질문은 하지 않았다. 그는 신념을 갖고 질문했다. 소크라테스는 될 수 있는 한 최고의 인간이 되기 위해 질문했다. 소크라테스를 이단자, 전통 파괴자, 사회 선동가라고 여기는 사람들도 있었다. 모두 맞는 말이었다. 소크라테스는 기소된 대로 유죄였다. 우리도 소크라테스의 유죄를 함께 나누고 짊어질 수 있다면 얼마나 좋을까.

철학 교수 라슬로 베르세니는 소크라테스가 "탁월한 성품과 통찰력을 얻으려고 애썼기 때문에 무지한 사람들과 타인의 잘못에 대항하지 못한 채 죽음을 받아들여야 했다"라고 말했다.

또 라슬로는 "이런 일이 사실이라면 지혜와 미덕은 비극적인 차원을 갖게 된다. 소크라테스의 운명은 이 세상에 탁월한 인간이 머물 곳이 없으며, 열등하면서도 타인에게 해를 끼치는 사람들의 손에 의해 멸망하게 된다는 사실을 보여주기 때문이다"라고 했다.

무지는 나쁜가?

"누구든 무지할 권리가 있을까요?"

한때 멋져 보였을 낡은 소파에 팔다리를 쭉 뻗고 앉은 한 학생이 묻는다. 이 질문이 귀에 꽂힌 것은 내가 균형이 맞지 않는 의자에서 중심을 잡으려고 애쓸 때였다. 그 질문을 던진 존은 붉은 곱슬머리를 하고 있는데, 길고 헝클어진 머리카락이 빗질하기도 힘들 듯 보인다. 목에는 금속 장식이 붙은 두꺼운 가죽 띠를 걸쳤는데, 그 모양이 마치 불도그에게 주로 사용하는 개 목걸이 같다.

나는 오늘 한 카페의 구석에 있는 작은 공간에서 소크라테스 카페를 시작하려고 한다. 이곳은 캘리포니아 북부의 한 대학에 자리

잡은 널찍한 카페이다. 소크라테스 카페의 첫 모임을 할 때 늘 그랬듯이 나는 일찍 도착했다. 길을 잃거나 늦게 도착할 우려 때문에 항상 그렇게 한다.

도착했을 때는 이미 몇몇 사람들이 와서 기다리고 있었다. 이곳은 등받이 없는 의자 대신 살짝 휘어진 접이식 의자가 준비되어 있다. 나는 최대한 편하게 앉아보려고 하면서 낯선 친구들에게 웃음으로 먼저 인사를 건넸다.

아직 토론을 시작할 시간은 아니었지만, "10분 뒤 소크라테스 카페가 정식으로 시작할 때까지 기다렸다가 그 질문을 논의해봅시다"라고 말하는 건 어리석어 보일 것이다. 게다가 10여 명의 사람들이 이미 모였다. 그리고 모두가 존의 질문에 아주 흥미로워하는 것 같다. 사실 내가 존의 질문에 반응을 보이기도 전에, 한 여자가 작은 몸집과 달리 우렁찬 목소리로 의견을 제시한다.

"우리에게 무지할 권리가 있다고는 생각하지 않아요. 대신에 우리는 스스로 끊임없이 배워서 무지하지 않도록 노력해야 할 의무가 있다고 생각합니다."

곧이어 초등학교 교육 실습생이라는 여자가 말한다. "글쎄요, 저는 우리에게 무지할 권리가 없길 바라지만, 그런 권리가 있다고 생각해요. 독립 선언문이나 헌법, 권리 장전 등 어디에서도 '무지해서는 안 된다'라는 조항은 찾아볼 수 없어요. 그런데 이런 말을 하고 보니 우리 사회와 같은 민주주의 사회에 적극적으로 참여하려면 점점 덜 무지해져야 할 의무가 있다는 생각이 드네요. 앞에서 말씀하셨듯이 우리는 끊임없이 스스로 배워야 한다고 생각합니다."

그때 또 다른 여자가 말을 꺼낸다. "저는 아이들이 배움의 기쁨을 발견하고 그 기쁨으로 생기 넘치는 표정을 보면 정말 행복합니다. 그런 아이들이 덜 무지해진다는 생각이 듭니다." 시간제 학생인 그녀는 대학의 탁아시설에서 대학 직원들과 학생들의 아이들을 돌보는 아르바이트를 하고 있다. "그러면서도 아이들은 순수함을 간직하고 있습니다. 우리는 교육이라는 과정을 통해 덜 무지해질 수 있고, 또 그 과정이 반드시 지겨운 것도 아닙니다. 사실 우리는 교육을 통해 더 많은 호기심이 생길 수 있지요. 호기심은 일종의 순수함이라고 할 수 있습니다."

"모든 교육이 사람을 덜 무지하게 해주는 과정일까요?" 내가 묻는다. "예를 들어 백인이 다른 인종보다 우월하다고 믿도록 교육받거나, 특정 믿음이 있는 사람들만 천국에 갈 수 있다고 교육받을 수도 있는 듯합니다. 그런데 이런 '교육'은 무지를 더 키우고 조장하는 것 같습니다."

시간제 학생이라는 여자가 곰곰이 생각하다가 대답한다. "그 말이 맞아요. 그래서 저는 좀 전에 한 말을 고쳐야 할 것 같아요. 다시 말해본다면, 교육의 참모습은 우리가 덜 무지하도록 해주는 일입니다. 그리고 교육의 최악의 모습은 교육이 해야 하는 모든 일을 웃음거리로 만들어버리는 일이고, 또 실제로 '교육을 덜 받은 상태',

즉 '더 무지한 상태'로 만들어버릴 수도 있습니다. 이는 전혀 교육이라고도 할 수 없고 그저 주입이나 세뇌라고 해야겠지요."

"그렇다면 더욱 마음을 열어 평생 비판적인 사고를 하도록 교육하는 것은 주입식이 아니라는 의미인가요?" 내가 묻는다.

"그런 교육은…." 한 중년 남자가 말을 꺼낸다. 그는 더 설명하기전에 자신은 오늘 대학 캠퍼스에 처음 온 것이라고 말한다. 학업을중단한 지 30년 만에 사회학을 공부해 보려고 대학에 찾아왔다고한다. 그러고는 주차장에 세워둔 차로 돌아가는 길에 우연히 소크라테스 카페에 참가하게 되었다는 것이다. "그런 교육은 주입식 교육의 좋은 유형입니다. 지식의 모든 영역에서 답을 찾아내는 일만한 것은 없다고 일깨워주기 때문이지요. 아는 것보다 모르는 게 많다는 것을 일깨워줍니다. 그리고 이 사실에 대한 순수에서 벗어나게 해주어 평생 배우려는 열망을 불어넣어 줍니다."

"무지와 순수의 차이는 뭘까요?" 내가 참가자들에게 묻는다.

"무지하면서도 순수할 수 있습니다. 사실 이 둘은 흔히 밀접한 관련이 있지만 똑같지는 않다고 생각합니다." 허약해 보이는 한 남자가 말한다. 그는 작은 푸른 눈과 하관을 다 감쌀듯한 텁수룩한 수염을 하고 있다. 이 남자는 평생 독학을 하다가 올해 대학에 입학했다고 한다. "어떤 일은 모르는 것이 좋다는 생각이 듭니다. 저는 지금까지 모험적인 삶을 살았습니다. 제가 내린 결정을 되돌아보면, 지금 내가 아는 것을 그때 알았더라면 모험에 도전할 용기를 내지 못했으리라 생각됩니다. 하지만 그런 모험으로 세계 곳곳을 여행 다니며 짜릿한 인생을 경험할 수 있었습니다. 제게는 무지하고 순수했던 것이 좋은 기회가 되었던 겁니다."

"제 생각에 당신은 무지와 순수라는 개념을 혼동하고 있는 것 같습니다." 또 다른 참가자가 올해 입학했다는 남자에게 말한다. "그런 모험에 도전했을 때 당신은 무지했던 것이 아닙니다. 당신이 했던 일에 대해 재차 생각해 보게 했을 일들을 알지 못하도록 일부러 스스로 방해한 것은 아니니까요. 그렇지만 잠재적 위험에 대해서는 당신이 순수했습니다. 따라서 당신은 무지하기로 작정할 수는 있지만 순수한 것은 자연스러운 일입니다. 순수함은 선택할 수가 없습니다. 예를 들어, 사랑하는 사람을 잃은 슬픔을 겪기 전에는 그런 경험을 잘 모르는 순수한 상태입니다. 그러나 누군가 그런 슬픔이 어떤 것인지 설명해주려고 하는데, 그 사람의 말을 차단한다면 그건 고의로 무지를 선택하는 일이지요."

"저는 무지하기로 작정하는 사람은 아무도 없다고 생각해요." 교육 실습생 옆에 앉아 있는 나이 지긋한 여자가 말한다. "가능한 모든 것을 알려고 하는 욕구는 인간의 본성이라고 생각합니다. 앎이란 선이기 때문이지요."

"전 그 말에 동의하지 않습니다." 한 남자가 말한다. 그는 자신을 역사학 교수라고 밝힌다. "우리가 모든 걸 알고자 하는 욕구가 있다고는 생각하지 않습니다. 어떤 문화에서는 순수성을 누리려는 것 같습니다. 그리고 서구의 지식인들은 대부분 그런 순수성을 위대한 것으로 생각했습니다. 예를 들어 루소는 원시 문화의 순수성을 찬미하며 낭만적으로 묘사했습니다. 그러나 만일 이런 문화가 정복 민족들의 방법에 덜 순수했더라면 그렇게 착취당하는 비참한 상황을 겪지 않았을 겁니다. 오늘날에도 원시 문화권 사람들은 대부분 비참한 삶을 살아가고 있습니다. 그런데 이런 문화에서는 그런 불행한 일들을 비밀로 해두고 싶었던 것 같습니다."

역사학 교수는 말을 계속 이어간다. "하지만 이렇게 말했다고 제가 모든 지식이 선하다고 생각하는 것은 아닙니다. 때로는 무지가 매우 유익한 일이 되기도 합니다." 교수는 잠시 말을 멈춘다. 자신의 심중에 있는 말을 꺼내야 할지 말지를 결정하려는 듯하다. 곧 미간을 찌푸리며 말한다. "저는 어머니께 아버지가 돌아가셨다는 사실을 지금까지 말하지 못했습니다. 그 사실을 말씀드리면 어머니가 엄청난 충격을 받으시지 않을까 두렵기 때문입니다. 아버지가 돌아가신 지 벌써 몇 달이 지났고, 어머니는 정신이 흐리고 기력이 약해져 있습니다. 어머니는 지금도 이 사실을 전혀 모르십니다. 저는 어머니가 이 일을 계속 모르시는 편이 낫다고 생각합니다."

사람들은 일순간 침묵에 빠진다. 모두가 할 말을 잃은 듯하다.

"저는 어떤 일에 대해 알면서도 계속 무지하게 행동하는 태도는 훨씬 더 나쁘다고 생각합니다." 무거운 분위기를 깨고 존이 의견을 내놓는다. "예를 들어 한 인종차별주의자가 자신이 왜 인종차별주의자인지를 알고 있고, 인간은 모두 유전적으로 거의 99.9퍼센트가 동일하기 때문에 인종차별주의가 불합리하다는 사실도 분명히 알고 있습니다. 그런데도 계속 인종차별주의자로 남아 있다고 합시다. 이런 인종차별주의는 무지에서 비롯된 인종차별주의보다 훨씬 더 위험한 경우입니다."

"누군가 앞서 '고의성'에 대해 말씀하셨듯이, 우리는 고의적인 무지인가 아닌가를 구별하는 것 같습니다." 한 학생이 말한다. 그는 존이 팔다리를 쭉 펴고 앉은 소파 한쪽 구석에 몸을 웅크리고 앉아 있다. "삶을 살아가는 순간마다 우리는 수많은 일에 무지합니다. A라는 일을 하기 위해서는 B, C, D라는 일은 보고도 못 본 척해야 하죠."

"그 말이 정말 맞아요." 멀찌감치 벽에 기대 서 있던 남자가 사람들이 모인 쪽으로 다가서며 말한다. 그는 자신을 학생처장이라고 밝힌다. "사실 저는 하고 싶은 모든 일을 시도했더라면, 아마도 힘이 달려서 별로 성취하지 못했을 거라 생각합니다. 그러니까 어쩌면 우리가 할 수 있는 최선은, 무지를 자각하는 일이 될 수 있습니다. 또 한편으로는 지금처럼 늘 무지한 상태로 있어야 한다는 생각을 거부하는 일이 될 수도 있고요."

"그 점이 바로 소크라테스의 철학이었다고 생각합니다." 역사학 교수가 말을 꺼낸다. "소크라테스가 지금까지 살았던 사람들 가운데 가장 지혜로운 인물로 꼽히는 이유도 자신의 무지를 깨달았기 때문이지요. 소크라테스는 소피스트에게 질문을 던질 때마다 그들로부터 지식을 얻으려 한다고 말했지만, 사실은 그들의 무지를 찾아내고자 했던 겁니다. 소피스트들은 언제나 자신들이 안다고 주장한 것을 제대로 알지 못했습니다. 그래서 소크라테스는 그들은 아는 것이 거의 없고 너무 무지하다는 결론을 내렸습니다."

역사학 교수는 부담스러울 만큼 한참 동안 나를 쳐다본다. 이윽고 그가 쓴웃음을 지으며 말을 꺼낸다. "제 생각에 선생은 소크라테스가 그랬듯이 무지를 찾고 있는 것 같군요."

왜 이유를 묻는가?

너 자신을 알라

    우리의 대화를 마무리 지을 시간이 되었다. 역사학 교수의 의견에는 아무도 이의를 제기하지 못했다. 그러나 그가 던진 마지막 말은 토론을 마친 후에도 한동안 내 머릿속에 남아 있었다. 지난 수년 동안 나는 그 교수의 말과 비슷한 얘기를 많이 들었다. 다시 말해, 소크라테스는 권위 있게 아는 것이 전혀 없다고 주장했기 때문에 무지를 찾으려고 했다는 것이다. 그러나 나는 그렇지 않다고 생각한다. 무언가를 안다고 주장하는 것과 무언가를 권위 있게 안다고 주장하는 것은 큰 차이가 있다. 소크라테스의 주장은 첫 번째에 해당한다. 그는 "나는 모르기 때문에 알고 있다"라는 식의 주장은 한 번도 하지 않았다. 소크라테스는 그런 주장을 아무리 좋게 보아도 정직하지 못하다고 여겼을 것이다. 소크라테스는 탁월한 인간이란 어떤 모습인지를 알아내려고 심혈을 기울였다. 또 그는 사람들에게 덕이 높은 사람이 될 수 있는 구체적인 방법을 가르쳤다.

소크라테스 이후 흄에서 데카르트, 비트겐슈타인, 러셀에 이르는 철학자들은 내가 소크라테스식 감수성이라고 부르는 '회의적인 태도'를 취했다. 그리고 이를 발판으로 삶의 가장 복잡하고 어려운 문제에 대해 깊은 통찰력을 얻고자 했다. 소크라테스식 감수성은 언제나 위대한 철학자들의 엄밀하고 날카로운 분석과 조화를 이루었다.

이런 감수성을 취하는 자들은 모두 확실한 근거가 없다면 어떤 결론도 받아들이려고 하지 않는다. 선을 가르치는 지도자는 수행자가 직접 경험에 뛰어드는 대신 생각하거나 이해하려고 할 때 "생각하지 말고 그냥 보라!"라고 충고할지도 모른다. 그러나 소크라테스는 "보라. 그리고 생각하라. 그다음에 더 많이 보라. 그리고 더 많이 생각하라. 보거나 생각하는 것을 절대 멈춰서는 안 된다"라고 충고할 것이다. 그는 생각이 일종의 관찰이나 경험이라고 주장할 것이다. 생각 없이 보기만 한다면 이는 고의적 무지이며 맹목과 같을 것이다. 그러나 보고 생각하거나 관찰하고 생각한다면, 그리고 타인이 관찰하고 생각한 견해에 귀를 기울인다면 여전히 무지하더라도 완전히 무지한 것은 아니다. 이렇게 우리는 소크라테스가 추구한 깨달음의 길을 따라 한 걸음 더 앞으로 나아갈 수 있다.

이런 방식으로 조금씩 나아가고, 진리를 더듬어 찾아간다면 우리는 점점 덜 무지해진다. '소크라테스의 지혜'라고 할 만한 지혜를 얻고, 자신이 무엇을 알고 모르는지를 확신할 수 있게 되는 것이다 (여기서 안다는 것은 철저한 검토로 확립된 앎을 말한다). 또 우리는 자신의 지식에 한계가 있음을 깨닫고 앞으로 나갈 용기가 생길 수 있다. 리처드 타나스가 주장했듯이, 소크라테스에게 무지의 발견은 끝이 아니라 철학적 과업의 시작일 뿐이었다. 자신의 무지를 발견한 후에는 "인간이 된다는 의미의 본질을 모호하게 했던 가정들을 극복해 나갈 수 있다. 소크라테스는 아테네인들이 용기, 정의, 선, 미덕 같은 개념을 얼마나 모호하고 혼란스럽게 사용했는지를 드러내 극렬한 비난을 받았다. 그는 명제의 정확한 의미를 비판적으로 분석하고 그 명제가 진리임을 정확하게 판단해야 한다고 주장함으로써 아테네인들의 노여움을 샀다. 그러나 그런 명제들을 잘 살펴본다면 우리는 무엇보다 부정확한 지식, 잘못된 추론, 부주의한 언어 사용 등으로부터 오류가 생길 수 있다는 사실을 알 수 있다.

오늘날까지도 우리는 소크라테스를 통해 지적이고 창의적인 시야를 넓히는 방법을 배우고 있다. 다른 사람에게 자신의 사고방식을 따르기를 강요하는 자들을 소크라테스는 강하게 비판했다. 소크라테스는 자신의 역할을 산파와 유사하다고 여겼다. 말하자면 그는 사람들이 자신만의 생각을 창출할 수 있고, 각자 선택한 삶의 신념을 깊이 살펴볼 수 있도록 도왔던 것이다.

돈으로 살 수 없는 지혜

무엇보다도 소크라테스는 우리의 신념을 끊임없이 안팎으로 살펴보아야 한다는 확신을 우리에게 전수했다. 소크라테스는 라슬로 베르세니가 '참된 가르침'이라고 칭한 활동에 몰두했다. 참된 가르침은 일반적으로 수용된 견해에 의문을 품고, 신념을 깊이 살피고, 독단론을 반박하고, 지식을 시험하고, 무지를 고발하는 일 등의 핵심 역할을 한다.

자신이 안다고 생각했던 것이 사상누각에 근거하고 있었음을 깨닫는다면 확실히 겸허해진다. 그러나 플라톤의 대화편 《테아이테토스》에서 소크라테스가 말했듯이, "우리가 한 번 더 생각한다면 이렇게 철저하게 살펴보고 싹트기 시작하는 생각이 더욱 좋은 것이 될 수 있다." 플라톤의 《메논Meno》에는 소크라테스가 처음으로 문답법을 사용해 어린 노예에게 그가 안다고 생각했던 것을 모르고 있음을 깨닫도록 가르치는 장면이 나온다. 소크라테스는 소년의 어리석음을 지적하거나 배우려는 열정을 좌절시키려고 그렇게 한 것이 아니었다. 그와는 반대로 소크라테스는 이렇게 설명한다. "소년을 당황하게 하고 충격을 줌으로써 해를 끼친 것은 아니다… 오히려 진리를 찾도록 도와주었다. 이제 그 소년은 기쁘게 진리를 찾고 있을 것이다… 그러나 자신의 무지함을 깨닫고 지식에 대한 열망을 갖고 자신을 낮추지 않았다면 그 소년이 모르는 것을 안다고 생각하면서 지식을 추구하려고 노력했으리라 생각하는가?… 이제 소년은 자신을 낮추고 잃었기 때문에 나와 함께 찾으며 무언가를 알아내게 될 것이다."

"모든 탁월한 것은 어려울 뿐만 아니라 참으로 드물다(Sed omnia praeclara tam difficilia quam rara sunt)." 이 말은 스피노자가 《윤리학Ethics》의 마지막에 쓴 글이다. 오늘날 우리가 생각하는 '탁월함'의 개념은 물질적 부를 획득하는 일과 너무 많이 관련되어 있다. 상당한 자산을 지닌 투자가가 경제 호황기에 더 많은 돈을 긁어모으는 일은 그다지 어렵지도 드물지도 않다. 또 소크라테스 시대와 마찬가지로 오늘날의 소피스트들이 부자들을 '조언해 주는' 일은 어렵지도 않고 흔한 일이다. 부자들은 자신들을 위한 어떤 목적이든 설정하고 '탁월성'을 성취하기 시작한다. 그들은 "미덕은 부에서 나오는 것이 아니다… 인간이 갖는 부와 모든 선한 것은 미덕에서 나온다"라는 소크라테스의 견해를 어떻게 해서든 피해 가려고 한다.

내가 전국 곳곳을 다니며 소크라테스 카페를 진행했을 때, 시간당 많은 돈을 받으며 '고객'과 함께 철학적 사유를 나누는 학계 철학자들을 몇 명 만난 적이 있다. 어떤 사람들에게는 내가 이익을 목적으로 하지 않고 사람들과 철학적 사유를 나누는 일이 위협인 듯 보였다. 그들은 내가 대학에서 철학 강연을 들은 적도 없고 듣지도 않을 사람들에게 소크라테스식 문답법으로 토론하는 법을 보여주는 것에 분개했다. 또 그들은 모든 '공식적인 철학자들'은 철학을 전공하고 자격이 입증되어야 하며, 그 대가로 상당한 돈을 요구하기를 바란다. 그들은 일반 사람들은 돈을 내고 소위 전문가와 함께 철학을 하는 것이 중요하다고 여긴다.

나는 대가를 요구하는 옛날 소피스트들처럼 오늘날에도 소크라테스를 헐뜯으려는 사람들을 알고 있다. 그들은 소크라테스가 철학적 대화를 나누는 대가로 돈을 전혀 받지 않았다면 그가 이미 돈이 많았거나 부자 친구들이 지원을 해주었기 때문이라는 억지 주장을 펼친다. 부유한 자들이나 그 부류들이라면 돈벌이에 애쓰는 일을 대수롭지 않게 여길 만한 사람들이라고 말하기는 쉽다.

그러나 이 말은 의미 있는 목적을 위한 삶에 전념하며 물질적 이익을 거부하는 수많은 사람에게는 심한 모욕이 된다. 플라톤의《소

왜 이유를 묻는가?

크라테스의 변명》에서는 소크라테스가 자신의 이상에 충실하기 위해 극심한 가난을 자발적으로 선택해 살아간 점을 분명히 설명하고 있다.

소크라테스는 돈으로 살 수 없는 탁월함을 추구하는 데 평생 전념했다. 오늘날 소크라테스의 지지자가 되려는 부자들이 있다면, 나는 소크라테스가 그들에게 이런 질문을 던졌으리라 생각한다.

지금보다 빈부의 차이가 훨씬 적은 사회를 그려볼 수 있는가? 인류의 행복에 책임감을 느끼는가? 어떻게 돈을 버느냐와 얼마나 돈을 버느냐 중에 어느 것이 더 중요한가? '성공'이란 무엇인가? 내게 뜻밖의 이익을 주는 기업이 환경 파괴와 노동 착취에 책임이 있어도 여전히 '탁월'한가?

벗과 함께 지혜의 길을 가라

소크라테스에게 탁월한 인간이란 지혜, 용기, 절제 같은 덕목을 얻기 위해 노력하는 존재다. 이유가 뭘까? 이런 덕목을 갖추면 풍부한 공감 능력과 창의적인 통찰력, 자기 발견 등 다양한 풍요로움이 생기기 때문이다.

'소크라테스식 덕목'이라는 말에는 이런 충고가 담겨 있다. "인간은 동료들도 탁월한 인간이 되도록 함께 노력할 때만 탁월한 인간이 될 수 있다." 이 충고를 받아들이기 위해서는 늘 드물고 어려운 사회적 양심과 창의적인 통찰력이 필요하다.

《소크라테스의 변명》에서 소크라테스는 자신의 운명이 위태로운 상황에 놓이자 동료 아테네인들에게 다음과 같이 말한다.

내게 생명과 힘이 있는 동안에는 철학하고 지혜를 가르치는 일을 결코 멈추지 않을 것입니다. 내가 만나는 사람들에게 충고하고 평소 태도대로 말하기를 그만두지 않을 것입니다.

'세상에서 가장 위대하며 강력하고 지혜로운 도시, 아테네의 시민인 그대, 나의 벗이여, 그대는 돈과 명예와 명성을 최대한 쌓아 올리면서 진리와 지혜와 영혼을 최대로 향상하기 위해서는 조금도 주의하거나 걱정하지 않는 자신이 부끄럽지 않은가?'라고 말입니다.

소크라테스에게 있어 인간이란 어떤 일을 하든지 옳은 일인가 그른 일인가를 헤아려야 하고, 선한 사람의 노릇을 하는지 나쁜 사람의 노릇을 하는지 생각해 보아야 하는 존재다.

플라톤의 《파이돈》은 소크라테스가 삶의 마지막 순간에 감옥을 찾아온 친구들과 나눈 감동적인 대화로 끝을 맺는다. 소크라테스가 독약을 마시기 전에 친구들은 자신들이 할 수 있는 '최선의 도움'을 주고 싶다고 그에게 말한다. 소크라테스는 친구들에게 한 가지 부탁을 한다. "함께 풍부한 대화를 나누면서 그대들이 발견한 삶의 길, 삶을 가치 있게 만드는 그 길을 끊임없이 추구하라"라고.

부록 1

철학자 해설

▷ **게오르크 빌헬름 프리드리히 헤겔**Georg Wilhelm Friedrich Hegel, 1770-1831년

독일 관념론을 완성하고 서양 근대 철학을 집대성한 철학자. 헤겔의 위대한 철학 체계인 형이상학은 철학 전반에 큰 영향을 미쳤다. 헤겔에게 철학의 주체는 자신이 '절대자'라고 언급한 실체이다. 헤겔을 연구하는 학자들은 대부분 그의 형이상학을 정(thesis), 반(antithesis), 합(synthesis)의 변증법이라고 설명한다. 헤겔의 철학 체계는 세계 역사와 사상이 더 높은 차원의 합을 이뤄 절대정신(Absolute Geist)의 지식으로 나아가는 진보를 보여준다. 헤겔의 절대정신은 절대적 정신이나 절대적 영혼으로 해석될 수 있다.

▷ **고트프리트 빌헬름 라이프니츠**Gottfried Wilhelm Leibniz, 1646-1716년

독일의 뛰어난 이성주의 철학자인 라이프니츠는 아이작 뉴턴과 함께 미적분학을 창시하고 근대 수리 논리학의 기초를 세운 인물이다. 어떤 설명이든 이성이 가장 중요하다는 원칙을 지지한 라이프니츠는 가능한 세계는 무한하며, 이 모두가 신이 현실 세계를 창조하기 전에 고려한 것이라고 주장했다. 그리고 현실 세계는 신의 계획을 드러내는 하나의 커다란 체계이며 '가능한 세계 중에 최상의 세계'라고 했다. 라이프니츠는 이 세상 모든 것은 존재와 존재 방식에 충분한 이유가 있다고 확신했다.

▷ 그레고리 블라스토스Gregory Vlastos, 1907-1991년

버클리 대학과 프린스턴 대학에서 철학을 가르친 교수이며, 소크라테스와 플라톤을 연구한 저명한 학자이다. 블라스토스는 평등주의를 지지했고 모든 사람이 "하나의 인격체로서 동등한 가치"를 갖는다고 주장했다.

▷ 길버트 라일Gilbert Ryle, 1900-1976년

영국의 철학자이며 고전학자인 라일은 《정신의 개념Concept of Mind》을 통해 데카르트의 육체와 정신을 분리하는 이원론이 틀렸음을 밝힌다. 비트겐슈타인과 함께 20세기 중반 언어 철학을 이끈 주요 철학자이다.

▷ 데모크리토스Democritus of Abdera, 기원전 460-370년

스승인 레우키포스와 함께 원자론으로 알려진 철학의 주요 창시자. 소크라테스, 플라톤과 동시대를 살았던 인물이다. 어떤 계획이나 목적도 없는 기계론적 우주관을 믿었다. 레우키포스처럼 만물은 다양한 크기와 모양으로 되어 있으나 질적인 구성은 다르지 않아 수많은 입자나 미립자로 이루어져 있다고 가정했다.

▷ 데이비드 흄David Hume, 1711-1776년

스코틀랜드의 역사학자이며 평론가, 경험주의 철학자이다. 계몽주의를 대표하는 인물인 흄은 신의 존재에 대한 증거에 반대 주장을 펼친 것으로 유명하다. 흄은 《인성론A Treatise of human nature》에서 자기성찰과 관찰연구를 이용해 인간 정신을 연구하고, 사랑이나 미움 같은 '열정'이나 지식, 믿음, 도덕성, 겸손, 악덕 등을 설명하려고 했다. 또 그는 예상되거나 선천적으로 인식된 선험적 원칙 같은 것은 없고 실제 사건의 경험에서 비롯된 원칙만 있다고 주장했다.

▷레우키포스Leucippus, 기원전 5세기

고대 그리스 철학자인 레우키포스는 데모크리토스의 스승이며 원자론의 창시자이다. 그가 창시한 원자론은 물질세계가 더 이상 쪼갤 수 없는 무한한 입자와 미립자로 이루어져 있는데, 크기와 형태는 다르면서도 전혀 질적이지 않은 이 입자들이 무한한 공간에서 불규칙하게 움직인다는 이론이다.

▷루트비히 비트겐슈타인Ludwig Wittgenstein, 1889-1951년

오스트리아 태생으로 20세기의 가장 영향력 있는 철학자에 속한다. 비트겐슈타인은 언어 연구의 중요성을 강조했다. 그는 생전에 출간된 유일한 저서인《논리 철학 논고Tractatus Logico-Philosophicus》에서 논리학과 수학의 기초에 대한 자신의 견해를 발전시켰고, 논리적 실증주의, 언어분석, 의미론과 같은 철학의 여러 중요한 분야의 발전을 이끌었다.

▷르네 데카르트René Descartes, 1596-1650년

근대 철학의 아버지로 불리는 프랑스 수학자. 세계에 대한 반박할 수 없는 지식을 얻기 위해 확실하고 자명한 증거를 이용하는 수학적 방법을 확대하려 노력했다. 보편적 회의론 관점에서 연구를 시작한 데카르트는 추호의 의심도 없는 유일한 진리는 자신이 생각한다는 사실이라는 결론을 내렸다. 그리하여 "나는 생각한다. 고로 나는 존재한다"라는 명언을 남겼다. 이러한 데카르트의 인식론을 기반으로 그의 제자들이 발전시킨 유명한 이론이 데카르트의 이원론(Cartesian dualism)이다. 데카르트의 이원론은 정신과 물질이 두 개의 완전히 다르면서도 상호작용을 하는 실체로 나뉜다는 이론이다.

▷ 마르쿠스 아우렐리우스Marcus Aurelius, 121-180년

로마 황제이면서 철학자인 마르쿠스는 스토아철학을 옹호했다. 스토아철학은 자연에 부합하고 미덕에 따르는 도덕적인 삶이라는 개념을 근본적으로 나타내는 윤리 체계이다. 마르쿠스는 《명상록Meditations》에서 삶, 죽음, 행동, 우주 등에 대해 깊이 살펴보았으며, 또한 인생의 무의미를 흔히 강조했다.

▷ 마르틴 하이데거Martin Heidegger, 1889-1976년

독일의 철학자이며 근대성과 민주주의에 대한 비평가. 하이데거는 '존재'의 본질을 파악하려고 노력했으며, 특히 인간이 어떻게 세계 안에서 행동하며 세계와 관계를 맺는지에 대한 연구에 전념했다.

▷ 모리스 메를로퐁티Maurice Merleau-Ponty, 1908-1961년

프랑스 철학자인 메를로퐁티는 주로 '지각의 현상학(phenomenology of perception)'(《지각의 현상학》이라는 주요 저서도 펴냈다)에 대해 연구했다. 하이데거와 같은 독일 철학자들의 연구뿐 아니라 경험적 심리학과 생리학을 토대로 삼은 메를로퐁티는 인간 경험이 세계로부터 자신을 떼어놓는 것이 아

철학자 해설

니라 세계 속에 반드시 존재하는 방식이라고 강조했다.

▷ 미겔 데 우나무노 Miguel De Unamuno, 1864-1936년

스페인의 작가이자 고전학자, 철학자. 우나무노의 저작물들은 거의 삶과 죽음의 의미를 다룬다. 그는 '삶의 비극적 감정'을 연구하여, 우리가 삶에 일종의 초월적인 의미나 내세의 의미가 있다고 확신하지 못하더라도 마치 그런 삶인 것처럼 행동해야 한다고 주장했다.

▷ 미셸 에켐 드 몽테뉴 Michel Eyquem De Montaigne, 1533-1592년

프랑스의 철학자이며 수필가인 몽테뉴는 프랑스의 소크라테스로 알려져 있다. 몽테뉴는 《레이몽 스봉의 변호 Apology for Raymond Sebond》(1580)에서 천주교 신앙이 이성으로 확고히 자리 잡을 수 있다는 것을 입증하려는 스페인 수도사 레이몽 스봉을 변호하고, 스봉의 관점을 자신의 회의주의 논증을 위한 발판으로 활용한다. 이 에세이를 통해 몽테뉴는 근대 유럽의 문화 상대주의와 회의주의 발전의 길잡이가 되었다. 그는 재치 있고 인도적이면서도 신랄한 문학 작품인 《수상록 Essais》으로 큰 명성을 얻게 되었다.

▷ 미셸 푸코 Michel Foucault, 1926-1984년

프랑스 철학자이며 사회 비평가. 푸코는 '지식의 고고학'이라고 칭한 지적 역사에 관한 접근법을 만들어냈다. 특정 관행과 제도, 이론을 뒷받침해 주는 맹목적인 지식과 사상 체계를 조사해 근절하려고 노력했다.

▷ **바뤼흐(베네딕투스)데 스피노자**Baruch(or Benedict)De Spinoza, 1632-1677년

네덜란드 철학자인 스피노자는 검소하고 용감한 삶을 살았던 인물로 유명하다. 1656년에 암스테르담의 유대인 공동체로부터 이단으로 몰려 잠시 추방당했으며 1673년에 《신학정치론Tractatus Theologico-Politicus》에서 인내와 평화를 옹호했다는 이유로 교회의 비난을 받았고, 이후 그의 책도 금서로 취급되었다. 데카르트에 반박한 스피노자는 《윤리학Ethics》에서 정신과 신체는 신이나 자연이라고 불리는 단일한 실체의 부분들이라고 주장한 일원론의 철학을 발전시켰다. 또 그는 자신의 견해를 내세울 때 연역적 추론이라는 수학 체계를 이용했다.

▷ **버트런드 러셀**Bertrand Russell, 1872-1970년

영국의 급진적 정치 사상가이며 평화주의 사회 비평가인 러셀은 논리학과 수학 철학(그는 모든 수학이 논리적 전제로부터 파생된다고 주장했다)을 연구한 철학자로도 잘 알려져 있다. 러셀은 교육, 종교, 과학, 역사 등 다양한 주제에 관한 글을 써 여러 세대에 걸쳐 영향을 주었으며 1950년에 노벨 문학상을 받았다. 그는 알프레드 노스 화이트헤드와 공동으로 《수학원리Principia Mathematica》를 저술해 현대 논리학의 발전을 이끌었다.

▷ **소크라테스**Socrates, 기원전 469-399년경

석공과 산파의 아들이며, 플라톤의 스승이다. 소크라테스는 70세에 불경죄와 아테네의 젊은이들을 타락시켰다는 죄로 재판을 받고 사형을 당했다. 그는 어떤 저술 활동도 하지 않은 것으로 보이지만 가장 주목할 만하고 영향

철학자 해설

력이 큰 철학자로 여겨진다. 인간의 탁월성에 대한 본보기가 되는 탐구와 "성찰하지 않는 삶은 살 가치가 없다"는 그의 믿음은 지금까지도 많은 사람의 길잡이가 되고 있다.

▷ 쇠렌 키르케고르Søren Kierkegaard, 1813-1855년

덴마크의 철학자이며 신학자, 사회 비평가. 키르케고르는 실존주의의 선구자라고 불리는 철학자이다. 그는 전통 철학이 깊이가 없고 지나치게 규칙을 찾으며 절박한 삶의 걱정과는 너무 동떨어져 있다는 점에 불만을 느꼈다. 또 그는 자신에게 어떤 명칭이 붙여지는 것을 거절했으며 어떤 믿음 체계도 거부하는 태도를 보였다.

▷ 수잔 랭거Suzanne Langer, 1895-1985년

미국의 철학자인 랭거는 인간을 '상징적' 존재로 보았으며, 상징주의에서 철학의 '새로운 실마리'를 찾았다. 랭거는 상징적 논리, 자연 과학, 정신 분석, 예술 작품의 구조화 등에서 상징이 '변형하는' 과정을 연구했다. 언어 철학과 심리 철학에 중요한 공헌을 했다.

▷ 아낙사고라스Anaxagoras, 기원전 500-428년경

아테네로 이주한 최초의 고대 그리스 철학자이며, 불경을 저질렀다는 죄목으로 최초로 정식 재판을 받았다. 아낙사고라스는 만물이 무한한 수의 입자나 씨앗, 또는 기본적인 '물질'로 이루어져 있고 그 안에 만물의 일부가 들어있다고 주장했다.

▷ 아르투어 쇼펜하우어 Arthur Schopenhauer, 1788-1860년

독일의 철학자이면서 산문 작가인 쇼펜하우어는 모든 실재는 근본적으로 '의지'라고 주장했다. 그가 주장하는 의지란 여러 방식으로 드러나며 늘 고통을 초래하는 거의 끊임없는 무의식적인 노력을 말한다. 쇼펜하우어는 고통 받는 것보다 존재하지 않는 것이 더 낫다고 믿었으며, 고통에 대한 이런 견해 때문에 비관주의자로 불렸다. 학계 주류를 벗어나 활동한 쇼펜하우어는 《의지와 표상으로서의 세계 The World as Will and Representation》에서 형이상학 이론을 체계적으로 제시했다.

▷ 아리스토텔레스 Aristotle, 기원전 384-322년

플라톤의 제자이자 알렉산더 대왕의 스승이며 '아테네 학원(Lyceum)'의 설립자다. 다방면에 걸쳐 관심이 많았던 아리스토텔레스는 지식의 함축성 있는 측면을 알아낸 최초의 철학자로 널리 알려져 있다. 그는 과학의 발달 과정에서 정의, 귀납법, 연역법 등이 중요한 기능을 한다는 사실을 깨달았고, 과학을 진리를 추구하는 이론적인 분야, 행동을 지향하는 실용적인 분야, 창조를 목표로 삼는 생산적인 분야로 나누었다.

▷ 알프레드 노스 화이트헤드 Alfred North Whitehead, 1861-1947년

영국의 수학자이며 철학자. 화이트헤드는 현대 물리학과 논리학에 바탕을 둔 자연의 형이상학을 체계적으로 발전시키려고 노력했다. 화이트헤드는 1884년부터 1910년까지 케임브리지 대학 트리니티 칼리지에서 학생들을 가르쳤는데, 그 학생들 가운데 버트런드 러셀도 있었다. 그 후 1924년부터

1937년까지 하버드 대학에서 철학 교수로 재직했다.

▷ **어니스트 나겔**Ernest Nagel, 1901-1985년

오스트리아-헝가리 출신의 미국 철학자인 나겔은 과학의 함축성에 관한 연구로 유명하다. 나겔은 40년 동안 컬럼비아 대학에서 철학 분야로 학계의 경력을 쌓다가 마침내 가장 명망 있는 자리인 대학 특별 교수로 임명되었다. 그는 자신의 가장 유명한 저서 《과학의 구조Structure of Science》를 통해 과학적 설명의 논리가 모든 과학 분야의 발전에 영향을 주었다는 사실을 입증했다.

▷ **에티엔느 질송**Etienne Gilson, 1884-1978년

프랑스의 가톨릭 철학자이고 중세 철학을 연구하는 역사학자이며 급진적 신학자이다. 질송은 창조물의 본질과 존재를 구분했던 토마스 아퀴나스의 철학을 되살리려고 노력했고, 존재가 가장 근본이라고 주장했다.

▷ **에픽테토스**Epictetus, 50-138년경

노예 신분에서 해방된 이후 철학 학교를 세운 도덕적인 스토아 철학자이다. 에픽테토스는 철학의 목적이 명예를 얻는 일이 아니라 더 나은 세계 시민이 되는 일이라고 믿었다.

▷ **엘레아의 제논**Zeno of Elea, 기원전 470년경

소크라테스 이전의 철학자인 제논은 운동, 변화, 다원성은 논리적으로 불합

리하며, 절대불변의 존재만이 실재라고 주장했다. 그는 운동에 대한 네 가지 반박을 제시한 자신의 유명한 역설에서, 시간과 운동의 일반적인 가정이 틀렸음을 논리적으로 입증하려고 했다.

▷ 월터 카우프만 Walter Kaufmann, 1921-1980년

독일에서 태어난 카우프만은 1947년부터 타계할 때까지 프린스턴 대학에서 철학 교수로 재직했다. 카우프만은 프리드리히 니체의 저서와 괴테의 《파우스트 Faust》를 번역하면서 명성을 얻었다. 또 그는 실존주의와 종교에 관한 책을 포함해 꽤 많은 독창적인 저서들을 펴냈다. 카우프만은 소크라테스의 정신이 점점 사라지고 있으며 학계 철학의 '미시적 관점'이 만연하고 있다는 사실을 한탄했다.

▷ 윌리엄 제임스 William James, 1842-1910년

미국의 철학자이자 심리학자. 실용주의를 대중화했고 하버드 대학의 교수로 재직했다. 제임스는 실용주의의 창시자인 찰스 샌더스 퍼스가 제시한 기존의 영역보다 실용주의의 적용 범위를 넓혀 진리에 대한 이론을 발전시키려 했고, 과학과 가치 사이에 존재하는 표면상의 갈등을 조정하려 노력했다. 한 사상의 진리는 그 사상의 사회적이거나 윤리적인 유용성과 중요성, 그 사상의 윤리적인 결과에 따라 결정된다고 주장했다.

▷ 윌리엄 킹던 클리퍼드 William Kingdon Clifford, 1845-1879년

영국의 수학자이자 과학 철학자. 클리퍼드는 지식, 윤리학, 종교이론에 관

한 평론을 저술했고, 새로운 과학적 발견의 관점에서 삶을 해석하기 위해
노력했다.

▷ 유스투스 버츨러 Justus Buchler, 1915-1991년

자연 복합체에 대한 획기적인 형이상학을 발전시킨 자연주의 철학자. 1937년
에 컬럼비아 대학의 교수가 되었으며, 같은 대학에서 1964년에서 1967년
까지 학과장으로 지냈다. 컬럼비아 대학 현대 문명 프로그램의 지적, 도덕
적인 선도자로 알려져 있었다. 이후 스토니브룩의 뉴욕주립대학에서 철학
적 관점에 대한 대학원 프로그램을 만들었다.

▷ 임마누엘 칸트 Immanuel Kant, 1724-1804년

독일의 철학자. 매우 영향력 있는 '비판철학'을 탄생시킨 칸트는 사상이 반
드시 외부 세계에 일치하는 것은 아니며, 오히려 세계는 인간 정신의 구조
에 일치하는 정도로만 알려져 있다고 주장했다.

칸트는 정언명령(categorical imperative)을 통해 사람들이 도덕적 존재로
행동할 때 결과를 전혀 예상하지 않고 행동 그 자체로 의미가 있도록 하는
것을 마치 자연의 보편적 법칙인 것처럼 여기라 권고했다. 그는 과학적이거
나 형이상학적 근거가 없더라도 도덕적 인간은 신, 자유, 도덕성에 대한 믿
음을 가져야 한다고 주장했다. 칸트는 지식, 미학, 도덕론에 대한 포괄적인
이론을 세워 거의 모든 철학에 영향을 미쳤다.

▷장 자크 루소 Jean-Jacques Rousseau, 1712-1778년

스위스 태생의 프랑스 철학자이며 정치 철학과 교육 이론, 낭만주의 운동에 큰 영향을 미친 사상가이다. 루소는 초창기에 저술한 저서에서 사회가 모든 인류 해악의 주된 원인이라고 주장했다. 그러나 자신의 획기적인 저서《사회계약론 The Social Contract》에서 루소는 옛 로마 공화국의 시민 이상에 사로잡혀 정부는 기껏해야 시민들이 공익(루소가 '일반의지'라고 부르는)을 위해 합리적 선택을 한 표상이라고 주장했다.

▷장 폴 사르트르 Jean-Paul Sartre, 1905-1980년

명망 있는 실존주의 철학자이며 소설가, 극작가, 사회 비평가이다. 사르트르는 인간 삶의 본질과 의식의 구조에 초점을 맞추어 연구를 펼쳐나갔다. 사르트르는 인간 존재의 본질이 선택의 능력에 있다고 주장했다. 또한 결과적으로 인간은 '자유롭도록 선고받은' 존재이고, '잘못된 믿음'으로 인한 행동에 책임을 받아들이지 않는 존재라는 결론을 내렸다.

▷조지 산타야나 George Santayana, 1863-1952년

스페인 태생의 미국 철학자이자 시인, 평론가, 소설가이다. 산타야나는 1889년에 하버드 대학의 교수로 임명되었다. 윌리엄 제임스와 조시아 로이스 Josiah Royce의 제자인 산타야나는 모든 현실이 의식의 외부에 있으며, 외부세계에 대한 모든 믿음은 궁극적으로 '동물적인 믿음(animal faith)'에 바탕을 둔다고 주장했다. 또 그는 5권으로 구성된 저서《이성의 삶 Life of Reason》에서 과학, 종교, 예술 각각을 독특하면서도 똑같이 상징의 형태로 타당하다고 특징지으며 통합했다.

▷ 존 듀이 John Dewey, 1859-1952년

미국의 대표적인 철학자이며 정치 이론가, 교육자, 사회 개혁가이다. 듀이는 지식을 얻기 위한 탐구가 무엇보다 가장 중요하다는 점을 평생 강조했다. 또한 이전의 서구 철학자들이 지식이나 형이상학, 탐구 방법의 추상적, 초월적, 선험적 체계에만 중점을 둔 사실은 잘못이었다고 주장했다. 듀이에 따르면 자기 수정의 과정인 탐구는 특정한 역사·문화적 환경이나 '실용적인' 맥락에서 수행되며, 이후에 늘 수정되고 개선되며 발전하는 지식으로 이어진다.

▷ 존 로크 John Locke, 1632-1704년

영국의 영향력 있는 경험주의 철학자. 로크는 선천적으로 인간의 정신이 갖는 관념이란 없고 경험만이 모든 인간 이해를 위한 토대가 된다고 주장했다. 그는 《통치론 Two Treatises of Government》에서 자신의 정치 이론을 제시하며, 인간은 "자연 상태에서 모두 자유롭고 평등하며 독립된 존재"라고 했다. 철학은 과학과 떼어놓을 수 없다고 믿은 로크는 《인간 오성론 Essay Concerning Human Understanding》에서 지식과 17세기 과학의 새로운 발견과 조화를 이루려고 노력했다.

▷ 존 허먼 랜달 주니어 John Herman, Jr. Randall, 1899-1980년

미국의 자연주의 철학자이자 철학과 지적 전통을 연구한 역사학자. 그리스

인본주의와 기독교 윤리학의 해석자로 찬사를 받았다. 침례교 목사의 아들로 태어난 랜달은 컬럼비아 대학에서 50년 이상 학생들을 가르쳤다. 그는 일반 대중과 함께 철학 탐구에 참여했던 행동하는 학자였으며, 영향력 있는 자연주의 옹호자였다. 자연주의는 철학에 과학적 방법을 결부시키고 우주 안에 있는 모든 존재와 사건이 자연적이라고 생각하는 철학적 입장이다.

▷ 찰스 샌더스 퍼스Charles Sanders Peirce, 1839-1914년

미국의 철학자이자 과학자인 퍼스는 자신을 '실험실 철학자(laboratory philosopher)'라고 칭했다. 실용주의 창시자로 알려진 퍼스는 신념은 '행동을 위한 규칙'이고, 사상은 실용적인 측면인 결과로 평가받아야 하며 이런 결과만이 의미를 이룬다고 주장했다. 또 그는 관계 논리와 진리 함수 논리에 관한 철학 연구의 길을 개척했다.

▷ 크세노폰Xenophon, 기원전 430-355년경

고대 그리스의 장군이며 도덕가, 역사가인 크세노폰은 소크라테스를 미덕과 실용적 지식의 스승으로 묘사했고, 소크라테스가 사형선고를 받은 죄목에 대해 변호하는 글을 쓰려고 노력했다.

▷ 탈레스Thales, 기원전 585년경

그리스 정치가이며 기하학자, 천문학자. 탈레스는 최초의 서양철학자로 널리 알려져 있다. 소아시아의 밀레토스에서 살았던 탈레스는 만물의 근원은 물이라고 믿었다.

철학자 해설

▷ 토마스 아퀴나스Thomas Aquinas, 1225-1274년

이탈리아의 철학자이며 신학자인 아퀴나스는 가장 위대한 스콜라 철학자로 알려져 있다. 또한 많은 사람이 중세 시대의 가장 영향력 있는 철학자라고 생각하는 인물이다. 그는 아리스토텔레스의 철학과 기독교 교리를 조화시켜 정통 가톨릭 철학을 창출한 업적으로 명성을 얻었다.

▷ 토머스 홉스Thomas Hobbes, 1588-1679년

근대 정치 철학의 토대를 마련한 철학자 중 한 사람이다. 홉스는 정치적 혼란을 끝내기 위해 정치 과학이라는 새로운 지평을 제시하려고 했다. 그는 획기적인 저서《리바이어던Leviathan》에서 국가와 교회 권력의 통제에서 벗어난 종교 자유를 지지하며 영국 국교회를 비난했다. 그리고 모든 인간은 자연 상태에서 신체적, 정신적 능력이 평등하다는 '자연 평등의 철학'을 발전시켰다.

▷ 프랑수아 마리 아루에 볼테르François Marie Arouet Voltaire, 1694-1778년

프랑스의 철학자이자 수필가, 소설가, 사회 비평가. 정치적으로 자유주의를 지향한 인본주의자인 볼테르는 가장 뛰어난 계몽주의 사상가에 속한다. 볼테르는 자신의 유명한 풍자소설《캉디드Candide》에서, 어떤 행위나 사건이 아무리 악하더라도 이 모든 수난이 "가능한 최선의 세계에서 일어나는 최선의 일"이라는 라이프니츠의 견해를 조롱한다. 볼테르는 우리가 세상의 악과 싸워 이기기 위해 구체적인 행동을 취해야 한다고 믿었다. 그리고 "우리는 이제 우리의 정원을 가꿔야 한다"라는 말을 남겼다.

▷ 프랜시스 허버트 브래들리 Francis Herbert Bradley, 1846-1924년

영국의 이상주의 철학자인 브래들리는 언어로 제시된 진리가 사물의 "온전하거나 절대적인" 전체성을 완전하게 포착할 수 없다고 주장했다. 모든 절대적 이상주의자들처럼 브래들리도 주체와 객체의 차이는 형식적인 것에 불과하며 단순한 사고의 작용이라고 확신했다.

▷ 프리드리히 빌헬름 니체 Friedrich Wilhelm Nietzsche, 1844-1900년

독일의 고전 문헌학자이며 시인, 사회 비평가, 철학자이다. 니체는 전통 형이상학과 윤리학을 비난하고 '초인(Superman)'의 도래를 알렸다. 니체는 초인이 삶을 긍정하는 '권력에의 의지(will to power)'를 구체화한 존재라고 주장했다. 니체는 절대적 지식의 개념을 거부했다. 모든 사고는 사고하는 사람의 관점에 제한을 받고 해석에 좌우되며, 모든 지식은 일시적인 특징이 있다고 주장했다.

▷ 플라톤 Plato, 기원전 428-348년경

아테네의 철학자이며 소크라테스의 제자. 플라톤의 여러 대화편에는 소크라테스가 지칠 줄 모르는 질문자로 등장한다. 그런 등장인물 소크라테스는 '반대 논증'을 펼치거나 반문을 던져 고대 그리스의 많은 소피스트들의 지식이 거짓임을 밝히곤 한다. 플라톤은 오늘날 우리가 흔히 칭하는 철학적 담론의 창시자이며 탁월한 실천가로 널리 알려져 있다.

▷ 피타고라스Pythagoras, 기원전 582-507년

철학자이자 수학자. 피타고라스는 플라톤 시대까지 150년간 존재한 일종의 종교 집단을 창설했다. 이 집단은 영혼이 불멸하고 윤회하며, 모든 생명이 친족 관계에 있다고 믿었다.

▷ 한나 아렌트Hannah Arendt, 1906-1975년

독일 태생의 철학자이자 20세기를 대표하는 정치 이론가. 아렌트는 나치 정권의 박해를 피해 1933년에 프랑스로 옮겨갔고, 1940년에는 미국으로 이주했다. 아렌트는 의미 있는 행동은 세심하고 신중한 생각에 따라 결정된다고 믿었다. 그녀는 1963년부터 1967년까지 시카고 대학에서 교수로 재직했다가 뉴욕의 뉴스쿨 대학으로 옮겨 정치 철학 교수로 재직했다. 유명한 저서 중 하나인 《전체주의의 기원The Origins of Totalitarianism》에서 아렌트는 19세기 반유대주의와 제국주의를 전제주의의 대두와 관련지었다.

▷ 헤라클레이토스Heraclitus, 기원전 500년경

소크라테스 이전의 그리스 철학자. 헤라클레이토스의 경구는 후대에 여러 저자의 글에서 인용되었고, 그런 글을 통해서만 그의 철학적 관점을 찾아볼 수 있다. 헤라클레이토스의 경구는 변화의 세계에서 통일성을 강조했다. 또 그는 불을 만물의 근원으로 보았으며, 세상은 '말'이나 '말한 것'으로 대략 해석되는 로고스logos로 지배된다고 믿었다.

소크라테스 카페를 시작하는 법

- 크리스토퍼 필립스와 서실리아 필립스 -

소크라테스 카페를 시작할 때 필요한 정보

내가 사는 지역에 소크라테스 카페가 있는지 어떻게 알 수 있을까?

비영리 철학 탐구 협회인 '소사이어티 오브 필로소피컬 인콰이어리(Society for Philosophical Inquiry)'의 웹사이트 필로소퍼(www.philosopher.org)에 들어가면 도시별로 소크라테스 카페 목록을 살펴볼 수 있다. 소크라테스 카페는 보통 사람들이 이끌어가는 모임이다. 이런 대화법이 절실히 필요하다고 여기는 여러분과 같은 사람들이 소크라테스 카페를 시작했다. 자신이 사는 지역에 모임이 열리지 않는다면 직접 시작해 보기 바란다.

소크라테스 카페를 열기에 적합한 장소를 어떻게 찾을까?

도서관, 지역문화센터, 서점, 커피숍 등이 소크라테스 카페를 열기에 매우 좋은 장소들이다. 개인이 경영하는 커피숍 중 지역사회를 도우려고 애쓰는 곳이라면 소크라테스 카페 같은 모임을 잘 받아들이는 편이다. 그러므로 소크라테스 카페라는 개념을 커피숍 주인이나 해당 장소의 책임자에게 제의해 보는 것이 좋다. 이때 '소사이어티 오브 필로소피컬 인콰이어리' 웹사이트에서 계획안을 무료로 내려받으면 소크라테스 카페에 관한 홍보에 도움이 될 수 있다. 그리고 바쁜 영업시간에 방해되지 않도록 가장 한가한 시간에 모임이 가능한지를 해당 장소에 문의하는 것이 좋다. 보통은 금요일을 제외한 평일 저녁이 소크라테스 카페를 열기에 좋은 시간이다.

소크라테스 카페를 진행하는 법

일정한 기간에 규칙적으로 소크라테스 카페를 열기 위해 커피숍이나 서점 등 적합한 장소를 구했다면 이제는 '소크라테스 카페를 어떻게 진행해야 할까?'라는 생각이 가장 먼저 떠오를 것이다.

소크라테스 카페에서 어떤 질문을 다루어야 할까?
소크라테스 카페에서는 의미 있는 대화에 도움이 되는 질문이라면 무엇이든 토론의 주제로 사용할 수 있다.

토론할 질문을 어떻게 선정해야 할까?
소크라테스 카페의 참가자들에게 어떤 질문을 토론하고 싶은지 물어본다. 사람들에게 머릿속에 떠오르는 질문이 있으면 무엇이든 토론 주제로 제의하기를 권한다. 제의할 질문은 독특해도 상관없다. 이렇게 제의받은 질문들을 모두 참가자들에게 큰소리로 읽어준다. 그런 다음에 참가자들에게 자신들이 가장 잘 모르고 혼란스러운 질문을 선택해 다수결로 정하도록 요청한다.

처음에는 몇몇 참가자들에게 원하는 대로 질문에 답하게 한다. 그러나 기본적인 방법 없이 무질서하게 토론이 진행된다는 생각이 든다면 소크라테스식 방법으로 질문을 파고들기 시작한다. 이때 방법은 다음과 같다.

① 질문에 내재된 가정을 살펴본다. ② 질문에 내포된 개념을 살펴본다. ③ 종류와 정도에 따라 다른 점들을 자세히 파악한다. ④ 논리적으로 일관성이 있는지를 살펴본다. 그런 다음, 설득력 있는 반대 의견과 대안이 되는 관점을 찾아내야 한다.

① 질문에 담겨 있는 가정을 어떻게 찾을까?

예를 들어, 한 참가자가 "고독을 어떻게 극복할 수 있을까?"라는 깊이 있는 질문을 한다면 진행자는 처음부터 그 질문에 의문을 제기해야 한다. 따라서 "우리는 항상 고독을 극복하기를 원할까?"와 같은 질문을 할 수 있다. 셰익스피어와 괴테는 고독을 극복하려고 하기보다는 오히려 받아들였기 때문에 시대를 초월한 걸작을 창조했을 수 있다.

② 질문에 내포된 개념은 어떤 것일까?

고독을 극복하는 문제와 관련된 질문을 탐구할 때는 우선 다음과 같은 질문을 던지고 답해야 한다. "고독이란 무엇인가?", "고독을 극복한다는 것은 무엇을 의미하는가?", "우리는 도대체 왜 고독을 극복하기를 원할까?" 이와 같이 내포된 개념들을 분리하여 각각 탐구하면 사람들은 주어진 질문을 새로운 관점에서 볼 수 있게 된다.

③ '종류와 정도에 따라 다른 점들'을 탐색하는 예를 든다면 무엇이 있을까?

고독에 대한 질문과 관련하여 다음과 같이 질문해 볼 수 있다. "극복하고 싶은 고독과 극복하기보다는 자신의 일부로 받아들이고 싶은 고독이 있을까?", "고독의 다양한 종류에는 어떤 것이 있을까?", "그 고독의 종류는 어떻게 다른가? 공통점은 없을까?", "세상과 단절한 듯 완전한 고독의 세계로 빠지는 것이 가능할까?"

④ 대안이 되는 견해는 어떻게 찾아낼까?

토론할 때 참가자들의 반응을 이미 예측할 수 있다고 생각할 수 있다. 하지만 소크라테스 카페에서는 진행자나 참가자들이 깜짝 놀랄 정도로 새롭고 다양한 대안이 나올 수 있다. 사용하는 용어의 의미를 탐색할 때, 참가자들은 당연하게 받아들이고 있는 기본 개념에 대한 철학을 명확하게 표현할 것이다. 이런 일이 바로 자발적이면서도 정말 흥미진진한 토론의 매력이 된다.

대화를 독점하거나 다른 참가자를 존중하지 않는 사람들을 어떻게 해야 할까?

소크라테스 카페는 일반적으로 공공장소에서 이뤄지기 때문에 누구든 자유롭게 참여할 수 있다. 따라서 모든 참가자가 편하게 참여하고 경청할 수 있는 환경을 만드는 것이 중요하다. 토론을 마음대로 주도하거나 타인을 방해하는 참가자가 있다면 진행자는 적극적으로 중재를 해야 하며, 다른 참가자들에게 골고루 발언할 기회를 주어야 한다. 진행자는 필요하다면 문제의 참가자에게 발언하기를 원하는 타인을 배려해야 한다고 부드럽게 충고를 할 수도 있다. 토론할 때 다소 공격적인 성향의 참가자들이 있다면 내성적인 성향의 사람들이 위축될 수 있으니 참가자 모두에게 서로 배려하고 격려해 주는 편안한 환경을 유지하고 싶다는 설명을 해야 한다.

어떻게 하면 사람들이 의견을 말하도록 장려할 수 있을까?

능숙한 진행자라면 다른 참가자에게 본보기를 보여주며 토론을 위한 건전한 환경을 만들어낼 수 있다. 능숙한 진행자는 무엇보다 매우 열성적인 경청자가 되어야 한다. 참가자들이 각각 의견을 말할 때마다 적극적으로 귀를 기울여 들어야 한다. 다음에 자신이 어떻게 반응해야 할지, 또는 무엇을 물어볼지를 생각하고 있어서는 안 된다. 또 진행자는 의견을 말하기를 원하는 사람들 모두가 발언할 기회가 있는지 확인해야 한다. 이때 의견을 말하기를 원하는 사람들의 몸짓이나 손짓을 살펴보아야 한다. 할 말이 있다는 몸짓을 보였다가 잠시 후에는 반응이 없을 수도 있는데, 이는 시간이 좀 지났거나 하고 싶었던 말이 더 이상 의미가 없어서이기 때문이다. 이런 일이 생길 때는 방금 토론한 내용에 대해 어떻게 생각하는지를 물어봄으로써 의견을 말할 기회를 줄 수 있다.

토론 진행자가 한 사람이어도 괜찮을까?

처음에는 앞장서서 모임을 이끌어야 하므로 혼자서도 토론을 진행할 수 있다. 그러나 시간이 지나면 토론 진행자를 해보기를 원하거나 이런 소크라테스식 대화법의 본질을 분명히 이해하는 참가자를 찾아야 한다. 소크라테스 카페는 새로운 대안을 찾는 것이 목적이므로 평등주의 정신을 기반으로 많은 사람에게 발언의 기회를 허용한다. 따라서 토론 진행자가 많을수록 좋다. 진행자마다 서로 다른 방식을 제공할 수 있으므로, 이는 대화를 풍부하게 하고 모임을 장기간 이어가는 데 도움이 된다.

진행자는 중립적이어야 할까, 아니면 자신의 견해를 내세워도 될까?

소크라테스 카페의 진행자도 참가자들처럼 더 나은 질문자가 되려고 노력해야 한다. 진행자가 되면 중립적인 태도를 취하는 일이 매우 어렵다는 것을 알게 된다. 대화 과정에서 던지는 질문들이 개인적인 호기심을 그대로 반영하는 일이 되기 때문이다. 그러나 참가자들보다는 어느 정도 중립을 지키려고 노력해야 한다. 진행자는 교사가 아니며, 특정한 답이나 진리로 이끄는 것을 모임의 목적으로 삼지도 않는다. 진행자가 토론을 독점한다면 다른 참가자들은 위축되거나 흥미를 잃게 될 것이다. 진행자의 역할은 자신만의 관점을 명확하게 표현하도록 참가자들을 도와주고 격려하는 일이다.

진행자와 참가자가 따라야 할 10가지 규칙

① 진행자와 참가자는 모두 적극적인 경청자가 되어야 한다.

　　참가자의 의견을 존중하는 일은 소크라테스 카페를 성공적으로 이끄는 핵심 요소다. 동의하지 않더라도 사람들의 의견에 마음을 열고 있어야 한다. 진행자는 소크라테스 카페에서 타인을 무시하는 일은 완전히 금지 사항이라고 참가자들에게 알려야 한다.

② 진행자는 참가자들에게 보편적으로 인정되는 견해를 구체적인 사례를

들어 근거를 제시하도록 권장해야 한다.

참가자들이 설득력 있고 체계적이며 합리적인 견해를 갖고 의견을 내세울 수 있도록 도와주어야 한다.

③ **진행자와 참가자는 다른 사람이 제시한 관점에 질문하고 논리적인 모순이 있으면 고찰해 보도록 노력해야 한다.**

공동의 목표는 진행자뿐만 아니라 모든 참가자가 더욱 숙련된 질문자가 되는 것이다.

④ **진행자와 한 명의 참가자 사이에서만(또는 한 명의 참가자와 또 한 명의 참가자 사이에서만) 대화가 계속 오가는 토론이 돼서는 안 된다.**

소크라테스 카페가 철학 탐구를 원하는 사람들의 모임이라는 사실을 늘 명심해야 한다. 따라서 능숙한 진행자라면 모든 사람이 골고루 대화에 참여하도록 토론을 이끌어야 한다.

⑤ **진행자는 모든 참가자에게 발언할 기회를 주어야 한다.**

침묵을 지키고 있는 참가자들에게 대화에 참여하도록 요청을 하되 압력을 가해서는 안 된다.

⑥ **토론할 때 뜻밖의 반응에도 열린 마음으로 대해야 한다.**

진행자는 대화를 미리 생각한 방향으로 끌고 가서는 안 된다. 어떤 질문이나 답에 대해 진행자가 다른 사람보다 더 잘 안다는 태도는 금물이다.

⑦ 진행자는 참가자들에게 으름장을 놓거나 곤혹스럽게 해서는 안 된다.

참가자들에게 될 수 있는 대로 명확하게 자신의 관점을 표현할 수 있도록 도와야 한다. 하지만 진행자의 재촉에도 불구하고 어떤 참가자가 더 이상 의견을 내세우지 않는다면 다른 참가자들에게 발언할 기회를 넘겨야 한다.

⑧ 의견 일치를 끌어내서는 안 된다.

소크라테스식 문답법은 참가자들이 서로 다른 견해로 대화를 시작하고 끝내더라도 문제 되지 않는다. 어떤 의견 일치도 강요해서는 안 된다.

⑨ 소크라테스 카페는 담론을 위한 모임이라는 사실을 명심해야 한다.

모두에게 효과가 있을 수는 없다. 소크라테스 카페의 토론 방식에 만족해하지 않는 사람들에게는 그들만의 모임을 만들어 자신들의 방식대로 철학 탐구를 하도록 권장한다.

⑩ 토론을 인위적으로 끝맺어서는 안 된다.

보통 소크라테스 카페는 대략 두 시간 동안 지속된다(카페처럼 음료를 판매하는 장소라면, 한 시간에 10분 정도 휴식을 갖는 것이 장소를 제공해준 주인에게 도움이 될 수 있다). 참가자들이 처음에 올 때보다 더 많은 질문을 품고 떠난다면, 소크라테스 카페는 성공한 것이다.

소크라테스 카페를 시작하는 법

"철학을 보통 사람들에게 돌려주는 일"은 크리스토퍼 필립스의 사명

· 조시 글렌Josh Glenn ·

크리스토퍼 필립스는 언론인이면서 사진작가, 공립 학교 교사였으며 세 개의 석사 학위를 받은 대학 강사였다. 40세에 그는 빚이 있는 데다 할 일이 충분하지 않은 상황이지만 변화를 이뤄낸 자신의 삶에 이루 말할 수 없이 행복을 느낀다.

1996년에 몽클레어 주립대학교에서 교육학 석사 과정을 밟고 있을 때, 필립스는 《도스토옙스키에서 사르트르에 이르는 실존주의Existentialism from Dostoevsky to Sartre》라는 책을 읽어볼 기회가 있었다. 이 책은 월터 카우프만이 1956년에 실존주의자들의 글을 모아 인간이 진정한 철학적 삶의 방식을 수단으로 활용할 수 있게 엮은 중요한 편저이다. 그 책에 담긴 카우프만의 서문 때문에 곧바로 필립스는 직접 경비를 마련하며 교도소, 호스피스, 양로원 등 미국 곳곳을 다니며 소크라테스 카페를 열게 되었다. "내가 이 일을 시작했을 때 전체 계획 같은 건 없었어요. 그냥 '철학을 보통 사람들에게 돌려주자'라는 생각만 했을 뿐입니다"라고 필립스는 내게 말했다. "그 누구보다도 소크라테스는 우리에게 누구든 할 수 있는 철학을 실천한 본보기가 되는 인물이다. 소크라테스식 대화법은 스스로 진리를 찾으려는 하나의 방식이다. 소크라테스식 대화법은 하나의 체계, 정신, 방법, 철학적 문답, 지적 기술이며, 이 모두가 하나로 통합되었다고도 할 수 있다"라고 필립스는 주장한다. 소크라테스의 날카롭고 예리한 철학 탐구 방법을 전국의 보통 사람들에게 알려주기로 마음먹은 필립스는 '소크라테스 카페'라는 모임을 시작했다. 이 모임은 참가자들이 소크라테스식 대화법을 이용해 '진리란 무엇인가?', '정의란 무엇인가?', '철학자란 무엇인가?' 등의 질문을 탐색하는 일이었다.

필립스가 주장하듯이, 이런 모임의 노력은 철학 교수와 학생의 수직 관계를 만들어내는 전형적인 철학 강의에 가장 좋은 해독제가 될 것이다. 필립스는 모임의 참가자들에게 비용은 전혀 받지 않는다. 참가자들이 진행자에게 배우는 것보다 진행자가 참가자들에게 더 많이 배우므로 참가자들에게 비용을 부과하는 일은 신성 모독과 같기 때문이다. 소크라테스 카페는 특별한 기술이 필요하지 않다. 박식한 참가자들을 비롯해 살면서 철학책을 한 번도 읽어본 적이 없는 참가자들까지도 필립스만의 철학 탐구 방법에 전문가가 될 수밖에 없다. 필립스는 "소크라테스 카페는 학자들뿐 아니라, 학문의 세계에서 편안하게 느낀 적이 없는 많은 사람에게도 안식처와 같다. 그렇다고 학계와 정반대의 길을 가는 것이 아니라, 바라건대 이전의 철학자들이 세상의 모든 질문을 살펴보았던 방식으로 탐구의 영역을 넓히는 일이다"라고 설명한다.

그렇다면 소크라테스 카페를 정확히 어떻게 진행해야 할까? 다시 말하면 이런 질문을 계속 던져야 한다. "소크라테스라면 무엇을 했을까?"

소크라테스가 자신을 '아무것도 모르는 것만 알고 있는' 혼란스러운 질문자라고 고백한 사실을 기억하자. 소크라테스는 철학자(그리고 더 나아가 소크라테스 카페의 진행자)의 사명이 사람들이 안다고 생각한 것을 거의 모른다는

소크라테스 카페를 시작하는 법

사실을 깨닫도록 도와주는 일임을 몸소 보여주었다.

소크라테스 카페의 참가자들은 자신들의 질문에 대한 답을 정확히 찾아낼까? 이 질문에 대한 대답으로 필립스는 "소크라테스 카페는 답을 정확히 찾아내는 것이 목적이 아니라 질문하는 방식을 알아내는 것이 목적이며, 어떤 의미에서는 그것이 바로 해답이 된다"라는 알쏭달쏭한 말을 한다. 또 필립스는 "소크라테스식 문답법에 완전히 매료된 사람들은 질문을 즐긴다. 그들은 질문이 고갈되는 법이 없고, 질문하는 새로운 방식도 끊임없이 찾아낸다. 나는 소크라테스 카페에서 열정적으로 철학적 문답에 빠진 사람들을 보면 질문의 화신 같다는 생각이 든다"라는 결론을 내린다.

※ 조시 글렌은 온라인 잡지 〈피드Feed〉의 객원 편집자이며, 철학과 대중문화 학술지 〈에르메노Hermenaut〉의 편집자로 활동하고 있다. 이 프로필은 2000년 5월 23일 〈피드〉에 수록된 프로필에서 발췌한 내용이다.

참고 도서

나는 소크라테스 정신의 전형을 보여주는 철학 탐구를 실천했던 다음의
현대 철학자들의 저서에서 많은 통찰력과 도움을 얻었다. 유스투스 버틀
러Justus Buchler의 *Metaphysics of Natural Complexes*(Albany: State
University of New York Press, 1990)에는 아리스토텔레스가 발전시킨 형이
상학 이론에 버금가는 새롭고 설득력 있는 '범주론categorical theory'이 실려
있다. 버틀러의 철학 사상을 완전히 파악하려면, 그의 *Charles Pierce's
Empiricism*(New York: Harcourt, Brace and Company, 1939)과 *Nature
and Judgment*(New York: Grosset & Dunlap, 1955), *Toward a General
Theory of Human Judgment*(New York: Dover Publications, 1951), *The
Concept of Method*(New York: Columbia University Press, 1961)를 읽어
볼 필요가 있다. 버틀러의 마지막 저서, *The Main of Light: On the
Concept of Poetry*(New York: Oxford University Press, 1974)를 읽으면
시의 개념에 대한 그의 독특한 관점을 알 수 있고 그의 새로운 판단 이론을
간결한 설명으로 접할 수 있다. 또한 그의 철학적 사고와 거의 모든 지식 분
야에 있어서 그의 사상이 갖는 의미를, 아르멘 마르수비안, 캐슬린 월리스,

로버트 코링턴이 편집한 *Nature's Perspectives: Prospects for Ordinal Metaphysics*(Albany: State University of New York Press, 1991)에서 엿볼 수 있다.

존 허먼 랜달John Herman Randall의 *Career of Philosophy*(New York: Columbia University Press, 1962, 1965, 1977)는 여러 세대에 걸친 철학적 사고를 날카롭게 분석하고 탐구한 책이다. 랜달의 *Nature and Historical Experience: Essays in Naturalism and the Theory of History*(New York: Columbia University Press, 1958)는 철학 분야의 위대한 역작이다. 그의 *Aristotle*(New York: Columbia University Press, 1960)과 *Plato: Dramatist of the Life of Reason*(New York: Columbia University Press, 1960)은 소크라테스와 플라톤에 대한 도발적인 관점을 제시하는데, 학계의 일반적인 입장과는 크게 다른 견해가 곳곳에서 발견된다. 그는 모든 저서에서 매력적이고 명쾌한 문체를 선보인다. 또한 저서 중 *The Role of Knowledge in Western Religion*(Boston: Starr King Press, 1958)과 *How Philosophy Uses Its Past*(New York: Columbia University Press, 1963), *The Making of the Modern Mind*(New York: Columbia University Press, 1977)도 추천한다.

이 책의 서두에서도 말했듯이, 월터 카우프만Walter Kaufmann은 주로 프리드리히 니체의 책을 번역한 사람으로만 알려져 있다. 많은 사람들이 그의 니체 번역이 훌륭하다는 것을 인정하지만, 나는 카우프만의 *Nietzsche: Philosopher, Psychologist, AntiChrist*(Princeton, N.J.: Princeton University Press, 1950)를 그의 번역 작품에 있는 주석보다 더 좋아한다. 철학의 새로운 토대를 마련한 카우프만의 저서 대부분은 절판되었지만 찾아볼 가치가 충분하다. *The Faith of a Heretic*과 *Critique of Religion and Philosophy*는 기억에 남는 구절로 가득하다. 하지만 *From Shakespeare to Existentialism*(Princeton, N.J.: Princeton University Press, 1959)을 제외하고는 후기 작품들이 훨씬 더 지속적인 철학적 가치가 있다. 그의 *Without Guilt and Justice: From Decidophobia to Autonomy*(New York: Peter H. Wyden, 1973)는 죄의식과 정의의 개념에 대해 깊이 파고든다. 철학적 에세이와 아름다운 사진을 결합한 *Man's Lot: A Trilogy*(New York: Reader's Digest Press, 1978)는 철학, 예술, 문학, 세계 문명의 역사 전반에 걸쳐 인간이 되는 것이 정확히 무엇인지에 대한 다양한 관점을 제시한다. *Discovering the Mind trilogy*(recently reissued by Trans-action Publishers, New Brunswick, N.J.)에서는 괴테, 칸트, 헤겔, 프로이트, 융, 아들러에 대한 카우프만의 지적 통찰력이 소개되는데, 그의 연구를 총괄하는 책이라고 볼 수 있다.

수잔 랭거의 짧은 글 *Philosophical Sketches: A Study of the Human Mind in Relation to Feeling, Explored Thought, Art, Language, and Symbol*(Baltimore: Johns Hopkins Press, 1962)은 랭거의 철학 세계를 한눈에 볼 수 있고, 랭거의 다른 저서를 이해하는 데도 큰 도움이 된다. *Feeling and Form*(New York: Charles Scribner's Sons, 1953), *Mind: An Essay on Human Feeling*(Baltimore: Johns Hopkins University Press, 1967 and 1972), *Philosophy in a New Key*(Cambridge, Mass.: Harvard University Press, 1949) 등도 추천한다.

이외에도 나는 다음의 책들에서 많은 도움을 받았다.

Ludwig Wittgenstein, Tractatus Logico-Philosophicus(London: Routledge and Kegan Paul, 1963); William Kingdon Clifford, *Lectures and Essays*(New York: Macmillan and Company, 1886); Morris Cohen, *Reason and Nature*(New York: Free Press, 1953), *Reason and Law*(New York: Collier Books, 1961); Matthew Lipman, *Thinking in Education*(Cambridge, U.K., and New York: Cambridge University Press, 1991)and *What Happens in Art*(New York: Irvington Publishers, 1967); Hannah Arendt, *The Human Condition*(Chicago: University of Chicago Press, 1958), *The Life of the Mind*(New York: Harcourt Brace Jovanovich, 1978) and *Men in Dark Times*(New York: Harcourt, Brace and World, 1958); Gilbert Ryle, *The Concept of Mind*(New York: Barnes & Noble, 1949); Ernest Nagel, *Logic Without Metaphysics and Other Studies in the Philosophy of Science*(Glencoe, Ill.: Free Press, 1956) and his magnum opus *The Structure of Science: Problems in the Logic of Scientific Explanation*(New York: Harcourt, Brace and World, 1961); E.R. Dodds, *The Ancient of Progress: and Other Essays on Greek Literature and Belief*(New York: Oxford University Press, 1973), *Pagan and Christian in an Age of Anxiety*(New York: W.W. Norton, 1970) and *The Greeks and the Irrational*(Berkeley: University of California Press, 1951); David Hume, *A Treatise of Human Nature*(Oxford: Clarendon Press, 1951); Paolo Freire, *Pedagogy of the Oppressed*(New York: Continuum Publishing Company, 1990);

John Dewey, *Logic: The Theory of Inquiry*(New York: Holt, 1938);

John Dewey and Arthur F. Bentley, *Knowing and the Known*(Boston: Beacon Press, 1960); Charles S. Peirce, *Philosophical Writings of Peirce*(New York: Dover Publications, 1955); and George Santayana, *Obiter Scripta*(New York: Charles Scribner's Sons, 1936) and *Selected Critical Writings of Santayana, 2 volumes*(Cambridge, U.K., and New York: Cambridge University Press, 1968); Elias Canetti, *Auto da Fé*(New York: Noonday Press, 1984); Hermann Broch, *The Guiltless*(San Francisco: North Point Press, 1987), *The Death of Virgil*(New York: Vintage Books, 1995), and *The Sleepwalkers: A Triology*(New York Vintage Books, 1996); Robert Musil, *The Man Without Qualities* (New York: Knopf, 1995); Fyodor Dostoevsky, *Notes from the Underground*(New York: W.W. Norton, 1989); Ralph Ellison, *Invisible Man*(New York: Signet, 1952); Rolf Hochhuth, *The Deputy*(New York: Grove Press, 1964); Italo Calvino, Six Memos for the Next Millennium(Cambridge, Mass.: Harvard University Press, 1988); Robert Coles, *Children of Crisis: A Study of Courage and Fear*(New York: Little, Brown, 1966), *The Call of Service: A Witness to Idealism*(Boston: Houghton Mifflin, 1993), *The Call of Stories*(Boston: Houghton Mifflin, 1989); Elie Wiesel, *Night*(New York: Bantam, 1960) and *Dawn*(New York: Bantam, 1982); Clifford Geertz, *The Interpretation of Cultures*

(New York: Basic Books, 1973); Jerome Bruner, *The Culture of Education*(Cambridge, Mass.: Harvard University Press, 1996); John William Miller, *The Midworld of Symbols and Functioning Objects*(New York: W. W. Norton, 1982); Lee Smolin, *The Life of the Cosmos*(London: Oxford University Press, 1997); and Laurence Shames, *The Hunger for More: Searching for Values in an Age of Greed*(New York: Times Books, 1989).

감사의 말

제 아내 서실리아의 변함없는 지지와 격려가 없었다면 이 책을 완성할 수 없었을 것입니다. 특히 암울한 시기에 그녀는 제가 꿈을 향해 나아가도록 영감을 주었습니다. 작가 클레이 모건은 초기에 진행 중인 제 작품에 대해 사려 깊은 조언을 해주어 올바른 방향으로 진행하는 데 큰 도움이 되었습니다. 노튼 대학의 편집자인 앨런 메이슨은 제가 쓰려는 책뿐만 아니라 쓸 능력이 있다는 것을 깨닫지 못한 책도 쓸 수 있도록 영감을 주었습니다. 그녀와의 공동 작업은 제 글쓰기 인생에서 가장 보람 있는 경험이었습니다. 앨런 메이슨의 조수인 스테퍼니 디아스는 결정적인 순간에 제 원고를 읽고 의견을 제시해 주었고, 중요한 수정을 하도록 도와주었습니다.

감사와 찬사를 보내야 할 분들이 많습니다. 결국 제가 성공할 것이라고 믿어 의심치 않고 끊임없이 격려해 주신 어머니 마거릿 앤 필립스, 하버드대학교 사회윤리학 교수이자 정신의학 및 의학 인문학 교수인 로버트 콜스, 남부 빈곤 법률 센터의 설립자이자 전무이사인 모리스 디스, 사우스캐롤라이나 대학교 철학과 교수이자 중요한 기로에서 지침을 제공한 소중한 친구 고든 하이스트, 이 책의 에이전트인 펠리시아 에스, 델타 주립대학교(DSU)의 철학과 교수인 빌 페닝턴, 우연한 만남으로 제 삶을 극적인 길로 인도해 준 DSU 물리학과 학과장 헨리 아우틀로와 DSU 대학원 학장 존 소넬, 철학자로서의 열망을 계속 추구하도록 혼자서 도와준 몽클레어 주립대(MSU) 대학원 학장 카를라 나렛, 월터 카우프만의 첫 책을 선물해 준 닉 섹스턴, 아버지 알렉스 필립스, 존 에스터, 셸리 가브리엘, 수년간 저에게 책을 쓰도록 격려한 사랑하는 친구 고 알렉스 헤일리, 고 마크 소텟, 레베카 피트너와 케이시 피트너, 조이와 수재나 폭스, 존 라이스 어윈, 패티 카노니코, 메리 카노니코, 고 스티브 카노니코, 오랜 친구 제이크 베어, 삼촌 제임스 필립스, 스티브 마르케티, 소중하고 진실한 친구 팻 맥기, 늘 믿음을 지켜준 친구 톰 맥기, 마를레네 카터, 빌 헤이스, 데이비드 윌리엄스, 카를로스 로도, 롭 혼과 엘리자베스 크래프트, 앤드루 버턴, 짐 모건, 마이크 도르소, 질리안 허쉬버거, 고 멜리사 웨스콧, 스콧 매코드, 바버라 "버블 이모" 벨로프, 서실리아 에스피노사, 패티 파이엇, 이본 에스피노사, 조시 글렌, 샌프란시스코 주립대 철학과 교수 제이콥 니들먼, 앤 마가렛 샤프, 필립 권, 가족 같은 닉 디맷, 소중한 멘토인 퍼레이드 출판사의 월터 앤더슨, 제 동생 마이크 필립스, 모범적인 인간이자 교사이며 변함없는 후원자인 매트 리프먼.

그리고 저와 함께 소크라테스를 찾으며 제 삶을 한없이 풍요롭게 해준 수많은 분들께도 감사의 말씀을 전합니다.

소크라테스 카페

초판 1쇄 인쇄 2023년 4월 30일
초판 1쇄 발행 2023년 5월 5일

지은이 | 크리스토퍼 필립스
옮긴이 | 이경희

발행인 | 유영준
편집팀 | 한주희, 권민지
마케팅 | 이운섭
디자인 | 김윤남
일러스트 | 한승연
인쇄 | 두성P&L
발행처 | 와이즈맵
출판신고 | 제2017-000130호(2017년 1월 11일)

주소 | 서울 강남구 봉은사로16길 14, 나우빌딩 4층 쉐어원오피스 (우편번호 06124)
전화 | (02)554-2948
팩스 | (02)554-2949
홈페이지 | www.wisemap.co.kr

ISBN 979-11-89328-64-1 (03100)